시대는 빠르게 변해도
배움의 즐거움은
변함없어야 하기에

어제의 비상은
남다른 교재부터
결이 다른 콘텐츠
전에 없던 교육 플랫폼까지

변함없는 혁신으로
교육 문화 환경의 새로운 전형을
실현해왔습니다.

비상은 오늘, 다시 한번
새로운 교육 문화 환경을 실현하기 위한
또 하나의 혁신을 시작합니다.

오늘의 내가 어제의 나를 초월하고
오늘의 교육이 어제의 교육을 초월하여
배움의 즐거움을 지속하는 혁신,

바로, 메타인지 기반 완전 학습을.

상상을 실현하는 교육 문화 기업 비상

메타인지 기반 완전 학습
초월을 뜻하는 meta와 생각을 뜻하는 인지가 결합한 메타인지는
자신이 알고 모르는 것을 스스로 구분하고 학습계획을 세우도록 하는
궁극의 학습 능력입니다. 비상의 메타인지 기반 완전 학습 시스템은
잠들어 있는 메타인지를 깨워 공부를 100% 내 것으로 만들도록 합니다.

초등사회 **5-1**

(공부계획표)

01일차	02일차	03일차
10~13쪽	14~17쪽	18~21쪽
월 일	월 일	월 일

06일차	07일차	08일차
30~33쪽	34~37쪽	38~41쪽
월 일	월 일	월 일

11일차	12일차	13일차
50~53쪽	54~57쪽	58~61쪽
월 일	월 일	월 일

16일차	17일차	18일차
74~77쪽	78~81쪽	82~85쪽
월 일	월 일	월 일

21일차	22일차	23일차
94~97쪽	98~101쪽	102~105쪽
월 일	월 일	월 일

(나의 다짐)

나는 이렇게 공부할 거야! ✏️

(나에 대하여)

나는	
집중이 잘 되는 시간은	
공부가 잘 되는 장소는	
나의 장점은	
좀 더 잘했으면 하는 점은	
내가 꿈꾸는 미래의 모습은	

초등학교   이름

나만의
공부계획표를
작성해 보자!

04일차

22~25쪽

월   일

05일차

26~29쪽

월   일

09일차

42~45쪽

월   일

10일차

46~49쪽

월   일

14일차

62~65쪽

월   일

15일차

66~71쪽

월   일

19일차

86~89쪽

월   일

20일차

90~93쪽

월   일

24일차

106~109쪽

월   일

25일차

110~115쪽

월   일

한끝

진도책

초등
사회 5·1

한끝 구성과 특징

진도책

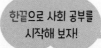

한끝으로 사회 공부를
시작해 보자!

개념 학습

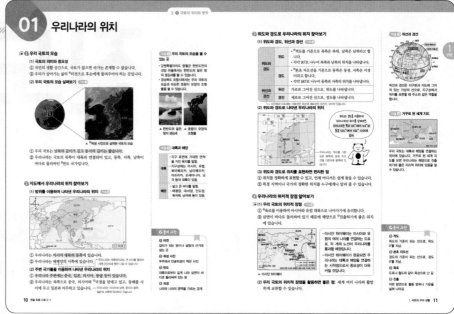

11종 사회 교과서를 꼼꼼하게 분석하여 핵심 주제를 선정하고, 이를 개념 정리와 사진, 그림 자료로 한눈에 들어오게 정리하였습니다. 한 번에 학습하기에 알맞은 분량의 개념을 펼친 면으로 구성하여 집중도 높은 학습이 이루어지도록 하였습니다.

문제 학습

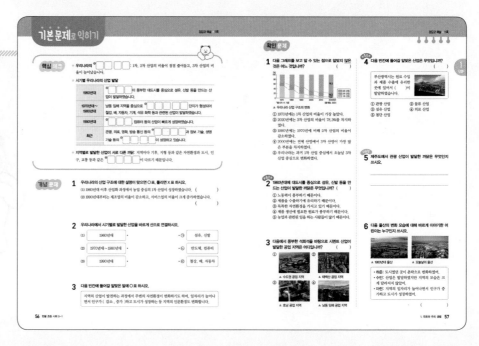

주제별 개념을 핵심 체크 ▶ 개념 문제 ▶ 확인 문제를 통해 완벽하게 이해할 수 있도록 하였습니다.

중단원 학습

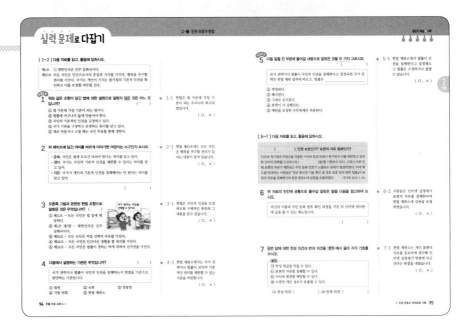

중단원 단위의 학습을 문제를 풀면서 체계적으로 복습할 수 있도록 하였습니다.

단원 마무리

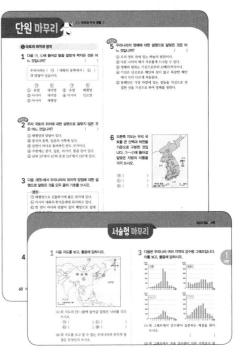

대단원 단위의 학습을 빈칸을 채우며 정리하고, 핵심 문제로 확인하도록 하였습니다. 답을 글로 쓰는 서술형 문제로 배운 내용을 다시 한번 확인할 수 있습니다.

사회 공부
한 권으로 끝!

평가책

• 단원 평가 대비
중단원별 개념 정리 / 쪽지 시험
실전 단원 평가 / 수행 평가

• 학업성취도 평가 대비
학업성취도 평가 대비 문제

한끝과 내 교과서 단원 비교하기

1 국토와 우리 생활

		한끝	비상 교육	비상 교과서	교학사	금성	김영사	동아	미래엔	아이스 크림	지학사	천재 교육	천재 교과서
❶ 국토의 위치와 영역	**01** 우리나라의 위치	10~13	10~13	10~15	10~14	12~15	10~14	6~11	12~17	10~12	8~13	10~15	16~19
	02 우리나라의 영역	14~17	14~20	16~21	15~22	16~17	15~20	12~17	18~24	13~19	13~17	16~21	20~28
	03 우리 국토의 구분	18~21	21~29	22~27	23~29	18~27	21~27	18~25	25~33	20~31	18~29	22~27	29~35
❷ 국토의 자연환경	**01** 우리나라의 지형	26~29	30~38	28~40	30~38	28~37	28~37	26~37	34~41	32~40	30~39	28~39	36~45
	02 우리나라의 계절별 기후	30~33	39~40	41~43	39~42	38~39	38~40	38~39	42~43	41~42	40~41	40~41	46~48
	03 우리나라의 기온과 강수량	34~37	41~48	44~49	43~48	40~45	41~49	40~45	44~49	43~46	42~45	42~47	49~54
	04 우리나라에서 발생하는 자연재해	38~41	49~59	50~57	49~59	46~57	50~57	46~55	50~57	47~57	46~53	48~57	55~63
❸ 국토의 인문환경	**01** 우리나라의 인구 변화	46~49	60~63	58~66	60~66	58~63	69~75	56~65	58~65	58~63	54~59	58~63	64~70
	02 우리나라의 도시 발달	50~53	64~69	67~70	67~69	64~67	76~78	66~69	66~68	64~66	60~63	64~67	71~73
	03 우리나라의 산업 발달	54~57	70~73	71~73	70~72	68~71	58~64	70~73	69~71	67~69	64~67	68~71	74~76
	04 교통의 발달과 국토의 변화	58~61	74~79	74~79	73~81	72~79	65~68 ,79~81	74~81	72~79	70~79	68~75	72~79	77~83

2 인권 존중과 정의로운 사회

한끝의 각 일차가 내 교과서의 몇 쪽에 해당하는지 확인할 수 있어. 만약 비상 교과서 29~40쪽이면 한끝 26~29쪽을 공부하면 돼.

한솔 차례

1 국토와 우리 생활

2 인권 존중과 정의로운 사회

규칙적으로 공부하고, 공부한 내용을
확인하는 과정을 반복하면서 사회가
재밌어지고, 자신감이 쌓여 갈 거야.

1

국토와 우리 생활

01 우리나라의 위치

★❶ 우리 국토의 모습

(1) 국토의 의미와 중요성
① 국민의 생활 공간으로, 국토가 없으면 국가는 존재할 수 없습니다.
② 우리가 살아가는 삶의 ❶터전으로 후손에게 물려주어야 하는 곳입니다.

(2) 우리 국토의 모습 살펴보기 자료❶

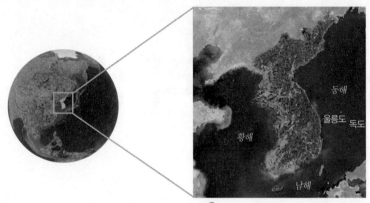

▲ ❷위성 사진으로 살펴본 국토의 모습

① 우리 국토는 남북의 길이가 길고 동서의 길이는 짧습니다.
② 우리나라는 국토의 북쪽이 대륙과 연결되어 있고, 동쪽, 서쪽, 남쪽이
바다로 둘러싸인 ❸반도 국가입니다.

❷ 지도에서 우리나라의 위치 찾아보기

(1) 방위를 이용하여 나타낸 우리나라의 위치 자료❷

① 우리나라는 아시아 대륙의 동쪽에 있습니다.
② 우리나라는 태평양의 서쪽에 있습니다. ┌ 우리나라는 태평양이라는 큰 바다를 통하여
세계 곳곳으로 뻗어 나갈 수 있습니다.

(2) 주변 국가들을 이용하여 나타낸 우리나라의 위치
① 우리나라 주변에는 중국, 일본, 러시아, 몽골 등이 있습니다.
② 우리나라는 북쪽으로 중국, 러시아와 ❹국경을 맞대고 있고, 동해를 사
이에 두고 일본과 마주하고 있습니다. → 우리나라는 러시아의 남쪽, 중국의 동쪽,
일본의 서쪽에 위치하고 있습니다.

자료❶ 우리 국토의 모습을 볼 수
있는 곳
• 강원특별자치도 영월군 한반도면의
선암 마을에서는 한반도와 닮은 땅
의 생김새를 볼 수 있습니다.
• 경상북도 포항시에서는 우리 국토의
모습과 비슷한 호랑이 모양의 조형
물을 볼 수 있습니다.

▲ 한반도와 닮은   ▲ 호랑이 모양의
땅의 생김새   조형물

자료❷ 대륙과 해양

대륙	• 지구 표면에 거대한 면적을 가진 육지를 말함. • 지구상에는 아시아, 유럽, 북아메리카, 남아메리카, 아프리카, 오세아니아, 남극 등의 대륙이 있음.
해양	• 넓고 큰 바다를 말함. • 태평양, 대서양, 인도양, 북극해, 남극해 등이 있음.

✔ 용어 사전

❶ 터전
집터가 되는 땅이나 살림의 근거로
삼는 곳

❷ 위성 사진
우주에서 인공위성이 찍은 사진

❸ 반도
대륙으로부터 길게 나와 삼면이 바
다로 둘러싸여 있는 땅

❹ 국경
나라와 나라의 영역을 가르는 경계

③ 위도와 경도로 우리나라의 위치 찾아보기

(1) 위도와 경도, 위선과 경선 〔자료③〕

위도와 경도	위도	•❺적도를 기준으로 북쪽은 북위, 남쪽은 남위라고 합니다. • 각각 90°로 나누어 북쪽과 남쪽의 위치를 나타냅니다.
	경도	•❻본초 자오선을 기준으로 동쪽은 동경, 서쪽은 서경이라고 합니다. • 각각 180°로 나누어 동쪽과 서쪽의 위치를 나타냅니다.
위선과 경선	위선	가로로 그어진 선으로, 위도를 나타냅니다.
	경선	세로로 그어진 선으로, 경도를 나타냅니다.

└ 지구본과 지도에는 가로선인 위선과 세로선인 경선이 그어져 있습니다.

(2) 위도와 경도로 나타낸 우리나라의 위치

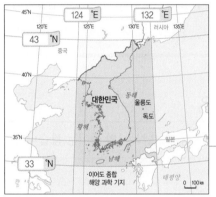

위도와 경도를 이용하여 우리나라의 위치를 살펴보면, 우리나라는 북위 33°에서 43°와 동경 124°에서 132° 사이에 있어.

→ 우리나라는 적도를 기준으로 북쪽에, 본초 자오선을 기준으로 동쪽에 있습니다.

(3) 위도와 경도로 위치를 표현하면 편리한 점

① 위치를 정확하게 표현할 수 있고, 언제 어디서든 쉽게 찾을 수 있습니다.
② 특정 지역이나 국가의 정확한 위치를 누구에게나 알려 줄 수 있습니다.

④ 우리나라의 위치적 장점 알아보기

⭐(1) 우리 국토의 위치적 장점 〔자료④〕

① ❼육로를 이용하여 아시아와 유럽 대륙으로 나아가기에 유리합니다.
② 삼면이 바다로 둘러싸여 있기 때문에 해양으로 ❽진출하기에 좋은 위치에 있습니다.

▲ 아시안 하이웨이

• 아시안 하이웨이는 아시아와 유럽의 여러 나라를 연결하는 도로로, 두 개의 노선이 우리나라를 통과할 예정입니다.
• 아시안 하이웨이가 완공되면 우리나라는 대륙과 해양을 연결하는 시작점으로서 중요성이 더욱 커질 것입니다.

(2) 우리 국토의 위치적 장점을 활용하면 좋은 점: 세계 여러 나라와 활발하게 교류할 수 있습니다.

1
단원

〔자료③〕 위선과 경선

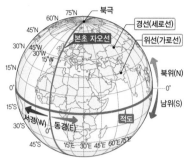

위선과 경선은 지구본과 지도에 그어져 있는 가상의 선으로, 지구상에서 위치를 표현할 때 주소와 같은 역할을 합니다.

〔자료④〕 거꾸로 된 세계 지도

우리 국토는 대륙과 해양을 연결하는 위치에 있습니다. 거꾸로 된 세계 지도를 보면 우리나라는 해양으로 진출하기에 좋은 지리적 위치에 있음을 알 수 있습니다.

✅ 용어 사전

❺ 적도
위도의 기준이 되는 선으로, 위도 0°를 지남.

❻ 본초 자오선
경도의 기준이 되는 선으로, 경도 0°를 지남.

❼ 육로
도로나 철도와 같이 육상으로 난 길

❽ 진출
어떤 방면으로 활동 범위나 기운을 넓혀 나아감.

기본 문제로 익히기

핵심 체크

● ❶ ☐☐ : 우리가 대를 이어 살아가는 터전으로 후손에게 물려주어야 하는 곳입니다.

● 우리 국토의 모습과 위치

모습	• 우리나라는 ❷ ☐☐ 으로 길게 뻗어 있습니다.
	• 우리 국토는 북쪽은 ❸ ☐☐ 과 연결되어 있고, 동쪽, 서쪽, 남쪽은 ❹ ☐☐ 로 둘러싸여 있습니다.
위치	• 우리나라는 ❺ ☐☐☐ 대륙의 동쪽에서 ❻ ☐☐☐ 과 맞닿아 있습니다.
	• 우리나라는 ❼ ☐☐ 33°에서 43°와 ❽ ☐☐ 124°에서 132°에 있습니다.

● **우리 국토의 위치적 장점**: 우리나라는 ❾ ☐☐ 국가이므로 대륙과 해양으로 진출하기에 유리합니다.

개념 문제

1 다음 ㉠, ㉡에 들어갈 알맞은 말에 각각 ○표 하시오.

> 우리 국토는 ㉠ (동서 , 남북)의 길이가 길고 ㉡ (동서 , 남북)의 길이는 짧습니다.

2 우리나라는 북쪽이 대륙과 연결되어 있고 다른 삼면은 (㉠   )(으)로 둘러싸인 (㉡   ) 국가입니다.

3 지도와 지구본에 가로로 그어진 위선은 (㉠   )을/를 나타내며, 세로로 그어진 경선은 (㉡   )을/를 나타냅니다.

4 우리 국토의 위치적 장점에 대한 설명이 맞으면 ○표, 틀리면 X 표 하시오.

(1) 태평양의 서쪽에 있어 해양으로 진출하기에 유리합니다.   (   )

(2) 대륙으로 둘러싸여 있어 다른 나라와 교류하기에 유리합니다.   (   )

(3) 도로나 철도를 이용하여 아시아와 유럽 대륙으로 나아가기에 유리합니다. (   )

확인 문제

1 다음 빈칸에 공통으로 들어갈 알맞은 말은 무엇입니까?　　　　　　　　　　　(　　　　)

> (　　　)은/는 그곳에서 살아가는 국민의 생활 공간으로, (　　　)이/가 없으면 국가는 존재할 수 없습니다.

① 국토　　　② 대륙　　　③ 바다
④ 육지　　　⑤ 해양

2 우리 국토에 대한 설명으로 알맞은 것은 어느 것입니까?　　　　　　　　　　　(　　　　)

① 남쪽은 대륙과 연결되어 있다.
② 육지가 바다 쪽으로 나와 있다.
③ 국토의 모습이 동그란 모양이다.
④ 동쪽, 서쪽, 북쪽은 바다와 맞닿아 있다.
⑤ 남북의 길이가 짧고 동서의 길이는 길다.

3 다음 지도의 ㉠~㉣에 들어갈 알맞은 나라 이름을 각각 쓰시오.

㉠: (　　　　　　), ㉡: (　　　　　　)
㉢: (　　　　　　), ㉣: (　　　　　　)

4 지도와 지구본에 표시된 경선과 위선을 이용하여 알 수 있는 것은 무엇입니까?　　(　　　　)

① 기후　　　② 면적　　　③ 위치
④ 지형　　　⑤ 인구수

서술형
5 다음 지도에 표시된 위도와 경도를 이용하여 우리나라의 위치를 설명하시오.

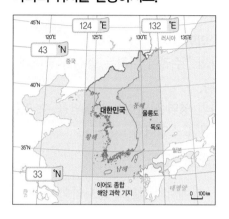

――――――――――――――――――――――――

――――――――――――――――――――――――

중요
6 우리나라 위치의 특징으로 알맞은 것을 두 가지 고르시오.　　　　　　　　(　　　,　　　)

① 아시아 대륙의 한가운데에 위치해 있다.
② 태평양으로 진출하기에 좋은 위치에 있다.
③ 도로나 철도를 이용하여 대륙으로 나아가기에 불리하다.
④ 반도 국가이므로 육로를 통해 다른 나라와 교류할 수 없다.
⑤ 대륙과 해양으로 쉽게 진출할 수 있어 세계 여러 나라와 교류할 수 있다.

7 다음 빈칸에 공통으로 들어갈 알맞은 말을 쓰시오.

> • (　　　　　　)은/는 아시아와 유럽의 여러 나라를 연결하는 도로로, 1번 도로와 6번 도로가 우리나라를 통과할 예정입니다.
> • (　　　　　　)이/가 연결되면 우리나라에서 자동차를 타고 아시아의 여러 나라를 거쳐 유럽까지 갈 수 있습니다.

(　　　　　　　　)

우리나라의 영역

① 영역의 의미와 구성

(1) 영역의 의미
① 한 나라의 ❶주권이 미치는 범위를 말하며, 영토, 영해, 영공으로 이루어집니다.
② 한 나라의 영역은 안전을 보장받을 수 있는 생활 터전으로, 국가를 이루는 기본 요소입니다.

(2) 영역의 구성 `자료①`

영토	• 땅에서의 범위로 한 나라의 주권이 미치는 땅입니다. • 국토 면적과 일치하며, 영토를 기준으로 영해와 영공이 정해집니다.
영해	바다에서의 범위로 영토 주변의 바다입니다.
영공	하늘에서의 범위로 영토와 영해 위의 하늘입니다.

(3) 영역에 대한 권리 `자료②`
① 우리나라 영역에는 다른 나라가 함부로 들어올 수 없으며, 들어오려면 우리나라의 ❷허가를 받아야 합니다.
② 다른 나라의 배와 비행기는 평화와 공공질서, 안전을 해치지 않는다면 허가를 받고 우리나라의 영해와 영공을 지나갈 수 있습니다.

⭐② 우리나라의 영역

(1) 우리나라의 영토
① 우리나라 영토의 범위: ❸한반도와 한반도에 속한 여러 섬입니다.
② 우리나라 영토의 4극

(대한민국 국가지도집 I, 2019)

> 영토의 끝인 4극으로 우리나라 영토의 범위를 알 수 있구나.

ᐅ 이어도는 육지나 섬이 아닌 암초이기 때문에 우리나라의 영역에 포함되지는 않습니다.

`자료①` 국토의 영역

한 나라의 주권이 미치는 땅을 영토, 영토 주변의 바다를 영해, 영토와 영해 위의 하늘을 영공이라고 합니다.

`자료②` 영해에 대한 권리

> 여기는 대한민국의 영해입니다. 허가 없이 물고기를 잡으면 안 됩니다.

우리나라의 배는 우리나라 영해에서 자유롭게 물고기를 잡을 수 있습니다. 하지만 다른 나라의 배는 우리나라의 영해에 들어와서 허가 없이 물고기를 잡거나, 해양 쓰레기를 버리면 안 됩니다.

✅용어 사전

❶ 주권
다른 나라의 간섭 없이 나라의 중요한 일을 스스로 결정하는 권리

❷ 허가
행동이나 일을 하도록 허용함.

❸ 한반도
우리나라가 있는 반도

(2) 우리나라의 영해

① 우리나라 영해의 범위: 영해를 설정하는 기준인 기선으로부터 12[4]해리
(약 22km)까지이며, 우리나라는 해안에 따라 영해 설정 기준이 다릅니다.

② 우리나라 영해의 설정 기준 자료 ③

> • 동해안과 울릉도, 독도, 제주도
> 는 [5]썰물일 때의 해안선을 기
> 선으로 하여 영해를 정합니다.
> • 서해안과 남해안은 가장 바깥
> 에 있는 섬들을 직선으로 연결
> 한 선을 기선으로 하여 영해를
> 정합니다.

> └→ 기선은 단조로운 해안과 섬이 많고
> 복잡한 해안에서 서로 다르게 적용
> 됩니다.

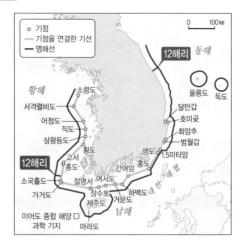

(3) 우리나라의 영공: 우리 영토와 영해 위에 있는 하늘의 범위를 말합니다.

└→ 오늘날 인공위성을 이용한 관측 기술과 항공 교통이
발달하면서 영공의 중요성이 커지고 있습니다.

③ 소중한 우리 국토

(1) 국토가 소중한 까닭

① 국토는 우리가 살아가는 삶의 터전이기 때문입니다.

② 국토는 후손에게 물려주어야 하는 곳이기 때문입니다.

(2) 우리가 아끼고 지켜야 할 국토의 다양한 장소

[6]비무장 지대 ↓ (DMZ) 6·25 전쟁의 아픈 역사가 담긴 현장이자 생태적으로도 가치가 높은 곳입니다.	• 휴전선으로부터 남쪽과 북쪽 각각 2km 안의 영역입니다. • 오랜 기간 사람의 출입이 통제되었기 때문에 [7]생태계가 잘 보존되어 있습니다. • 멸종 위기에 처한 동식물들이 살고 있으며, 경관도 아름다워 관광 자원으로서 가치가 큽니다. • 한반도의 평화와 생태계 보전의 중요성을 다시 생각해 보게 하는 장소입니다.
독도	• 우리 국토의 동쪽 끝에 위치하며 우리나라 사람들의 삶의 터전입니다. • 화산 활동으로 생긴 섬이며 섬 전체를 천연기념물로 보호하고 있습니다. • 각종 자원이 풍부하고 국토방위에 중요한 장소입니다.
갯벌	• 우리에게 아름다운 자연 경관을 제공하며 다양한 해양 생물이 살아가는 공간입니다. • 오염 물질을 정화하고, 태풍 피해를 줄여 줍니다.

(3) 국토를 잘 가꾸고 사랑하는 방법 자료 ④

① 우리 국토에 관심을 가져야 합니다.

② 우리 주변에 있는 자연을 소중하게 여겨야 합니다.

③ 많은 사람이 국토의 소중함을 알고 함께 가꾸어 나가야 합니다.

1 단원

자료 ③ 해안에 따라 영해를 설정
하는 기준선이 다른 까닭

동해안은 섬이 거의 없어 해안선이 단
조로운 것에 비해 서해안과 남해안에
는 섬이 많아 해안선이 매우 복잡합니
다. 서해안과 남해안은 동해안과 같이
썰물일 때의 해안선을 기준으로 영해
를 정하면 일부 섬들이 영해 밖에 위
치하기 때문입니다.

자료 ④ 우리 국토를 가꾸고 지키
기 위해 내가 할 수 있는 일

• 자원을 아껴 씁니다.
• 꽃이나 나무를 훼손하지 않습니다.
• 국토의 중요성을 다른 사람들에게
알립니다.
• 국토를 지키느라 애쓰시는 분들께
감사하는 마음을 가집니다.

✅ 용어 사전

④ 해리
항해, 항공 등에서 사용하는 거리의
단위로 1해리는 약 1,852m임.

⑤ 썰물
바닷물이 바다 쪽으로 빠져나가는
현상

⑥ 비무장 지대(DMZ)
무기나 군인을 배치하지 않기로 약
속한 곳

⑦ 생태계
어떤 장소에서 살아가는 모든 생물
요소와 비생물 요소가 상호 작용하
는 것

핵심 체크

- ❶ ☐☐ : 한 나라의 주권이 미치는 범위를 말하며, 영토, 영해, 영공으로 이루어집니다.
- **우리나라의 영역**

영토	❷ ☐☐☐ 와 한반도에 속한 여러 섬입니다.
영해	• 영해를 설정하는 기준인 기선으로부터 ❸ ☐☐ 해리까지입니다. • 동해안은 ❹ ☐☐ 일 때의 해안선을 기선으로 하여 영해를 정합니다. • 서해안과 남해안은 가장 바깥에 있는 섬들을 ❺ ☐☐ 으로 연결한 선을 기선으로 하여 영해를 정합니다.
영공	우리 영토와 영해 위에 있는 ❻ ☐☐ 의 범위를 말합니다.

- **국토가 소중한 까닭**: 우리가 살아가는 삶의 ❼ ☐☐ 이며, 국토를 잘 보존하여 ❽ ☐☐ 에게 물려주어야 하기 때문입니다.

개념 문제

1 영토는 (㉠   ), 영해는 (㉡   ), 영공은 (㉢   )에서의 범위를 말합니다.

2 우리나라의 영해에 대한 설명이 맞으면 ○표, 틀리면 ✕ 표 하시오.

(1) 영해는 기선으로부터 22해리까지입니다. (   )

(2) 서해안과 남해안은 가장 바깥에 있는 섬들을 직선으로 연결한 선을 기선으로 하여 영해를 정합니다. (   )

3 다음 빈칸에 들어갈 알맞은 말에 ○표 하시오.

(독도 , 마라도)는 우리 국토의 동쪽 끝에 위치하며, 국토방위에 중요한 장소입니다.

4 우리 국토를 잘 가꾸고 사랑하는 방법을 잘못 이야기한 어린이는 누구인지 쓰시오.

우리 주변에 있는 자연을 소중하게 여겨야 해.

국토를 지키는 분께 감사 하는 마음을 가져야 해.

다른 나라와 영토 분쟁이 있을 때에만 관심을 가지면 돼.

지유

승민

서연

(   )

확인 문제

1 국토의 영역에 대한 설명으로 알맞지 <u>않은</u> 것은 어느 것입니까? ( )

① 국가를 이루는 기본 요소이다.
② 한 나라의 주권이 미치는 범위이다.
③ 영해와 영공의 범위는 영토를 기준으로 정해진다.
④ 다른 나라의 배가 우리나라 영해에 들어오려면 미리 허가를 받아야 한다.
⑤ 하늘에는 나라별로 정해진 영역이 없어서 비행기로 자유롭게 오고 갈 수 있다.

2 다음 빈칸에 공통으로 들어갈 알맞은 말은 무엇입니까? ( )

• ( )은/는 국토 면적과 일치합니다.
• 우리나라의 ( )은/는 한반도와 한반도에 속한 여러 섬입니다.

① 대륙   ② 영공   ③ 영역
④ 영토   ⑤ 영해

3 우리나라 영토의 동쪽 끝으로 알맞은 것은 어디입니까? ( )

①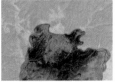
▲ 함경북도 온성군 풍서리 유원진

②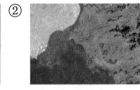
▲ 평안북도 용천군 마안도(비단섬)

③
▲ 경상북도 울릉군 울릉읍 독도

④
▲ 제주특별자치도 서귀포시 대정읍 마라도

4 다음 지도에 나타난 우리나라의 영해에 대한 설명으로 알맞은 것을 <u>두 가지</u> 고르시오. (,)

① 우리 영토 주변의 바다이다.
② 우리 영토 위에 있는 하늘의 범위이다.
③ 다른 나라의 배가 자유롭게 드나들 수 있다.
④ 기선은 해안선이 단조로운 해안과 복잡한 해안에서 각각 다르게 적용된다.
⑤ 섬이 많은 서해안과 남해안은 썰물일 때의 해안선을 기선으로 하여 영해를 정한다.

5 우리가 국토를 소중하게 여기고 사랑해야 하는 까닭을 <u>두 가지</u> 쓰시오.

_____

_____

6 비무장 지대(DMZ)에 대한 설명으로 알맞지 <u>않은</u> 것은 어느 것입니까? ( )

① 멸종 위기에 처한 동식물들이 살고 있다.
② 경관이 아름다워 관광 자원으로서 가치가 크다.
③ 휴전선으로부터 남쪽과 북쪽 각각 2km 안의 영역을 말한다.
④ 사람들이 자유롭게 드나들 수 있어 생태계가 파괴되고 있다.
⑤ 한반도의 평화와 생태계 보전의 중요성을 다시 생각해 보게 하는 장소이다.

03 우리 국토의 구분

❶ 자연환경을 기준으로 지역 구분하기 [자료❶]

> 남북으로 길게 뻗어 있는 우리나라는 크게 세 개의 지역으로 구분할 수 있습니다.

(1) 큰 ❶산맥이나 하천을 중심으로 한 지역 구분

북부 지방	휴전선 북쪽으로 지금의 북한 지역을 말합니다.
중부 지방	휴전선 남쪽에서 소백산맥과 금강 ❷하류까지를 말합니다.
남부 지방	중부 지방의 남쪽 지역을 말합니다.

▲ 우리나라의 주요 산맥과 하천

▲ 북부 지방, 중부 지방, 남부 지방의 구분

> 산, 호수, 하천, 바다 등이 있습니다.

★(2) 우리나라의 전통적인 지역 구분

① 우리나라는 옛날부터 자연환경으로 지역을 구분하였습니다. [자료❷]

② 자연환경을 기준으로 한 전통적인 지역 구분은 오늘날 행정 구역을 정하는 기초가 되었으며, 우리의 일상생활에서 널리 쓰이고 있습니다.

한양(지금의 서울)을 기준으로 바다(경기만) 건너 서쪽에 있다고 하여 '해서'라고 불렀습니다.

❹도읍지(한양)를 둘러싸고 있는 곳을 '경기'라고 하였습니다.

❺의림지와 금강(옛 이름 호강)의 서쪽에 있다고 하여 '호서'라고 하고, 금강의 남쪽에 있다고 하여 '호남'이라고 하였습니다.

❸철령관을 기준으로 서쪽 지역을 '관서', 북쪽 지역을 '관북', 동쪽 지역을 '관동'이라고 하였습니다.

태백산맥(대관령)을 기준으로 하여 동쪽 지역을 '영동', 서쪽 지역을 '영서'라고 하였습니다.

❻조령(문경 새재)의 남쪽에 있다고 하여 '영남'이라고 하였습니다.

> 금강은 우리나라의 중부 지방과 남부 지방의 경계이며, 호서 지방과 호남 지방을 구분하는 기준이기도 합니다.

[자료❶] 자연환경을 기준으로 지역을 구분한 까닭

옛날에는 교통망이나 교통수단이 발달하지 않아서 큰 산맥이나 하천 등을 넘어 지역을 이동하는 것이 어려웠기 때문입니다.

▲ 호남과 호서 지방의 구분 기준인 금강

[자료❷] 우리나라의 전통적인 지역 구분의 기준

고개	철령	관서, 관북, 관동 지방의 기준
	조령	영남 지방의 기준
산맥	태백산맥	영동, 영서 지방의 기준
바다	경기만	해서 지방의 기준
하천	금강	호서, 호남 지방의 기준

✔용어 사전

❶ 산맥
높은 산들이 길게 이어져 큰 줄기를 이루고 있는 지형

❷ 하류
강이나 하천의 아래쪽 부분

❸ 철령관
외적의 침입을 막으려고 철령에 건설한 요새

❹ 도읍지
한 나라의 수도로 삼은 곳

❺ 의림지
충청북도 제천시에 있는 저수지

❻ 조령
경상북도 문경시와 충청북도 괴산군 사이에 있는 고개

❷ 행정 구역을 기준으로 지역 구분하기

(1) 행정 구역의 의미: 나라를 효율적으로 관리하기 위하여 나누어 놓은 지역을 말합니다.

★(2) 우리나라의 행정 구역: 특별시 1곳, 광역시 6곳, 특별자치시 1곳, 도 6곳, 특별자치도 3곳으로 이루어져 있습니다.(북한 지역 제외) 자료 ❸,❹

특별시(1곳)	서울특별시
광역시(6곳)	인천광역시, 대전광역시, 대구광역시, 광주광역시, 울산광역시, 부산광역시
특별자치시(1곳)	세종특별자치시
도(6곳)	경기도, 충청북도, 충청남도, 전라남도, 경상북도, 경상남도
특별자치도(3곳)	강원특별자치도, 전북특별자치도, 제주특별자치도

▲ 우리나라의 행정 구역

북한 지역을 제외한 우리나라는 행정 구역에 따라 전국을 17개 지역으로 나누고 있습니다.

(3) 우리나라의 시청과 도청

① 행정 구역마다 각 지역을 맡은 행정 기관이 있는데, 특별시와 광역시, 특별자치시에는 시청이 있고, 도와 특별자치도에는 도청이 있습니다.

② 시청과 도청은 각 행정 구역의 ❼중심지 역할을 하는 곳에 있습니다.

▲ 우리나라 시청과 도청 ❽소재지

> 시청과 도청은 시·도의 행정 업무를 담당하는 곳이야.

▲ 서울특별시청

▲ 대전광역시청

▲ 전북특별자치도청

1 단원

자료 ❸ 조선 시대의 행정 구역

오늘날의 행정 구역은 조선 시대에 전국을 8개의 도로 나눈 것에서 비롯되었습니다.

자료 ❹ 조선 시대 행정 구역 이름의 유래

경기도	왕이 사는 곳(도읍지)의 주변 땅이라는 의미
강원도	강릉 + 원주
충청도	충주 + 청주
전라도	전주 + 나주
경상도	경주 + 상주
함경도	함흥 + 경성
평안도	평양 + 안주
황해도	황주 + 해주

경기도를 제외한 각 도의 이름은 당시에 그 지역에서 중요한 도시의 이름 앞 글자를 따서 정하였습니다.

✅ 용어 사전

❼ 중심지
어떤 일이나 활동의 중심이 되는 곳

❽ 소재지
주요 건물이나 기관 등이 자리 잡고 있는 곳

핵심 체크

● 자연환경을 기준으로 한 지역 구분

큰 산맥이나 하천을 중심으로 한 지역 구분	• ❶ ☐☐ 지방: 휴전선 북쪽으로 지금의 북한 지역을 말합니다. • 중부 지방: 휴전선 남쪽에서 소백산맥과 ❷ ☐☐ 하류까지를 말합니다. • ❸ ☐☐ 지방: 중부 지방의 남쪽 지역을 말합니다.
전통적인 지역 구분	• 자연환경을 기준으로 관북, 관서, 관동(영동, 영서), 해서, ❹ ☐☐, 호서, 호남, 영남 지방으로 구분합니다. • 오늘날 ❺ ☐☐☐ 을 정하는 기초가 되었습니다.

● 행정 구역을 기준으로 한 지역 구분

• ❻ ☐☐☐☐ : 나라를 효율적으로 관리하기 위하여 나누어 놓은 지역을 말합니다.

• **우리나라의 행정 구역**: 북한 지역을 제외하면 ❼ ☐☐☐ 1곳, 광역시 6곳, 특별자치시 1곳, ❽ ☐ 6곳, 특별자치도 3곳으로 이루어져 있습니다.

개념 문제

1 우리나라는 옛날부터 산이나 호수, 하천, 바다 등의 ( )을/를 기준으로 지역을 구분하였습니다.

2 우리나라의 전통적인 지역 구분에 대해 바르게 이야기한 어린이는 누구인지 쓰시오.

조령의 남쪽에 있는 지방을 호남 지방이라고 해.

유민

도읍지를 둘러싸고 있는 곳을 경기 지방이라고 해.

하준

태백산맥을 기준으로 하여 서쪽에 있는 지방을 관서 지방이라고 해.

연서　　　(　　　　　)

3 우리나라의 행정 구역에 대한 설명이 맞으면 ○표, 틀리면 X 표 하시오.

(1) 특별시는 1곳으로 서울특별시입니다. (　　　　)

(2) 특별자치시는 2곳으로 세종특별자치시, 제주특별자치시입니다. (　　　　)

(3) 광역시는 6곳으로 인천광역시, 대전광역시, 대구광역시, 광주광역시, 울산광역시, 부산광역시입니다. (　　　　)

4 다음 ㉠, ㉡에 들어갈 알맞은 말에 각각 ○표 하시오.

> 특별시와 광역시, 특별자치시에는 ㉠ (시청 , 도청)이 있고, 도와 특별자치도에는 ㉡ (시청 , 도청)이 있습니다.

확인 문제

1 다음 지도와 같이 국토를 구분한 기준으로 알맞은 것은 무엇입니까? ( )

① 인구수
② 행정 구역
③ 발달한 산업
④ 사용하는 언어
⑤ 큰 산맥이나 하천

2 다음 빈칸에 들어갈 알맞은 말은 무엇입니까?
( )

> 전통적으로 지역을 구분할 때, (   )
> 을 기준으로 동쪽은 관동 지방, 서쪽은 관서 지방, 북쪽은 관북 지방으로 구분하였습니다.

① 금강   ② 조령   ③ 철령관
④ 소백산맥   ⑤ 태백산맥

3 우리나라의 전통적인 지역 구분 중 '경기 지방'에 대한 설명으로 알맞은 것은 어느 것입니까? ( )

① 금강의 남쪽에 있는 지방이다.
② 도읍지(한양)를 둘러싸고 있는 지방이다.
③ 조령(문경 새재)의 남쪽에 있는 지방이다.
④ 태백산맥을 기준으로 동쪽에 있는 지방이다.
⑤ 한양을 기준으로 바다 건너 서쪽에 있는 지방이다.

서술형
4 우리나라는 전통적으로 지역을 어떻게 구분하였는지 쓰시오.

_____

_____

[5~6] 다음 지도를 보고, 물음에 답하시오.

5 위 지도와 같이 나라를 효율적으로 관리하기 위하여 나누어 놓은 지역을 무엇이라고 하는지 쓰시오.

(   )

중요
6 위 지도를 보고 알 수 있는 사실로 알맞지 않은 것은 어느 것입니까? ( )

① 광역시는 6곳, 도는 8곳이다.
② 도와 특별자치도에는 도청이 있다.
③ 특별시는 1곳이며, 서울특별시이다.
④ 각 행정 구역에는 시청이나 도청이 있다.
⑤ 특별자치도는 3곳이며 강원특별자치도, 전북특별자치도, 제주특별자치도이다.

7 우리나라의 행정 구역 중 '광역시'에 해당하지 않는 곳은 어디입니까? ( )

① 광주   ② 대구   ③ 대전
④ 세종   ⑤ 인천

8 경상도의 이름에 영향을 준 도시로 알맞은 것을 두 가지 고르시오. (,   )

① 경성   ② 경주   ③ 상주
④ 전주   ⑤ 충주

실력 문제로 다잡기

1 다음 **보기** 에서 우리 국토의 모습에 대한 설명으로 알맞은 것을 모두 골라 기호를 쓰시오.

> **보기**
> ㉠ 남쪽은 대륙과 연결되어 있다.
> ㉡ 육지가 바다 쪽으로 뻗어 나왔다.
> ㉢ 동서의 길이가 길고 남북의 길이는 짧다.
> ㉣ 북쪽이 대륙과 연결되어 있고 삼면은 바다로 둘러싸인 반도 국가이다.

(   )

1-1 대륙으로부터 길게 나와 삼면이 바다로 둘러싸여 있는 땅을 반도라고 합니다.

(○ , ×)

2 위도와 경도에 대한 설명으로 알맞지 <u>않은</u> 것은 어느 것입니까?
(   )

① 적도는 위도의 기준이 되는 선이다.
② 본초 자오선은 경도의 기준이 되는 선이다.
③ 경도는 동경과 서경을 각각 0°~180° 범위로 나타낸다.
④ 위도는 적도를 기준으로 동서로 얼마나 떨어져 있는지를 나타낸다.
⑤ 위선과 경선은 지도나 지구본에 위도와 경도를 표시한 가상의 선이다.

2-1 지구본에 가로로 그어진 위선은 위도를 나타내며 본초 자오선을 기준으로 북쪽은 북위, 남쪽은 남위라고 합니다.

(○ , ×)

⭐중요
3 우리 국토의 위치에 대한 설명으로 알맞지 <u>않은</u> 것은 어느 것입니까?
(   )

① 아시아 대륙의 동쪽에 있다.
② 북위 33°에서 43° 사이에 있다.
③ 서경 124°에서 132° 사이에 있다.
④ 태평양을 통하여 세계 곳곳으로 뻗어 나갈 수 있다.
⑤ 우리나라 주변에는 중국, 일본, 러시아, 몽골 등이 있다.

3-1 우리나라는 중국과 일본 사이에 있습니다.

(○ , ×)

4 우리 국토의 위치적 장점을 활용하면 좋은 점을 <u>잘못</u> 이야기한 어린이는 누구입니까? ( )

① 세계 여러 나라와 활발하게 교류할 수 있어.

② 도로와 철도를 이용해 모든 대륙에 접근할 수 있어.

③ 대륙과 해양을 연결하는 중요한 지점이 될 수 있어.

④ 세계의 물자들을 교류하는 중심지가 될 수 있어.

4-1 우리나라는 반도 국가이므로 대륙과 해양으로 진출하기에 유리합니다.

(○ , ×)

5 국토의 영역을 나타낸 오른쪽 그림을 보고, ㉠~㉢에 들어갈 알맞은 말을 각각 쓰시오.

㉠: ( )
㉡: ( )
㉢: ( )

5-1 영역은 한 나라의 주권이 미치는 범위로, 영토는 땅, 영해는 하늘, 영공은 바다에서의 범위를 말합니다.

(○ , ×)

6 우리나라의 영역에 대한 설명으로 알맞은 것을 <u>두 가지</u> 고르시오. (,)

① 우리나라 영토의 서쪽 끝은 독도이다.
② 우리나라의 영해는 기선으로부터 22해리까지이다.
③ 우리나라의 영토는 한반도와 한반도에 속한 여러 섬이다.
④ 우리나라의 영공은 우리 영토와 영해 위에 있는 하늘의 범위를 말한다.
⑤ 우리나라 영역에는 다른 나라의 배나 비행기가 자유롭게 드나들 수 있다.

6-1 다른 나라의 배나 비행기가 우리나라 영역에 들어오려면 우리나라에 미리 허가를 받아야 합니다.

(○ , ×)

서술형
7 우리나라의 영해는 어디까지인지 동해안과 서해안·남해안으로 나누어 각각 쓰시오.

_____

_____

7-1 동해안과 울릉도, 독도, 제주도는 가장 바깥에 있는 섬들을 직선으로 연결한 선을 기선으로 하여 영해를 정합니다.

(○ , ×)

8 다음 밑줄 친 '이곳'은 어디입니까? ( )

> • <u>이곳</u>은 우리 국토의 동쪽 끝에 위치하며, 화산 활동으로 생긴 섬입니다.
> • <u>이곳</u> 주변 바다에는 각종 자원이 풍부하고 국토방위에 중요한 장소입니다.

① 독도
② 가거도
③ 마라도
④ 울릉도
⑤ 제주도

8-1 휴전선을 기준으로 하여 폭이 남북으로 4km 정도인 긴 띠 모양의 지역을 비무장 지대라고 합니다.

(O , X)

9 우리가 국토를 잘 가꾸고 사랑하는 방법으로 알맞지 <u>않은</u> 것은 어느 것입니까? ( )

① 자원을 아껴 쓴다.
② 국토를 모두 관광지로 만든다.
③ 우리 주변에 있는 자연을 소중하게 여겨야 한다.
④ 국토를 지키느라 애쓰시는 분들께 존경하는 마음을 가진다.
⑤ 많은 사람이 국토의 소중함을 알고 함께 가꾸어 나가야 한다.

9-1 우리가 국토를 소중히 가꾸고 지키려면 국토에 관심을 두고 국토에 대해 잘 알아야 합니다.

(O , X)

★중요★
10 다음 ㉠, ㉡에 들어갈 말을 알맞게 짝지은 것은 어느 것입니까? ( )

> 중부 지방은 휴전선 남쪽에서 (㉠)과 (㉡) 하류까지입니다.

㉠	㉡
① 멸악산맥	금강
② 소백산맥	금강
③ 소백산맥	압록강
④ 태백산맥	한강
⑤ 태백산맥	낙동강

10-1 남북으로 길게 뻗어 있는 우리나라는 크게 북부 지방, 중부 지방, 남부 지방으로 구분할 수 있습니다.

(O , X)

11 오른쪽 지도에서 의림지와 금강의 서쪽에 있는 ㉠ 지방은 어디입니까? ( )

① 관서 지방
② 영동 지방
③ 영서 지방
④ 해서 지방
⑤ 호서 지방

11-1 영남 지방은 조령(문경 새재)의 북쪽에 있어서 붙여진 이름입니다.

(O , X)

12 다음 두 지도를 보고 알 수 있는 사실로 알맞은 것은 어느 것입니까?
( )

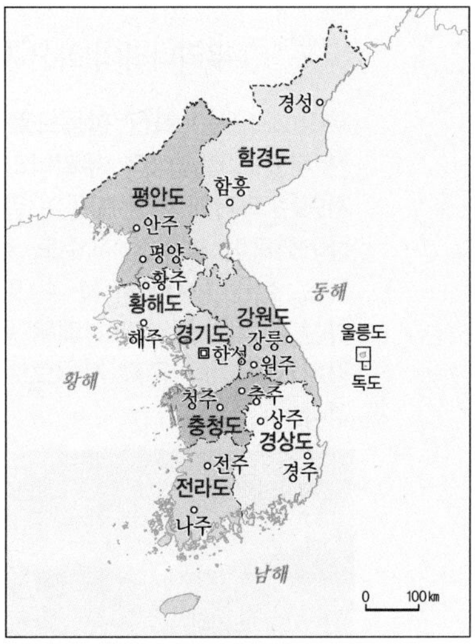

▲ 조선 시대의 행정 구역

▲ 우리나라의 행정 구역

① 경기도는 북도와 남도로 나뉘었다.
② 제주도는 조선 시대까지 경상도에 포함되어 있었다.
③ 경기도는 중요한 도시의 이름 앞 글자를 따서 정하였다.
④ 오늘날 우리나라의 행정 구역은 조선 시대의 8도에서 비롯되었다.
⑤ 우리나라는 옛날부터 자연환경과 관계없이 행정 구역을 나누었다.

12-1 행정 구역은 나라를 효율적으로 관리하기 위하여 나누어 놓은 지역을 말합니다.
(○ , ×)

중요
13 다음 보기 에서 북한 지역을 제외한 우리나라의 행정 구역에 대한 설명으로 알맞은 것을 모두 골라 기호를 쓰시오.

보기
㉠ 도와 특별자치도에는 시청이 있다.
㉡ 특별시는 1곳이며 서울특별시이다.
㉢ 특별시, 광역시, 특별자치시에는 도청이 있다.
㉣ 시청과 도청은 각 행정 구역의 중심지 역할을 하는 곳에 자리 잡고 있다.

( )

13-1 북한 지역을 제외한 우리나라의 행정 구역에는 특별시 1곳, 특별자치시 2곳이 있습니다.
(○ , ×)

14 우리나라 행정 구역의 각 도와 도청 소재지가 잘못 짝지어진 것은 어느 것입니까? ( )

① 경기도 – 수원시　　　　② 충청북도 – 청주시
③ 경상남도 – 부산광역시　④ 전북특별자치도 – 전주시
⑤ 강원특별자치도 – 춘천시

14-1 특별시와 광역시, 특별자치시에는 시청이 있고, 도와 특별자치도에는 도청이 있습니다.
(○ , ×)

01 우리나라의 지형

1 우리나라 지형의 모습과 특징

(1) **지형의 의미**: 산지, 하천, 평야, 해안, 섬과 같은 땅의 생김새를 말합니다.

(2) **우리나라의 다양한 지형** 자료①

→ 산지에서 시작해 바다로 흘러갑니다.

산지	하천	평야
높이 솟은 산들이 모여 이룬 지형으로 땅의 높이가 높은 곳과 낮은 곳의 차이가 큽니다.	빗물과 지하수가 낮은 곳으로 흘러가면서 만들어진 크고 작은 물줄기를 말합니다.	❶해발 고도가 비교적 낮은 곳에 있는 넓고 평평한 땅으로, 농사짓기에 유리하다.

섬	해안
강이나 바다로 둘러싸인 땅을 말합니다.	바다와 맞닿은 육지 부분으로, 갯벌, 모래사장 등을 볼 수 있습니다.

★(3) **❷지형도를 통해 알 수 있는 우리나라 지형의 특징**: 우리 국토의 약 70%가 산지입니다. 높고 험한 산은 대부분 북쪽과 동쪽에 많고, 평야는 서쪽에 발달하였습니다. 큰 하천은 대부분 황해와 남해로 흘러갑니다. 자료②

초록색에서 갈색으로 색이 진할수록 땅의 높이가 높아집니다.

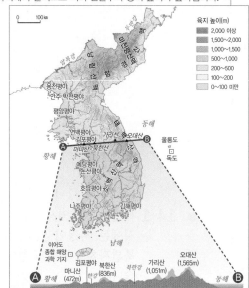

육지 높이(m)
2,000 이상
1,500~2,000
1,000~1,500
500~1,000
200~500
100~200
0~100 미만

▲ 우리나라의 지형도와 ❸단면도

A-B 단면도를 보면, 우리나라의 동쪽은 높고 서쪽은 낮다는 것을 알 수 있습니다.

자료① 우리나라의 화산 지형

우리나라에는 화산 활동으로 만들어진 지형도 있습니다. 우리나라의 화산 지형은 과거에 화산 활동이 일어나 만들어졌으며, 백두산, 제주도, 울릉도와 독도, 철원 등지에서 볼 수 있습니다. 화산 지형은 생김새가 매우 독특하며 경치가 뛰어나 관광 자원으로 활용됩니다.

▲ 한라산 백록담

자료② 우리나라의 주요 산맥과 하천

산맥	태백산맥, 소백산맥, 낭림산맥, 함경산맥, 마천령산맥 등
하천	한강, 금강, 영산강, 낙동강, 대동강 등

▲ 오대산(강원특별자치도 평창군)

▲ 김포평야(경기도 김포시)

▲ 북한강(경기도 양평군)

✅ 용어 사전

❶ 해발 고도
평균 해수면을 기준으로 잰 어느 지점의 높이

❷ 지형도
지형의 모습을 정확하고 상세하게 그린 지도

❸ 단면도
물체를 평면으로 잘랐다고 생각하여 그 모습을 나타낸 그림

(4) 산지 지형의 특징과 이용 모습 ［자료③］

특징	• 산에는 지하자원과 산림 자원 등의 각종 자원이 많습니다. • 산은 해발 고도가 높고 자연 ❹경관이 뛰어납니다.
이용하는 모습	• 목장을 만들어 소, 양 등을 기르는 목축업을 합니다. • 서늘한 기후를 이용하여 배추와 같은 채소를 재배합니다. • 여가 생활을 즐길 수 있는 스키장과 휴양 시설을 만듭니다.

(5) 하천과 평야 지형의 특징과 이용 모습

① 하천과 평야 지형의 특징: 하천 주변에는 넓고 평탄한 땅이 발달하며, 하천 중·하류로 갈수록 농사지을 땅이 넓게 나타납니다.

② 하천과 평야 지형을 이용하는 모습

하천 상류	❺다목적 댐을 건설하여 홍수나 가뭄에 대비하고, 전기를 생산하기도 합니다.
하천 중·하류 주변의 평야	• 하천 주변에 발달한 평야에서 농사를 짓습니다. • 하천 주변의 평탄한 지역에는 사람들이 많이 모여 살고 있고, 큰 도시가 발달하였습니다.

❷ 우리나라의 해안

★(1) 우리나라 해안의 특징 ［자료④］

서해안
• 해안선이 복잡하고 섬과 ❻만, 반도가 많습니다.
• 밀물과 썰물의 차이가 커서 갯벌이 발달하였습니다.

동해안
해안선이 단조롭고, 모래사장이 펼쳐진 곳이 많습니다.

남해안
해안선이 복잡하며, 크고 작은 섬이 많아 다도해라고도 부릅니다.

(2) 해안 지형을 이용하는 모습
┌→ 해안 지형의 특징에 따라 사람들의 생활 모습이 다양하게 나타납니다.

서해안	동해안	남해안
▲ 염전	▲ 해수욕장	▲ 양식장
염전을 만들어 소금을 채취하거나 갯벌을 ❼간척하여 농경지나 공업 용지로 사용합니다.	길게 뻗은 모래사장이 많아 여름에 해수욕장을 찾는 사람들이 많습니다.	물이 깨끗하고 파도가 잔잔하여 김, 조개류 등을 키우는 양식업이 발달하였습니다.

［자료③］ **산지 지형을 이용한 목축업**

목초 재배에 유리한 산지 지역은 목장을 지어 소, 양 등을 기르는 목축업이 발달하였습니다.

▲ 목장(강원특별자치도 평창군)

［자료④］ **우리나라 해안의 모습**

▲ 서해안의 갯벌(충청남도 서산시)

▲ 동해안의 모래사장(강원특별자치도 강릉시)

▲ 남해안의 다도해(경상남도 통영시)

✔용어 사전

❹ **경관**
산이나 들, 강, 바다 등의 자연이나 지역의 풍경

❺ **다목적 댐**
전기 생산, 홍수 조절, 물의 공급 등의 여러 목적을 위하여 지은 댐

❻ **만**
바다가 육지 쪽으로 들어온 곳

❼ **간척**
바다나 호수의 일부를 막고, 그 안을 메워 땅으로 만드는 일

기본 문제로 익히기

핵심 체크

● ❶ ☐☐ : 산지, 하천, 평야, 해안, 섬 등과 같은 땅의 생김새를 말합니다.

● **우리나라 지형의 특징**

• 국토의 약 70%가 ❷ ☐☐이며, 높고 험한 산은 대부분 북쪽과 동쪽에 많습니다.

• 우리나라의 주요 하천은 대부분 ❸ ☐☐와 남해로 흘러가고, 서쪽에 ❹ ☐☐가 발달하였습니다.

● **우리나라 해안의 특징**

서해안	• 해안선이 복잡하고 섬과 만, 반도가 많습니다.
	• 밀물과 썰물의 차이가 커서 ❺ ☐☐이 넓게 펼쳐져 있습니다.
동해안	해안선이 단조롭고, ❻ ☐☐☐☐이 펼쳐진 곳이 많습니다.
❼ ☐☐☐	해안선이 복잡하며, 크고 작은 섬이 많아 다도해라고도 부릅니다.

개념 문제

1 다음 빈칸에 들어갈 알맞은 말에 ○표 하시오.

> 땅에 내린 빗물과 지하수가 일정한 물길을 만들어 흘러가는 지형을 (하천 , 해안 , 평야)(이)라고 합니다.

2 우리나라 지형의 특징에 대한 설명이 맞으면 ○표, 틀리면 X표 하시오.

(1) 우리나라는 국토의 약 70%가 평야입니다. ( )

(2) 우리 국토는 동쪽은 낮고 서쪽은 높은 지형입니다. ( )

(3) 큰 하천은 대부분 황해와 남해로 흘러갑니다. ( )

3 사람들이 산지를 이용하는 모습으로 알맞은 것을 찾아 ○표 하시오.

(가) ▲ 해수욕장 ( )   (나) ▲ 스키장 ( )   (다) ▲ 논 ( )

4 ( )은/는 해안선이 단조롭고, 길게 뻗은 모래사장이 펼쳐진 곳이 많아 여름이 되면 해수욕장을 찾는 관광객들로 북적입니다.

확인 문제

1 다음 지형과 그에 대한 설명을 바르게 선으로 연결하시오.

(1)
▲ 산지

• • ㉠ 넓고 평탄한 땅을 말합니다.

(2)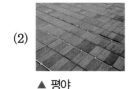
▲ 평야

• • ㉡ 높이 솟은 산들이 모여 이룬 지형입니다.

2 다음에서 설명하는 지형의 모습으로 알맞은 것은 어느 것입니까? (   )

> 밀물 때 물에 잠겨 있다가 썰물 때 물 밖으로 보이는 바닷가나 강가의 평탄한 땅을 말합니다.

①
▲ 하천

②
▲ 섬

③
▲ 갯벌

④
▲ 해안

3 우리나라 지형의 특징으로 알맞은 것을 두 가지 고르시오. (,   )

① 동쪽에 평야가 발달하였다.
② 국토의 약 70%가 평야이다.
③ 큰 하천은 대부분 동해로 흘러간다.
④ 큰 하천의 주변에는 평야가 발달해 있다.
⑤ 우리나라의 주요 산맥은 북쪽과 동쪽에 많다.

4 다음 우리나라의 지형 단면도를 보고, 서쪽과 동쪽 중 땅의 높이가 더 높은 곳은 어디인지 쓰시오.

김포평야
마니산 (472m)
한강
북한산 (836m)
북한강
가리산 (1,051m)
오대산 (1,565m)
황해
동해

(   )

5 사람들이 산지 지형을 이용하는 모습을 두 가지 쓰시오.

_____

_____

6 사람들이 하천 지형을 이용하는 모습으로 알맞은 것은 어느 것입니까? (   )

① 배추와 같은 채소를 재배한다.
② 염전을 만들어 소금을 얻는다.
③ 버섯, 목재 등의 산림 자원을 얻는다.
④ 스키장을 만들어 여가 생활을 즐긴다.
⑤ 다목적 댐을 만들어 전기를 생산한다.

7 다음 보기 에서 우리나라의 동해안에 대한 설명으로 알맞은 것을 모두 골라 기호를 쓰시오.

> 보기
> ㉠ 해안선이 복잡하다.
> ㉡ 해안선이 단조롭다.
> ㉢ 크고 작은 섬이 많아 다도해라고도 부른다.
> ㉣ 밀물과 썰물의 차이가 커서 갯벌이 넓게 펼쳐져 있다.
> ㉤ 모래사장이 펼쳐진 곳이 많아 해수욕장이 발달하였다.

(   )

02 우리나라의 계절별 기후

❶ 날씨와 기후의 의미 [자료①]

(1) **날씨**: 그날그날의 ❶대기 상태를 말합니다.

(2) **기후** → 기온, 강수량, 바람 등과 관련된 정보를 알면 기후를 설명할 수 있습니다.

① 한 지역에서 오랜 기간에 걸쳐 나타나는 평균적인 대기 상태를 말합니다.

② 기후는 기온, 강수량, 바람 등으로 나타내며, 사람들의 생활에 많은 영향을 줍니다.
  └ 비, 눈 등으로 일정 기간 동안 한 장소에 내린 물의 양을 말합니다.

★❷ 우리나라의 기후

(1) 우리나라 기후의 특징

① 우리나라는 ❷중위도에 있어서 기후가 대체로 온화하고 사계절이 나타납니다.

② 계절별로 기온과 강수량의 차이가 큽니다.

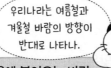
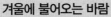
우리나라는 여름철과 겨울철 바람의 방향이 반대로 나타나.

(2) 계절에 따라 불어오는 바람의 특징

여름에 불어오는 바람	겨울에 불어오는 바람
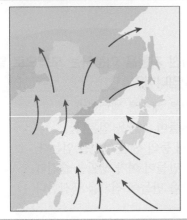	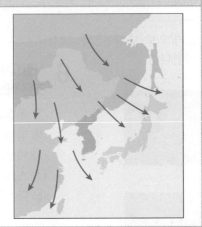
• 여름에는 남쪽 바다에서 덥고 습한 바람이 불어옵니다. • 덥고 습한 바람의 영향으로 여름에는 기온이 높아서 덥고, 비가 많이 내립니다.	• 겨울에는 북서쪽 대륙에서 차갑고 건조한 바람이 불어옵니다. • 차갑고 건조한 바람의 영향으로 겨울에는 기온이 낮아서 춥고, 비가 적게 내립니다.

↳ 우리나라는 계절에 따라 성질이 다른 바람이 다른 방향에서 불어와 여름에는 덥고 습한 기후가 나타나고, 겨울에는 차고 건조한 기후가 나타납니다.

(3) 우리나라의 기후 변화 [자료②]

① 우리나라는 지구 온난화의 영향으로 1912년부터 2020년까지 평균 기온이 1.6°나 높아졌습니다. └ 지구의 평균 기온이 상승하는 현상을 말합니다.

② 기후 변화로 봄과 가을이 점차 짧아지고 여름이 길어지고 있습니다.

② 기후 변화는 관광 산업, 농업 및 어업 활동을 비롯한 다양한 산업 활동에 영향을 미칠 뿐만 아니라 우리의 일상생활에도 영향을 줍니다.

자료① 날씨와 기후의 차이

 날씨 | 그날그날의 비, 구름, 바람, 기온 등과 같이 비교적 짧은 기간의 대기 상태

 기후 | 일정한 지역에서 오랜 기간에 걸쳐 뚜렷하게 나타나는 평균적인 대기 상태

자료② 기후 변화가 일상생활에 미치는 영향

• 예전보다 꽃이 일찍 피어 봄꽃 축제 일정이 빨라지고 있는 반면 단풍이 드는 시기는 늦어지고 있습니다.

• 평균 기온이 상승하면서 기온이 높은 남부 지방에서만 재배하던 작물을 중부 지방에서도 재배할 수 있게 되었습니다.

• 지구 온난화의 속도가 빨라지면서 극심한 더위와 ❸열대야뿐만 아니라 ❹집중 호우 등 이상 기후 현상도 자주 일어나고 있습니다.

✔ 용어 사전

❶ **대기**
지구 주위를 둘러싸고 있는 공기

❷ **중위도**
저위도와 고위도의 중간으로, 대략 위도 30°~60°를 말함.

❸ **열대야**
밤이 되어도 기온이 25℃ 아래로 내려가지 않는 현상

❹ **집중 호우**
어느 한 지역에 집중적으로 많은 양의 비가 내리는 현상

❸ 계절별 기후 특징과 생활 모습

(1) 우리나라의 계절별 기후 특징 `자료 ❸`

> 장마철과 한여름 •
> 날씨가 다릅니다.

봄	• 날씨가 따뜻하고 건조합니다. • ❺꽃샘추위가 찾아오기도 하고, ❻황사가 발생하기도 합니다.
여름	• 장마철에는 오랜 기간 지속적으로 비가 많이 내립니다. • 한여름이 되면 습하고 무더운 날씨가 이어집니다. • 때로는 태풍이 불어와 집중적으로 비가 내리기도 합니다.
가을	• 시원하고 맑은 날씨가 자주 나타납니다. • 가을장마가 있기도 합니다. • 늦가을이 될수록 단풍이 들고, 날씨가 점점 추워지면서 ❼서리가 내리기도 합니다.
겨울	• 날씨가 춥고 건조합니다. • 때때로 기온이 급격히 떨어져 추위가 심해지기도 합니다. • 다른 계절보다 강수량이 적은 편이지만 지역에 따라 눈이 많이 내리기도 합니다.

(2) 계절에 따른 사람들의 생활 모습 `자료 ❹`

> • 사람들은 계절에 따라 입는 옷, 먹는 음식,
> 여가 활동, 사용하는 물건 등이 다릅니다.

봄	여름
• 꽃구경을 갑니다. • 봄나물을 먹습니다. • 한 해 농사를 시작합니다.	• 짧고 얇은 옷을 입습니다. • 물놀이를 즐기기도 합니다. • 에어컨이나 선풍기를 사용합니다.
가을	**겨울**
• 농작물을 수확합니다. • 산으로 단풍 구경을 갑니다. • 김장을 하며 겨울을 나려고 준비합니다.	• 두꺼운 옷을 입습니다. • 난로나 온풍기를 사용합니다. • 눈썰매나 스키를 타기도 합니다.

(3) 계절마다 사람들의 생활 모습이 다른 까닭

① 계절마다 기온과 강수량이 다르기 때문입니다.
② 계절마다 날씨가 다르기 때문입니다.

`자료 ❸` 속담 속 우리나라의 계절

봄	봄추위가 장독 깬다. → 날씨가 따뜻해지는 봄철에도 사나운 추위가 찾아온다는 뜻임.
여름	가뭄 끝은 있어도 장마 끝은 없다. → 가뭄은 아무리 심해도 거둘 곡식이 있지만, 여름철 큰 장마가 온 뒤에는 거둘 곡식이 아무것도 없다는 뜻임.
가을	가을비는 빗자루로도 피한다. → 가을에 내리는 비는 양이 적기 때문에 비가 내려도 빗자루 하나만으로 비를 피할 수 있다는 뜻임.
겨울	눈이 많이 오면 보리 풍년이 든다. → 겨울에 눈이 많이 오면 눈이 보리 싹을 덮어 주어 보리가 얼어 죽거나 말라 죽지 않기 때문에 보리농사가 잘 된다는 뜻임.

`자료 ❹` 우리나라의 계절별 축제

봄	영등포 여의도 봄꽃 축제, 봄나들이 봄꽃 축제 등
여름	통영 한산 대첩 축제, 보령 머드 축제 등
가을	태안 가을꽃 박람회, 한림 공원 국화 축제 등
겨울	겨울 공주 군밤 축제, 제주 동백꽃 축제 등

✅ 용어 사전

❺ 꽃샘추위
이른 봄철에 꽃이 피는 것을 시샘하듯 일시적으로 갑자기 추워지는 현상

❻ 황사
중국과 몽골의 사막에서 발생한 모래 먼지가 바람을 타고 우리나라로 날아오는 현상

❼ 서리
주변 공기가 차가워지며 수증기가 물체의 표면에 얼어붙은 것

핵심 체크

● ❶ ☐☐ : 한 지역에서 오랜 기간에 걸쳐 나타나는 평균적인 대기 상태를 말합니다.

● 우리나라 기후의 특징

• 우리나라는 ❷ ☐☐☐ 에 있어서 기후가 대체로 온화하고 사계절이 나타납니다.

• 계절별로 ❸ ☐☐ 과 ❹ ☐☐☐ 의 차이가 큽니다.

• 계절에 따라 성질이 다른 바람이 불어와 ❺ ☐☐ 에는 덥고 습한 기후가 나타나고, ❻ ☐☐
에는 차고 건조한 기후가 나타납니다.

● 우리나라의 계절별 기후 특징

❼ ☐	날씨가 따뜻하고 건조하며, 꽃샘추위와 황사가 발생하기도 합니다.
여름	덥고 습하며 ❽ ☐ 가 많이 옵니다.
❾ ☐☐	시원하고 맑은 날씨가 자주 나타납니다.
겨울	춥고 건조하며 ❿ ☐ 이 내리기도 합니다.

개념 문제

1 ( )은/는 한 지역에서 오랜 기간에 걸쳐 나타나는 평균적인 대기 상태로, 기온, 강수량, 바람 등으로 나타냅니다.

2 우리나라 기후의 특징에 대한 설명이 맞으면 ○표, 틀리면 X표 하시오.

(1) 대체로 온화하고 사계절이 나타납니다. ( )

(2) 계절별로 기온과 강수량의 차이가 거의 없습니다. ( )

(3) 최근에는 지구 온난화의 영향으로 봄과 가을이 점차 짧아지고 여름이 길어지고 있습니다.
( )

3 다음 빈칸에 들어갈 알맞은 말에 ○표 하시오.

(여름 , 겨울)에는 북서쪽 대륙에서 불어오는 바람 때문에 날씨가 춥고 건조합니다.

4 우리나라의 계절별 기후 특징을 바르게 이야기한 어린이는 누구인지 쓰시오.

여름에는 시원하고 맑은 날씨가 자주 나타나.

가을에는 꽃샘추위와 황사가 발생하기도 해.

겨울에는 춥고 건조하며 눈이 내리기도 해.

민석   연서   유진   ( )

확인 문제

1 다음 단어와 그에 대한 설명을 바르게 선으로 연결하시오.

(1) 기후 •

• ㉠ 그날그날의 대기 상태를 말합니다.

(2) 날씨 •

• ㉡ 오랜 기간 한 지역에 나타나는 평균적인 대기 상태를 말합니다.

★중요★

2 우리나라의 기후에 대한 설명으로 알맞지 <u>않은</u> 것은 어느 것입니까? ( )

① 사계절이 나타난다.
② 겨울에는 덥고 습한 기후가 나타난다.
③ 계절별로 기온과 강수량의 차이가 크다.
④ 계절별로 성질이 크게 다른 바람이 불어온다.
⑤ 여름에는 기온이 높아서 덥고 비가 많이 내린다.

[3~4] 다음은 계절에 따라 우리나라에 불어오는 바람의 방향을 나타낸 것입니다. 그림을 보고, 물음에 답하시오.

(가) 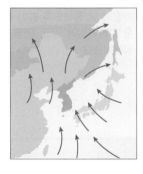 (나)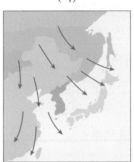

3 위 (가), (나) 중 여름에 우리나라의 기후에 영향을 주는 바람은 어느 것인지 기호를 쓰시오.

( )

서술형

4 위 (나)와 같은 바람이 불어오는 계절의 기후 특징을 바람과 관련하여 쓰시오.

_____

_____

5 기후 변화가 우리 생활에 미치는 영향에 대한 설명으로 알맞지 <u>않은</u> 것은 어느 것입니까? ( )

① 열대야가 발생하면 밤에 잠을 편하게 자기 어렵다.
② 봄과 가을이 점차 길어지고 여름이 짧아지고 있다.
③ 집중 호우 등 이상 기후 현상이 자주 일어나고 있다.
④ 겨울이 따뜻해지면서 눈이나 얼음을 활용하는 축제를 개최하기가 어려워지기도 한다.
⑤ 기온이 높은 남부 지방에서만 재배하던 작물을 중부 지방에서도 재배할 수 있게 되었다.

6 다음과 같은 기후의 특징이 나타나는 계절은 언제입니까? ( )

• 날씨가 따뜻하고 건조합니다.
• 꽃샘추위가 찾아오기도 하고, 황사가 발생하기도 합니다.

① 봄 ② 여름 ③ 가을
④ 겨울 ⑤ 사계절 내내

7 겨울에 볼 수 있는 사람들의 생활 모습으로 알맞은 것은 어느 것입니까? ( )

①  ②

③  ④

03 우리나라의 기온과 강수량

❶ 우리나라 기온의 특징

지역에 따른 기온 차이는 사람들의 생활 모습에 영향을 미칩니다.

⭐(1) **❶기후도를 통해 알 수 있는 우리나라 기온의 특징**: 계절에 따라 기온 차이가 크고, 같은 계절이어도 지역에 따라 기온이 다릅니다.

서귀포는 1월 평균 기온이 영상 6℃를 웃돌 정도로 포근한 반면, 중강진은 1월 평균 기온이 영하 16℃ 이하로 내려갈 정도로 매우 춥습니다.

기온이 같은 곳을 연결한 등온선을 살펴보면 평균 기온이 서로 비슷한 지역을 알 수 있어.

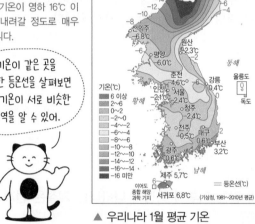

▲ 우리나라 1월 평균 기온

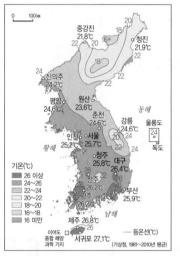

▲ 우리나라 8월 평균 기온

(2) 지역별 기온 차이 [자료❶]

우리나라는 남북으로 길게 뻗어 있어 남쪽과 북쪽의 기온 차이가 큽니다.

남쪽과 북쪽 지역의 기온 차이	대체로 남쪽 지역으로 갈수록 기온이 높아지고 북쪽 지역으로 갈수록 기온이 낮아집니다.
동쪽과 서쪽 지역의 기온 차이	차가운 북서풍을 막아 주는 태백산맥과 ❷수심이 깊은 동해의 영향으로 동해안의 강릉은 서해안의 인천보다 겨울 기온이 높습니다.
해안과 ❸내륙 지역의 기온 차이	바다의 영향으로 해안 지역이 내륙 지역보다 대체로 겨울에 더 따뜻합니다.

❷ 기온에 따른 옛사람들의 생활 모습

예로부터 지역의 기온은 그 지역 사람들의 생활 모습에 영향을 미쳤습니다.

의생활	식생활	주생활 [자료❷]
• 여름: 바람이 잘 통하는 모시나 삼베로 옷을 만들어 입었습니다. • 겨울: 솜을 넣어 누빈 두꺼운 옷으로 몸을 따뜻하게 하였습니다.	• 남쪽 지역: 소금과 젓갈이 많이 들어간 음식이 발달하였습니다. • 북쪽 지역: 싱겁고 담백한 음식이 발달하였습니다.	• 여름: 여름을 시원하게 보내려고 ❹대청을 만들었습니다. • 겨울: 겨울을 따뜻하게 보내려고 난방 시설인 온돌을 설치하였습니다.

기온이 높아 음식이 쉽게 상하는 것을 막기 위해서입니다.

[자료❶] 봄철 벚꽃이 피는 예상 시기

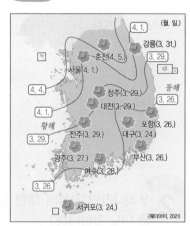

벚꽃이 피는 시기가 지역마다 다른 까닭은 지역마다 기온이 다르기 때문입니다. 이처럼 기온은 사람들의 의식주 생활뿐만 아니라 식물의 ❺개화 시기에도 큰 영향을 미칩니다.

[자료❷] 북부 지방과 남부 지방의 전통 가옥의 구조

북부 지방	내부의 열을 유지하기 위해 방이 여러 겹으로 배치되어 있음.
남부 지방	바람이 잘 통하도록 방이 한 줄로 배치되어 있고, 마루가 발달하였음.

✔용어 사전

❶ 기후도
기후가 지역에 따라서 어떻게 분포되어 있는지를 나타낸 지도

❷ 수심
강이나 바다, 호수 등의 물의 깊이

❸ 내륙
바다에서 멀리 떨어져 있는 육지

❹ 대청
한옥에서 방과 방 사이에 있는 큰 마루

❺ 개화
풀이나 나무의 꽃이 핌.

❸ 우리나라 강수량의 특징 → 일정한 지역에 일 년 동안 내린 총 강수량을 여러 해 동안 측정하여 구한 평균값입니다.

(1) 우리나라 연평균 강수량의 특징: 우리나라의 연평균 강수량은 1,300mm 정도로 세계 평균(880mm)보다 많은 편입니다.

(2) 우리나라의 지역별·계절별 강수량의 특징 （자료❸） → 우리나라는 지역과 계절에 따라 강수량의 차이가 큽니다.

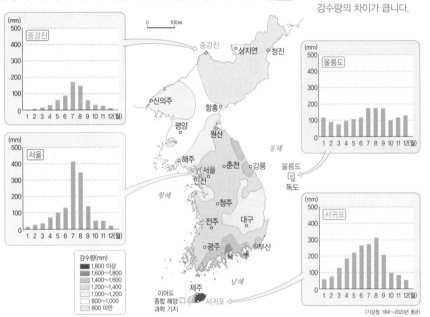

▲ 우리나라의 연 강수량 분포

계절별 강수량의 특징	• 여름에 장마와 태풍의 영향으로 비가 많이 내려 연 강수량의 절반 이상이 여름에 집중됩니다. • 겨울에는 비가 적게 내리지만 영동 지방과 울릉도는 눈이 많이 내려서 겨울에도 강수량이 많습니다.
지역별 강수량의 특징	• 대체로 남쪽 지역에서 북쪽 지역으로 갈수록 줄어들지만, 지역에 따라 차이가 큽니다. • 제주도와 남해안, 한강 ❻유역은 강수량이 많으며, 영남 내륙 지역은 상대적으로 강수량이 적습니다.

❹ 강수량에 따른 사람들의 생활 모습 （자료❹,❺）

저수지	터돋움집	우데기를 설치한 가옥

계절에 따라 강수량의 차이가 크기 때문에 가뭄에 대비하고 효율적으로 물을 관리하려고 만들었습니다.	여름철에 비가 많이 오는 지역에서는 집터를 주변보다 높게 지어 집이 물에 잠기는 것을 막았습니다.	겨울에 눈이 많이 내리는 울릉도에서는 우데기를 설치하여 눈과 바람을 막고 생활 공간을 넓혔습니다.

→ 다목적 댐을 만들어 홍수와 가뭄에 대비하고 있습니다.

（자료❸） 울릉도 강수량의 특징

• 다른 지역에 비해 일 년 내내 강수량이 고르게 나타납니다.
• 겨울에 눈이 많이 내려 겨울철 강수량이 많습니다.

（자료❹） 우데기

우데기는 눈이 집 안으로 들어오는 것을 막고 집 안에서 생활하기 편리하도록 지붕의 처마 끝에서 땅에 닿는 부분까지 둘러친 외벽입니다.

▲ 우데기 안쪽 모습

（자료❺） 눈이 많이 오는 지역의 생활 모습

• ❼설피: 영동 지방이나 울릉도와 같이 눈이 많이 내리는 지역에서는 눈에 빠지거나 미끄러지지 않도록 설피를 신기도 하였습니다.
• 눈 축제: 눈이 많이 내리는 일부 지역에서는 눈을 이용한 축제를 개최하고 있습니다.

♥ 용어 사전

❻ 유역
강물이 흐르는 주변 부분

❼ 설피
산간 지역에서 눈에 빠지지 않도록 신발 바닥에 대는 넓적한 덧신

핵심 체크

● **우리나라 기온의 특징**

• 대체로 ^❶□□ 지역으로 갈수록 기온이 높아지고 ^❷□□ 지역으로 갈수록 기온이 낮아집니다.

• 차가운 북서풍을 막아 주는 ^❸□□□과 수심이 깊은 ^❹□□의 영향으로 동해안의 강릉은 서해안의 인천보다 겨울 기온이 높습니다.

• 바다의 영향으로 ^❺□□ 지역이 내륙 지역보다 대체로 겨울에 더 따뜻합니다.

● **우리나라 강수량의 특징**

계절별 강수량의 특징	• 연 강수량의 절반 이상이 ^❻□□ 에 집중됩니다.
	• 영동 지방과 울릉도는 ^❼□ 이 많이 내려서 겨울에도 강수량이 많습니다.
지역별 강수량의 특징	대체로 ^❽□□ 지역에서 ^❾□□ 지역으로 갈수록 강수량이 줄어듭니다.

개념 문제

1 우리나라 기온의 특징에 대한 설명이 맞으면 ○표, 틀리면 X표 하시오.

(1) 위도가 비슷한 동쪽과 서쪽 지역은 겨울 기온이 같습니다. ( )

(2) 해안 지역이 내륙 지역보다 대체로 겨울에 기온이 더 높습니다. ( )

(3) 우리나라는 남북으로 길게 뻗어 있어 남쪽과 북쪽의 기온 차이가 큽니다. ( )

2 다음 ⊙, ⓒ에 들어갈 알맞은 말에 각각 ○표 하시오.

> 우리나라의 전통 가옥에는 여름을 시원하게 보내려고 ⊙ (대청 , 온돌)을 만들었고, 겨울을 따뜻하게 보내려고 난방 시설인 ⓒ (대청 , 온돌)을 설치하였습니다.

3 우리나라 강수량의 특징을 바르게 이야기한 어린이는 누구인지 쓰시오.

영동 지방과 울릉도는 겨울에 강수량이 적은 편이야.

우리나라는 계절에 따른 강수량의 차이가 커.

연 강수량은 북쪽에서 남쪽 지역으로 갈수록 줄어들어.

서현   지안   하준   ( )

4 겨울에 눈이 많이 내리는 울릉도에서는 ( )을/를 설치하여 눈과 바람을 막고 생활 공간을 넓혔습니다.

확인 문제

[1~2] 다음 기후도를 보고, 물음에 답하시오.

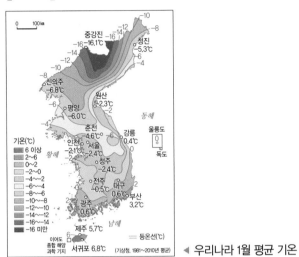

◀ 우리나라 1월 평균 기온

1 위 기후도에서 1월 평균 기온이 가장 낮은 곳과 가장 높은 곳을 찾아 각각 쓰시오.

(1) 기온이 가장 낮은 곳: (　　　　　　)
(2) 기온이 가장 높은 곳: (　　　　　　)

2 위 기후도에서 비슷한 위도에 있는 인천보다 강릉이 겨울에 더 따뜻한 까닭으로 알맞은 것을 두 가지 고르시오. (　　, 　　)

① 반도 국가이기 때문이다.
② 서해안은 해안선이 복잡하기 때문이다.
③ 수심이 깊은 동해의 영향을 받기 때문이다.
④ 국토가 남북으로 길게 뻗어 있기 때문이다.
⑤ 북서쪽에서 불어오는 차가운 바람을 태백산맥이 막아 주기 때문이다.

3 다음 지역에서 발달한 음식의 특징을 바르게 선으로 연결하시오.

(1) 남쪽 지역 •　　　• ㉠ 싱겁고 담백한 음식이 발달하였습니다.

(2) 북쪽 지역 •　　　• ㉡ 소금과 젓갈이 많이 들어간 음식이 발달하였습니다.

4 우리나라 강수량의 특징으로 알맞은 것을 두 가지 고르시오. (　　, 　　)

① 지역별 연 강수량의 차이가 크다.
② 연 강수량의 절반 이상이 봄에 집중된다.
③ 연평균 강수량이 세계 평균보다 적은 편이다.
④ 제주도와 남해안, 한강 유역은 강수량이 많다.
⑤ 연 강수량은 대체로 북쪽 지역에서 남쪽 지역으로 갈수록 줄어든다.

5 우리나라에서 겨울 강수량이 다른 지역보다 많은 곳은 어디입니까? (　　　)

① 서울　　　　　② 대구
③ 울릉도　　　　④ 중강진
⑤ 영남 내륙 지역

6 다음 보기 에서 가뭄에 대비하기 위한 사람들의 생활 모습과 관련이 있는 것을 모두 골라 기호를 쓰시오.

보기
㉠ 대청　　　㉡ 설피
㉢ 온돌　　　㉣ 저수지
㉤ 터돋움집　㉥ 다목적 댐

(　　　　　　)

7 울릉도에서 오른쪽 사진과 같은 생활 모습이 나타나는 까닭을 기후 특징과 관련지어 쓰시오.

▲ 우데기를 설치한 가옥

_____

_____

1. 국토와 우리 생활 **37**

04 우리나라에서 발생하는 자연재해

❶ 자연재해의 의미와 특징

(1) **자연재해의 의미**: 홍수, 가뭄, 태풍, 폭설, 지진 등 피할 수 없는 자연 현상으로 일어나는 피해를 말합니다.

(2) **자연재해의 특징**: 자연재해는 자연환경의 영향을 많이 받기 때문에 매년 비슷한 시기에 반복될 때가 많습니다.

❷ 우리나라의 자연재해 〔자료①〕

★(1) 봄에 발생하는 자연재해

가뭄	• 의미: 오랫동안 비가 오지 않거나 적게 내리는 기간이 지속되는 현상입니다. • 피해: 농작물이 피해를 입고 심한 경우 생활용수도 부족해집니다.	
황사	• 의미: 중국과 몽골의 사막에서 발생한 미세한 모래 먼지가 바람을 타고 우리나라까지 날아오는 현상입니다. • 피해: 눈병과 호흡기 질환을 일으키기도 합니다.	

(2) 여름~초가을에 발생하는 자연재해

폭염	• 의미: 하루 최고 기온이 33℃ 이상으로 올라가는 매우 심한 더위입니다. • 피해: 폭염일 때 야외 활동을 하면 더위로 인한 ❶온열 질환이 생길 수 있습니다.	
홍수	• 의미: 비가 많이 내려 하천이 흘러넘쳐 도로나 건물 등이 물에 잠기는 재해입니다. • 피해: 각종 시설물들이 물에 잠깁니다.	
태풍	• 의미: 적도 부근에서 발생해 우리나라로 이동하는 동안 많은 비가 내리고 강한 바람이 부는 현상입니다. • 피해: 홍수가 발생하기도 하고, 간판이나 지붕이 부서지기도 합니다.	

(3) 겨울에 발생하는 자연재해 〔자료②〕

한파	• 의미: 기온이 급격히 내려가면서 발생하는 추위를 말합니다. • 피해: 한파가 지속되면 ❷동파나 ❸동상 등의 피해가 발생합니다.
폭설	• 의미: 짧은 시간 안에 많은 양의 눈이 내리는 현상입니다. • 피해: 눈이 많이 내려 쌓이면 각종 시설물이 붕괴되고, 도로와 항공 교통이 ❹마비되기도 합니다.

〔자료①〕 **우리나라의 자연재해 피해**

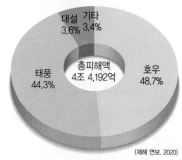

대설 3.6% 기타 3.4%
태풍 44.3%
호우 48.7%
총피해액 4조 4,192억

(재해 연보, 2020)

▲ 원인별 자연재해 피해액 비중(2011 ~2020년)

우리나라에서 발생하는 자연재해 중 가장 많은 피해를 주는 것은 호우와 태풍입니다.

〔자료②〕 **폭설로 인한 피해**

눈이 많이 내려 쌓이면 마을이 고립되고 각종 시설물이 붕괴되며, 도로와 항공 교통이 마비되기도 합니다.

▲ 폭설로 마비된 도로

홍수는 짧은 기간에 비가 집중적으로 내리거나 장기간에 걸쳐 지속적으로 내릴 경우 발생합니다.

✅용어 사전

❶ 온열 질환
무더운 날씨에 발생하는 열사병, 일사병 등의 질환

❷ 동파
추운 겨울철 수도관이나 수도 계량기 등이 얼어서 터지는 일

❸ 동상
심한 추위 때문에 살갗이 얼어서 피부 조직이 손상되는 것

❹ 마비
본래의 기능이 둔하여지거나 정지되는 일을 비유적으로 이르는 말

(4) 지진 [자료③]

① 지진의 의미: 지구 내부의 힘을 받아 땅이 흔들리고 갈라지는 현상으로, 짧은 시간 동안 넓은 지역에 걸쳐 발생합니다.
② 지진으로 인한 피해: 각종 시설물이 부서지거나 무너지고 화재, 산사태 등이 발생하여 인간의 생명과 재산에 막대한 피해를 입히기도 합니다.

❸ 자연재해의 피해를 줄이기 위한 노력

(1) 정부의 노력 [자료④]

① 정부에서는 ⑤기상 특보를 발령해 국민이 미리 대처할 수 있도록 합니다.
② 정부에서 발령한 기상 특보는 휴대 전화의 긴급 재난 문자, 방송 매체, 행정안전부나 기상청 누리집, 스마트폰 응용 프로그램(안전 디딤돌) 등에서 확인할 수 있습니다.

(2) 개인의 노력

① 정부에서 발령하는 특보를 주의 깊게 살피면서 각 재해 상황에 어떻게 대처하는지를 잘 알아 두어야 피해를 줄일 수 있습니다.
② 지역별로 운영하는 안전 체험관을 방문하면 재해 상황을 직접 체험하며 생활 안전 수칙을 익힐 수 있습니다.
→ 각종 사고의 위험성을 사전에 예방하고 이에 대처할 수 있도록 재난 상황별 체험 교육을 하고 있습니다.

❹ 자연재해가 발생했을 때의 행동 요령과 안전 수칙

황사	태풍	지진
황사가 발생하면 외출을 삼가고 외출할 때 보호안경, 마스크를 끼고 긴소매 옷을 입습니다.	태풍이 불면 실내에서는 문과 창문을 닫고, 텔레비전으로 기상 상황을 확인합니다.	튼튼한 탁자 아래에 들어가 몸을 보호하고, 흔들림이 멈추면 가스와 전기를 차단합니다.

홍수	폭염	폭설
갑자기 홍수가 발생하면 높은 곳으로 빨리 대피합니다.	야외 활동을 삼가고 시원한 장소를 찾아 더위를 피합니다.	눈이 쌓이면 자동차, 지붕, 비닐하우스 위를 수시로 치웁니다.

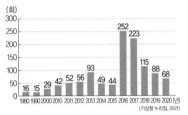

(회)
300
250 — 252 223
200
150 — 115
100 — 93 88 68
50 — 16 15 29 42 52 56 49 44
0
1980 1990 2000 2010 2011 2012 2013 2014 2015 2016 2017 2018 2019 2020 (년)
(기상청 누리집, 2021)

▲ 우리나라의 연도별 지진 발생 횟수

우리나라에서는 2016년과 2017년에 경상북도 경주와 포항 지역을 중심으로 규모가 큰 지진이 연속적으로 발생하였습니다. 이처럼 우리나라에서도 최근 지진의 규모가 큰 지진이 자주 발생하면서 지진에 대한 관심이 높아지고 있습니다.

⌐ 지진의 강한 정도를 0~9까지 나타낸 수치로, 숫자가 높을수록 지진이 강한 것을 뜻합니다.

자료④ 자연재해 대비책

황사	• 황사 주의보 및 경보 발령 • 살수차를 이용하여 도로의 먼지를 청소함.
가뭄	• 저수지와 다목적 댐 건설 • 나무를 심고 숲을 가꾸어 빗물 저장 능력을 높임.
폭염	• 건널목에 그늘막 설치 • 무더위 쉼터 제공
홍수	하천 주변에 제방을 쌓음.
태풍	태풍 이동 경로를 예측하고 태풍 예보 체계를 갖춤.
한파	• 한파 쉼터 제공 • 버스 정류장에 추위 대피소, 온열 의자 설치
폭설	⑥제설 작업 실시

✔ 용어 사전

⑤ 기상 특보
태풍이나 한파 등 기상 현상으로 인해 재해가 발생할 것으로 예상될 때 이를 알리는 예보를 말함.

⑥ 제설
쌓인 눈을 치우는 일

핵심 체크

• ❶ ☐☐☐☐ : 홍수, 가뭄, 태풍, 폭설, 지진 등 피할 수 없는 자연 현상으로 일어나는 피해를 말합니다.

• **우리나라에서 발생하는 계절별 자연재해**

봄	• ❷ ☐☐ : 오랫동안 비가 오지 않거나 적게 내리는 기간이 지속되는 현상입니다. • ❸ ☐☐ : 중국과 몽골의 사막에서 발생한 미세한 모래 먼지가 바람을 타고 우리나라까지 날아오는 현상입니다.
여름~ 초가을	• 폭염: 하루 최고 기온이 33℃ 이상으로 올라가는 매우 심한 ❹ ☐☐ 를 말합니다. • ❺ ☐☐ : 비가 많이 내려 하천이 흘러넘치는 현상입니다. • 태풍: 매우 강한 ❻ ☐☐ 과 많은 비를 동반하는 자연 현상입니다.
겨울	• 한파: 기온이 급격히 내려가면서 발생하는 ❼ ☐☐ 를 말합니다. • ❽ ☐☐ : 짧은 시간 안에 많은 양의 눈이 내리는 현상입니다.

• **자연재해의 피해를 줄이기 위한 개인의 노력:** 정부에서 발령하는 기상 ❾ ☐☐ 를 주의 깊게 살피면서 각 재해 상황에 어떻게 대처하는지를 잘 알아 두어야 피해를 줄일 수 있습니다.

개념 문제

1 우리나라에서 가뭄이나 황사 같은 자연재해가 주로 발생하는 계절은 언제인지 쓰시오.

( )

2 우리나라에서 발생하는 자연재해에 대한 설명이 맞으면 ○표, 틀리면 X 표 하시오.

(1) 가뭄은 오랫동안 비가 오지 않으면 발생합니다. ( )

(2) 태풍은 여름부터 초가을 사이에 우리나라에 영향을 줍니다. ( )

(3) 폭염은 기온이 갑자기 내려가면서 발생하는 추위를 말합니다. ( )

3 정부에서는 태풍, 폭염, 한파, 폭설, 황사 등의 자연재해가 예상될 때 ( )을/를 발령하여 사람들이 미리 대비할 수 있게 합니다.

4 자연재해가 발생했을 때의 행동 요령에 대한 설명이 맞으면 ○표, 틀리면 X 표 하시오.

(1) 갑자기 홍수가 발생하면 낮은 곳으로 대피합니다. ( )

(2) 황사가 발생하면 튼튼한 탁자 아래에 들어가 몸을 보호합니다. ( )

(3) 폭염이 발생하면 야외 활동을 삼가고 시원한 장소를 찾아 더위를 피합니다. ( )

확인문제

[1~2] 다음 사진을 보고, 물음에 답하시오.

(가)
▲ 폭염

(나)
▲ 가뭄

(다)
▲ 폭설

(라)
▲ 홍수

1 위 (가)~(라) 중 우리나라에서 주로 봄에 발생하는 자연재해를 찾아 기호를 쓰시오.

( )

중요
2 위 (라) 자연재해에 대한 설명으로 알맞은 것을 두 가지 고르시오. (,)

① 주로 봄에 발생하는 자연재해이다.
② 비가 많이 내려 하천이 흘러넘치는 현상이다.
③ 겨울철에 기온이 갑자기 내려가면서 발생한다.
④ 피부나 호흡기 건강에 좋지 않은 영향을 끼친다.
⑤ 농경지나 도로, 건물 등이 물에 잠기고 산사태가 일어나기도 한다.

3 태풍이 올 때 발생할 수 있는 피해 모습으로 알맞은 것은 어느 것입니까? ( )

① 수도관과 같은 시설물이 동파될 수 있다.
② 강한 바람으로 인해 나무가 쓰러질 수 있다.
③ 열사병이나 일사병 등 온열 질환에 걸릴 수 있다.
④ 눈이 많이 내려 쌓여서 각종 시설물이 붕괴되기도 한다.
⑤ 농작물이 말라 죽고 생활용수가 부족해져 물을 사용하기 어려워진다.

4 다음에서 설명하는 자연재해는 무엇인지 쓰시오.

> 지구 내부의 힘을 받아 땅이 흔들리고 갈라지는 현상으로, 짧은 시간 동안 넓은 지역에 걸쳐 발생합니다.

( )

5 정부에서 발령하는 기상 특보를 확인하는 방법으로 알맞지 않은 것은 어느 것입니까? ( )

① 기상청 누리집에서 확인한다.
② 우리나라의 지형도를 살펴본다.
③ 휴대 전화의 긴급 재난 문자를 확인한다.
④ 텔레비전, 라디오 등 방송 매체를 통해 확인한다.
⑤ '안전 디딤돌'에서 기상 특보나 재난 예보를 확인한다.

서술형
6 자연재해가 발생했을 때 정부에서 기상 특보를 발령하는 까닭은 무엇인지 쓰시오.

_____

_____

7 자연재해가 발생했을 때의 행동 요령으로 알맞지 않은 것은 어느 것입니까? ( )

① 황사가 발생하면 외출할 때 마스크를 착용한다.
② 갑자기 홍수가 발생하면 높은 곳으로 대피한다.
③ 태풍이 불면 실내에서는 문과 창문을 닫고, 기상 상황을 확인한다.
④ 승강기 안에 있을 때 지진이 발생하면 무조건 1층까지 가서 내린다.
⑤ 폭염이 발생하면 야외 활동을 삼가고 시원한 장소를 찾아 더위를 피한다.

실력 문제로 다잡기

1 다음 빈칸에 공통으로 들어갈 알맞은 지형은 무엇입니까? (   )

• (   )은/는 바다와 맞닿은 육지 부분을 말합니다.
• (   )에는 갯벌이나 모래사장과 같은 다양한 지형이 나타납니다.

① 섬
② 산지
③ 평야
④ 하천
⑤ 해안

1-1 섬은 땅에 내린 빗물과 지하수가 일정한 물길을 만들어 흘러가는 지형입니다.

(○ , ×)

★중요★
2 다음 보기 에서 우리나라 지형의 특징으로 알맞은 것을 모두 골라 기호를 쓰시오.

보기
㉠ 국토의 약 70%가 산지이다.
㉡ 동쪽은 높고 서쪽은 낮은 지형이다.
㉢ 평야는 주로 북쪽과 동쪽에 발달하였다.
㉣ 큰 하천은 대부분 황해와 남해로 흘러간다.
㉤ 동해안은 해안선이 복잡하고 서해안과 남해안은 해안선이 단조롭다.

(   )

2-1 우리나라의 주요 산맥은 북쪽과 동쪽에 많습니다.

(○ , ×)

3 사람들이 산지를 이용하는 모습으로 알맞은 것은 어느 것입니까? (   )

①
▲ 논

②
▲ 염전

③
▲ 해수욕장

④
▲ 목장

⑤
▲ 양식장

3-1 산지에는 옛날부터 큰 도시가 발달하였습니다.

(○ , ×)

 4 오른쪽 사진에 나타난 지형을 사람들이 어떻게 이용하는지 두 가지 쓰시오.

_____

_____

5 다음 빈칸에 공통으로 들어갈 알맞은 말은 무엇인지 쓰시오.

> • (　　　　)은/는 한 지역에서 오랜 기간에 걸쳐 나타나는 평균적인 대기 상태를 말합니다.
> • (　　　　)은/는 기온, 강수량, 바람 등으로 나타내며, 사람들의 생활에 많은 영향을 줍니다.

(　　　　)

6 우리나라의 기후 특징에 대한 설명으로 알맞은 것을 두 가지 고르시오. (　 ,　)

① 여름에는 차고 건조한 기후가 나타난다.
② 중위도에 있어서 기후가 대체로 온화하다.
③ 계절에 따라 기온과 강수량의 차이가 거의 없다.
④ 겨울에는 기온이 높아서 덥고 비가 많이 내린다.
⑤ 계절별로 성질이 크게 다른 바람이 불어와 계절의 기후 차이가 뚜렷하다.

7 오른쪽 그림과 같은 바람이 불어오는 계절에 볼 수 있는 사람들의 생활 모습으로 알맞은 것은 어느 것입니까? (　)

① 꽃구경을 간다.
② 두꺼운 옷을 입는다.
③ 산으로 단풍 구경을 간다.
④ 에어컨이나 선풍기를 사용한다.
⑤ 바다나 계곡에서 물놀이를 한다.

4-1 남해안은 파도가 잔잔하여 김, 조개류 등을 키우는 양식업이 발달하였습니다.
(○ , ×)

5-1 기후는 그날그날의 대기 상태를 말하고, 날씨는 오랜 기간 한 지역에 나타나는 평균적인 대기 상태를 말합니다.
(○ , ×)

6-1 여름에는 남쪽 바다에서 덥고 습한 바람이 불어오고, 겨울에는 북서쪽 대륙에서 차갑고 건조한 바람이 불어옵니다.
(○ , ×)

7-1 여름에는 짧고 얇은 옷을 입고, 에어컨이나 선풍기를 사용합니다.
(○ , ×)

중요

8 다음 표와 같이 중강진과 서귀포의 1월 평균 기온이 크게 차이가 나는 까닭은 무엇입니까? ( )

구분	중강진	서귀포
1월 평균 기온	−16.1℃	6.8℃

① 중위도에 위치하기 때문이다.
② 국토의 약 70%가 산지이기 때문이다.
③ 동해의 수심이 황해보다 깊기 때문이다.
④ 국토가 남북으로 길게 뻗어 있기 때문이다.
⑤ 태백산맥이 차가운 북서풍을 막아 주기 때문이다.

8-1 우리나라는 여름보다 겨울에 남북의 기온 차이가 더 큽니다.

(○ , ×)

9 기온에 따른 옛날 사람들의 생활 모습으로 알맞은 것은 어느 것입니까? ( )

① 여름에는 누비옷으로 몸을 따뜻하게 하였다.
② 집의 구조는 지역에 따라 크게 다르지 않았다.
③ 남쪽 지역에는 싱겁고 담백한 음식이 발달하였다.
④ 여름을 시원하게 보내려고 전통 가옥에 대청을 만들었다.
⑤ 북쪽 지역에는 소금과 젓갈이 많이 들어간 음식이 발달하였다.

9-1 전통 가옥의 대청은 여름을 대비한 시설이고, 온돌은 겨울을 대비한 난방 시설입니다.

(○ , ×)

10 다음 (가)~(다) 중 다른 지역에 비해 일 년 내내 강수량이 고르게 나타나고 겨울 강수량이 많은 지역의 그래프를 찾아 기호를 쓰시오.

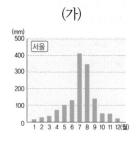

(가)   (나)   (다)

( )

10-1 우리나라는 연 강수량의 절반 이상이 겨울에 집중됩니다.

(○ , ×)

11 오른쪽 사진과 같은 집을 지은 까닭으로 알맞은 것은 어느 것입니까? ( )

① 가뭄에 대비하기 위해서다.
② 강한 바람에 대비하기 위해서다.
③ 집이 물에 잠기는 것을 막기 위해서다.
④ 눈이 집으로 들어오는 것을 막기 위해서다.
⑤ 무더운 여름을 시원하게 보내기 위해서다.

▲ 터돋움집

11-1 겨울에 눈이 많이 내리는 울릉도에서는 우데기를 설치하여 눈과 바람을 막고 생활 공간을 넓혔습니다.

(○ , ×)

12 우리나라에서 발생하는 자연재해에 대한 설명으로 알맞지 <u>않은</u> 것은 어느 것입니까? ( )

① 가뭄은 오랫동안 비가 오지 않으면 발생한다.
② 태풍은 여름부터 초가을 사이에 우리나라에 영향을 준다.
③ 폭염은 기온이 갑자기 내려가면서 발생하는 추위를 말한다.
④ 지진은 지구 내부의 힘에 의해서 땅이 흔들리고 갈라지는 현상이다.
⑤ 홍수는 비가 많이 내려 하천이 흘러넘쳐 도로나 건물이 잠기는 현상을 말한다.

12-1 자연재해는 홍수, 가뭄, 태풍, 황사, 지진 등 피할 수 없는 자연 현상으로 일어나는 피해를 말합니다.

(○ , ×)

★중요★
13 계절에 따라 주로 발생하는 자연재해를 다음 보기 에서 골라 각각 기호를 쓰시오.

보기
㉠ 가뭄   ㉡ 태풍   ㉢ 폭설
㉣ 한파   ㉤ 홍수   ㉥ 황사

(1) 봄에 발생하는 자연재해: ( )
(2) 여름과 초가을에 발생하는 자연재해: ( )
(3) 겨울에 발생하는 자연재해: ( )

13-1 여름에 주로 발생하는 자연재해에는 홍수와 한파가 있습니다.

(○ , ×)

14 태풍이 발생하였을 때의 행동 요령으로 알맞은 것을 두 가지 고르시오.
(,)

① 실내에서는 문과 창문을 닫는다.
② 시원한 장소를 찾아 더위를 피한다.
③ 자동차, 지붕, 비닐하우스 위의 눈을 수시로 치운다.
④ 텔레비전, 라디오, 인터넷 등으로 기상 상황을 확인한다.
⑤ 외출할 때에는 보호안경, 마스크를 끼고 긴소매 옷을 입는다.

14-1 폭설이 발생하면 야외 활동을 삼가고 시원한 장소를 찾아 더위를 피합니다.

(○ , ×)

서술형
15 집 안에 있을 때 지진이 발생하였을 경우 알맞은 행동 요령을 두 가지 쓰시오.

_____

_____

15-1 지진 발생 시 승강기 안에 있다면 모든 층의 버튼을 눌러 가장 먼저 열리는 층에서 내린 뒤 계단을 이용하여 건물 밖으로 신속히 나옵니다.

(○ , ×)

01 우리나라의 인구 변화

❶ 도시와 촌락의 인구 차이

(1) **인구의 의미**: 일정한 지역에 모여 사는 사람의 수를 말합니다.

(2) **도시와 촌락의 인구 비교** 자료❶

구분	도시	촌락
❶인구 밀도	사람이 많이 모여 살고 있어 인구 밀도가 높습니다. ▲ 서울특별시	사람이 많이 살고 있지 않아 인구 밀도가 낮습니다. ▲ 강원특별자치도 영월군

❷ 우리나라의 인구 분포

(1) **인구 분포의 의미**: 사람들이 어디에 얼마나 모여 살고 있는지를 나타낸 것을 말합니다.

★(2) **우리나라의 시기별 인구 분포** 자료❷ ┌ 오늘날에는 자연환경보다 인문환경이 인구 분포에 많은 영향을 주고 있습니다.

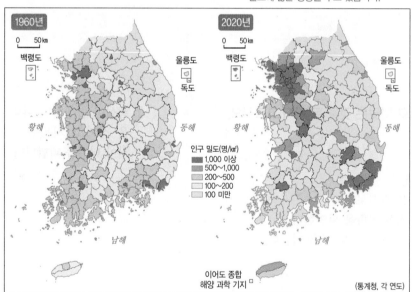

인구 밀도(명/㎢)
■ 1,000 이상
■ 500~1,000
■ 200~500
□ 100~200
□ 100 미만

이어도 종합 해양 과학 기지 ▫
(통계청, 각 연도)

1960년대 이전	1960년대 이후
• 기후가 온화하고 평야가 발달하여 벼농사를 짓기에 유리한 남서부 지역에 사람들이 많이 모여 살았습니다. • 춥고 산지가 많은 북동부 지역에는 모여 사는 사람들이 적었습니다.	• ❷산업화 과정에서 서울, 부산 등의 대도시와 ❸수도권, 남동쪽의 산업이 발달한 도시로 사람들이 모여들었습니다. • 우리나라 인구의 절반 정도가 수도권에 모여 살고 있습니다.

자료❶ **서울특별시와 강원특별자치도의 인구 밀도**

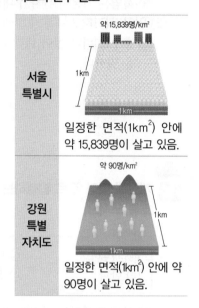

서울특별시
약 15,839명/㎢
1km
일정한 면적(1㎢) 안에 약 15,839명이 살고 있음.

강원특별자치도
약 90명/㎢
1km
일정한 면적(1㎢) 안에 약 90명이 살고 있음.

자료❷ **지역에 따라 인구 분포가 따른 까닭**

지역에 따라 기후, 지형과 같은 자연환경과 산업, 교통과 같은 인문환경이 다르기 때문입니다.

✔용어 사전

❶ **인구 밀도**
일정한 면적(1㎢) 안에 살고 있는 사람의 수

❷ **산업화**
전체 산업에서 공업이 차지하는 비율이 높아지고 그에 따라 생활 모습이 변화하는 현상

❸ **수도권**
우리나라의 수도인 서울을 중심으로 인천과 경기를 포함하는 지역

★ ❸ 우리나라의 인구 구조

(1) 인구 구조의 의미: 성, 연령 등을 기준으로 한 어떤 인구 집단의 구성 상태를 말합니다.

(2) 연령별 인구 구조: 14세 이하의 유소년층, 15~64세의 청장년층, 65세 이상의 노년층으로 구분합니다.

(3) 인구 피라미드: 일정한 시점에서 연령별·남녀별 인구를 피라미드 모양으로 나타낸 그래프를 말합니다. <자료❸>

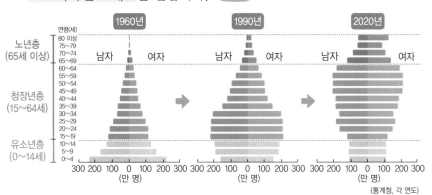

▲ 우리나라의 인구 피라미드 변화

1960년대	2020년대
유소년층 인구 비율이 높고 노년층 인구 비율이 낮은 전형적인 피라미드 모양이었습니다.	유소년층 인구 비율은 낮고 노년층 인구 비율은 높은 형태로 인구 피라미드가 변화하고 있습니다.

(4) 연령별 인구 구조의 변화: 우리나라는 계속해서 유소년층 인구는 줄어들고, 노년층 인구는 늘어나고 있습니다.

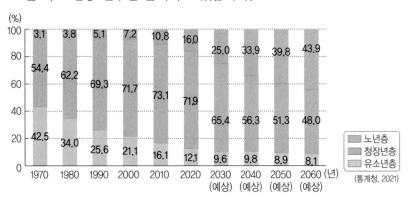

▲ 우리나라의 연령별 인구 구성 비율의 변화

(5) ❹저출산·❺고령화 현상: 오늘날 우리나라에서 태어나는 아이의 수는 점점 줄어들고, 노인 인구는 계속해서 늘어나고 있습니다. <자료❹>

구분	초등학교의 학급당 평균 학생 수
1960년대	1960년대에는 태어나는 아이의 수가 많아 학생 수가 크게 늘면서 교실 부족 현상이 나타났습니다.
2020년	오늘날에는 태어나는 아이의 수가 적어 초등학교에 입학하는 학생 수가 줄어들고 있습니다.

• 1965년에 약 65명에서 2020년에 약 22명으로 줄어들었습니다.

1
단원

<자료❸> 인구 피라미드 읽는 법

· 가로축은 남자와 여자의 인구를 좌우로 나누어 나타낸 것입니다.
· 세로축은 연령을 5세 간격으로 나타낸 것이며, 아래에서 위로 갈수록 높은 연령입니다.
· 유소년층, 청장년층, 노년층으로 나누어 인구의 변화를 살펴보며, 달라지는 인구 피라미드의 모양을 확인합니다.

<자료❹> 포스터와 표어로 본 우리나라 인구 정책의 변화

▲ 1970년대

▲ 1980년대

▲ 2000년대

▲ 2010년대

포스터와 표어를 살펴보면 1960년대~1980년대에는 인구가 많아 출산율을 낮추려는 정책을 펼쳤음을 알 수 있습니다. 2000년대에 들어서면서 출산율이 지나치게 낮아지자 출산을 장려하는 포스터와 표어가 등장하였습니다.

✅ 용어 사전

❹ 저출산
아이를 적게 낳는 현상

❺ 고령화
전체 인구에서 노인이 차지하는 비율이 높아지는 현상

핵심 체크

• ❶ ☐☐ : 일정한 지역에 모여 사는 사람의 수를 말합니다.

● **우리나라 인구 분포의 변화**

1960년대 이전	• 기후가 온화하고 ❷ ☐☐ 가 발달한 남서부 지역은 인구 밀도가 높았습니다.
	• 춥고 산지가 많은 ❸ ☐☐☐ 지역은 인구 밀도가 낮았습니다.
1960년대 이후	• 서울, 부산 등의 대도시와 ❹ ☐☐☐ , 남동쪽의 산업이 발달한 도시는 인구 밀도가 높습니다.
	• 농어촌 지역과 ❺ ☐☐ 지역은 인구 밀도가 낮습니다.

● **우리나라 인구 구조의 변화**

• 과거에 비해 오늘날 ❻ ☐☐☐☐ 의 인구는 계속 줄어들고, ❼ ☐☐☐ 의 인구는 늘어났습니다.

• 오늘날 우리 사회는 저출산·❽ ☐☐☐ 현상이 빠르게 진행되고 있습니다.

개념 문제

1 인구 ( )(이)란 사람들이 어디에 얼마나 모여 살고 있는지를 나타낸 것을 말합니다.

2 우리나라 인구 분포의 특징에 대한 설명이 맞으면 ○표, 틀리면 X표 하시오.

(1) 1960년대 이전에는 북동부 산지 지역의 인구 밀도가 높았습니다. ( )

(2) 오늘날에는 우리나라 인구의 절반 정도가 수도권에 모여 살고 있습니다. ( )

3 다음 ㉠, ㉡에 들어갈 알맞은 말에 각각 ○표 하시오.

> 오늘날 우리 사회에서 새로 태어나는 아이의 수는 점점 ㉠ (줄어들고 , 늘어나고), 노인 인구는 계속해서 ㉡ (줄어들고 , 늘어나고) 있습니다.

4 오늘날 우리나라 인구 구조의 특징으로 알맞은 것을 보기 에서 모두 골라 기호를 쓰시오.

> **보기**
> ㉠ 고령화   ㉡ 고출산   ㉢ 저령화   ㉣ 저출산

( )

확인 문제

1 다음 (가), (나) 중 인구 밀도가 더 높은 곳을 찾아 기호를 쓰시오.

(가)   (나)

▲ 도시(서울특별시)   ▲ 촌락(강원특별자치도)

(   )

2 다음 지도에서 남서부 지역의 인구 밀도가 높았던 까닭으로 알맞은 것은 어느 것입니까? (   )

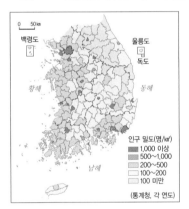

인구 밀도(명/㎢)
- 1,000 이상
- 500~1,000
- 200~500
- 100~200
- 100 미만

(통계청, 각 연도)

▲ 1960년의 인구 분포

① 춥고 산지가 많기 때문이다.
② 일자리가 많았기 때문이다.
③ 산업이 발달하였기 때문이다.
④ 노년층 인구 비율이 높았기 때문이다.
⑤ 기후가 온화하고 평야가 발달하였기 때문이다.

중요

3 오늘날 우리나라 인구 분포의 특징으로 알맞지 않은 것은 어느 것입니까? (   )

① 남동쪽의 공업 도시는 인구 밀도가 높다.
② 농어촌 지역과 산지 지역은 인구 밀도가 낮다.
③ 서울, 부산 등의 대도시에 인구가 집중되어 있다.
④ 자연환경이 인문환경보다 인구 분포에 많은 영향을 주고 있다.
⑤ 산업화로 도시가 발달하면서 촌락 지역 사람들이 일자리를 찾아 도시로 이동하였다.

[4~5] 다음 그래프를 보고, 물음에 답하시오.

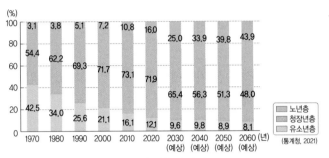

	노년층
	청장년층
	유소년층

(통계청, 2021)

▲ 우리나라의 연령별 인구 구성 비율의 변화

4 위 그래프를 보고 알 수 있는 사실로 알맞은 것은 어느 것입니까? (   )

① 노년층의 인구 비율이 줄어들고 있다.
② 유소년층의 인구 비율이 늘어나고 있다.
③ 1970년에는 노년층 비율이 42.5%를 차지하였다.
④ 2020년에는 유소년층 비율이 16%를 차지하였다.
⑤ 2020년에는 유소년층 인구보다 노년층 인구가 차지하는 비율이 더 높다.

서술형

5 위 그래프를 보고 알 수 있는 우리나라 인구 구조의 특징을 쓰시오.

_____

_____

6 다음 (가)~(다) 중 2000년대 이후 인구 관련 포스터를 찾아 기호를 쓰시오.

(가)   (나)   (다)

(   )

02 우리나라의 도시 발달

❶ 도시의 특징과 변화

(1) 도시의 특징

① 비교적 좁은 지역에 많은 사람이 모여 있어 인구 밀도가 높습니다.

② 생활 편의 시설과 여러 기능이 집중되어 있습니다.

③ 교통이 편리하거나 일자리가 많은 곳에 발달한 경우가 많습니다.

★ (2) 우리나라 도시 수와 도시 인구의 변화 자료❶

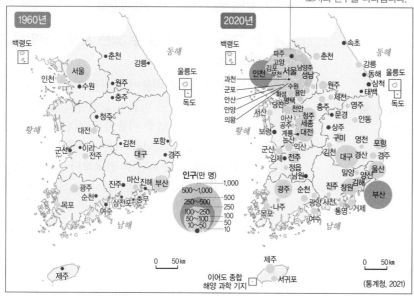

→ 원은 도시를, 원의 크기는 도시의 인구를 나타냅니다.

(통계청, 2021)

① 1960년에 비해 2020년에 도시 수와 도시 인구가 크게 늘어났습니다.

② 수도권과 남동쪽 해안 지역에 도시 수와 도시 인구가 많아졌습니다.

③ 인구가 100만 명 이상인 도시가 늘어났습니다. → 1960년에는 서울과 부산 2곳이었지만 2020년에는 11곳으로 늘어났습니다.

❷ 도시의 인구 성장

(1) 우리나라 도시 인구의 성장: 대도시, 정부의 경제 정책으로 발전한 ❶공업 도시, 수도권의 도시에서 인구가 급격하게 늘어났습니다. 자료❷

(2) 시기별 도시의 인구 성장

① 1960년대

배경	산업화 과정에서 ❷이촌 향도 현상이 나타났습니다.
결과	서울, 부산, 대구, 인천, 광주, 대전 등 대도시의 인구가 크게 증가하였습니다.

② 1970년대 이후

배경	정부가 남동쪽 해안 지역을 중심으로 ❸중화학 공업 정책을 추진하였습니다. → 원료를 수입하거나 제품을 수출하기에 편리하기 때문입니다.
결과	울산, 포항, 창원, 광양, 여수 등이 공업 도시로 성장하였습니다.

자료❶ 우리나라 도시 인구의 변화

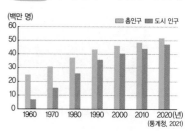

(통계청, 2021)

1960년에는 도시에 사는 사람들이 총인구의 절반이 되지 않은 반면, 2020년에는 대부분의 사람들이 도시에 살고 있습니다.

자료❷ 도시 인구의 증가

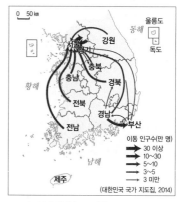

(대한민국 국가 지도집, 2014)

▲ 1970년의 인구 이동

1960년대 이후 촌락에 사는 사람들이 일자리를 찾아 도시로 이동하면서 도시 인구가 급격히 증가하였습니다.

✅ 용어 사전

❶ 공업

농업, 임업, 수산업 등에서 얻은 원료를 인간 생활에 필요한 물건으로 만드는 산업

❷ 이촌 향도

일자리가 풍부한 도시로 농촌 인구가 이동하는 현상

❸ 중화학 공업

비교적 무거운 물건을 만들거나 원유를 이용하여 물건을 만드는 산업

❸ 도시의 발달로 생겨난 여러 문제 자료❸

(1) **도시 문제**: 1960년대부터 서울로 인구, 산업, ❹행정 기관 등이 집중되면서 주택 부족, 교통 혼잡, 환경 오염 등의 문제가 발생하였습니다.
> └─ 인구 증가로 문제가 발생합니다.

▲ 주택 부족　　　　▲ 교통 혼잡　　　　▲ 환경 오염

(2) **촌락 문제**: 청장년층 인구 비율이 줄고 노년층 인구 비율이 높아지면서 일손 부족, 교육 및 의료 시설 부족 등의 문제가 발생하였습니다.
> └─ 인구 감소로 문제가 발생합니다.

▲ 일손 부족　　　　▲ 교육 시설 부족　　　　▲ 의료 시설 부족

✪❹ 국토의 균형 발전을 위한 노력

(1) **신도시 건설**: 1980년대부터 서울 주변에 ❺신도시를 건설하여 인구와 산업 등을 분산하였습니다.

고양시의 아파트 단지

▲ 서울의 주거 기능을 분담하고자 고양시에 아파트 단지를 만들었습니다.

(국토 교통부, 2016)
▲ 서울의 기능을 분담하는 도시들

안산시의 공업 단지

▲ 서울의 공업 기능을 분담하고자 안산시에 공업 단지를 만들었습니다.

(2) **공공 기관 ❻이전** 자료❹

① 최근에는 수도권에 집중되어 있는 공공 기관을 지방으로 이전하여 국토를 균형적으로 발전시키려고 노력하고 있습니다.

② 세종특별자치시로 수도권의 행정 기능을 옮겨 그 주변이 성장하도록 하였습니다.

▲ 정부 세종 청사(세종특별자치시)

자료❸ 도시 문제와 촌락 문제

도시 문제	• 주택 부족 • 교통 혼잡 • 환경 오염
촌락 문제	• 일손 부족 • 교육 시설 부족 • 의료 시설 부족

자료❹ 혁신 도시

혁신 도시는 우리나라가 균형적으로 발전할 수 있도록 공공 기관을 지방으로 옮겨 새롭게 만든 도시입니다.

충북 혁신 도시	충청북도에는 국가 발전을 위한 정책 수립과 인재 양성, 연구 개발이 활발히 이루어지는 미래형 교육 혁신 도시를 만들고 있음.
강원 혁신 도시	강원특별자치도에는 생명 과학 연구소, 생명 관련 산업, 관광 산업이 함께하는 혁신 도시를 만들고 있음.
광주·전남 혁신 도시	광주광역시와 전라남도에는 친환경 에너지 산업과 정보 통신 기술, 문화 예술이 어우러지는 혁신 도시를 만들고 있음.

✔용어 사전

❹ **행정**
국가가 국가의 목적이나 공공의 이익을 실현하고자 행하는 일

❺ **신도시**
대도시의 기능을 분담하려고 계획적으로 만든 새로운 도시

❻ **이전**
장소나 주소 등을 다른 곳으로 옮김.

기본 문제로 익히기

핵심 체크

● **도시 수와 도시 인구의 변화**

• 1960년에 비해 2020년에 도시 수와 도시 ❶ [ ][ ]가 크게 늘어났습니다.

• ❷ [ ][ ][ ]과 남동쪽 해안 지역에 도시 수와 도시 인구가 많아졌습니다.

● **시기별 도시 발달의 특징**

1960년대	산업화 과정에서 사람들이 일자리를 찾아 도시로 이동하면서 서울, 부산, 대구, 인천 등의 ❸ [ ][ ][ ] 인구가 크게 증가하였습니다.
1970년대	정부의 ❹ [ ][ ][ ][ ][ ] 정책에 따라 남동쪽 해안 지역을 중심으로 울산, 포항, 창원, 광양, 여수 등이 공업 도시로 성장하였습니다.
1980년대	서울로 인구가 집중되면서 생긴 여러 가지 문제를 해결하려고 1980년대부터 경기도에 ❺ [ ][ ][ ]를 건설하여 서울의 인구와 기능을 분산하였습니다.
최근	수도권에 집중되어 있는 ❻ [ ][ ][ ][ ]을 지방으로 옮겨 인구를 분산하고 국토를 균형적으로 발전시키려고 노력하고 있습니다.

개념 문제

1 우리나라 도시 수와 도시 인구의 변화에 대한 설명이 맞으면 ○표, 틀리면 X 표 하시오.

(1) 과거에 비해 도시 수가 크게 줄어들었습니다. ( )

(2) 인구가 100만 명이 넘는 도시가 늘어났습니다. ( )

(3) 수도권과 남동쪽 해안 지역의 도시 인구가 크게 늘어났습니다. ( )

2 다음 빈칸에 들어갈 알맞은 말에 ○표 하시오.

> 1970년대 이후 정부가 중화학 공업 정책을 추진하면서 원료를 수입하거나 제품을 수출하기에 편리한 (수도권 , 남동쪽 해안 지역)을 중심으로 공업 도시가 성장하였습니다.

3 서울에 집중된 인구와 기능을 분산시키기 위한 노력을 바르게 이야기한 어린이는 누구인지 쓰시오.

촌락으로 인구를 강제로 이동시켜요. / 경기도에 신도시를 건설해요. / 지방에 있는 공공 기관을 서울로 옮겨요.

수진   지안   성빈   ( )

확인 문제

[1~2] 다음 지도를 보고, 물음에 답하시오.

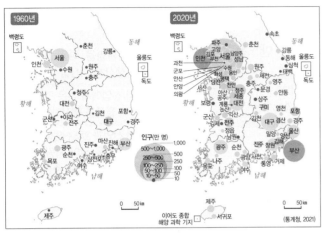

▲ 우리나라 도시 수와 도시 인구의 변화

1 위의 1960년 지도에서 인구가 100만 명 이상인 도시를 두 곳 고르시오. (,)

① 광주 ② 대구 ③ 부산
④ 서울 ⑤ 수원

⭐중요

2 위의 두 지도를 비교해 보고 알 수 있는 것으로 알맞은 것은 어느 것입니까? ( )

① 우리나라의 도시 수가 크게 줄어들었다.
② 1960년의 도시 인구는 2020년보다 많다.
③ 2020년에는 인구 500만 명 이상인 도시가 11곳이다.
④ 도시 수가 가장 많이 늘어난 지역은 남서쪽 평야 지역이다.
⑤ 수도권과 남동쪽 해안 지역에 도시 수와 도시 인구가 많아졌다.

3 1960년대 이후 본격적으로 도시가 발달하게 된 배경으로 알맞은 것은 어느 것입니까? ( )

① 지역 간에 이동이 어려워졌다.
② 노인 인구가 계속해서 늘어났다.
③ 벼농사 중심의 농업 사회로 변화하였다.
④ 농어촌 지역과 산지 지역의 인구 밀도가 높아졌다.
⑤ 산업화 과정에서 많은 사람이 일자리를 찾아 도시로 이동하였다.

4 다음 보기 에서 1970년대 이후 정부가 중화학 공업 정책을 추진하면서 성장한 도시를 모두 골라 기호를 쓰시오.

보기
㉠ 광주 ㉡ 대전 ㉢ 서울
㉣ 울산 ㉤ 창원 ㉥ 포항

( )

5 인구가 늘어나는 도시에서 발생하는 문제로 알맞은 것을 두 가지 고르시오. (,)

① 교통 혼잡 ② 일손 부족
③ 주택 부족 ④ 교육 시설 부족
⑤ 의료 시설 부족

서술형

6 1980년대부터 다음과 같은 신도시를 건설한 까닭은 무엇인지 쓰시오.

▲ 고양시의 아파트 단지 ▲ 안산시의 공업 단지

⭐중요

7 국토를 균형적으로 발전시키기 위한 노력으로 알맞은 것은 어느 것입니까? ( )

① 경기도에 있는 신도시를 없앤다.
② 대도시에 더 많은 공장을 짓는다.
③ 촌락의 인구를 도시로 이동시킨다.
④ 수도권의 공공 기관을 지방으로 옮긴다.
⑤ 수도권에 새로운 중화학 공업 단지를 건설한다.

03 우리나라의 산업 발달

❶ 우리나라의 산업 구조

(1) **산업의 의미**: 사람이 살아가는 데 필요한 상품이나 서비스를 만드는 활동을 말합니다.

(2) **우리나라 산업 구조의 변화** `자료❶`

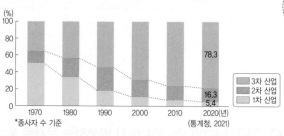

> 오늘날에는 전체 산업에서 3차 산업이 가장 많은 부분을 차지해.

① 과거 우리나라는 1차 산업인 농업이 주된 경제활동이었습니다.

② 1960년대 이후 제조업 중심의 2차 산업이 성장하였습니다.

③ 1990년대부터는 서비스업 중심의 3차 산업이 크게 증가하였습니다.

(3) **시기별 우리나라의 산업 발달**

1960년대	노동력이 풍부한 대도시를 중심으로 섬유, 신발 등을 만드는 산업이 발달하였습니다.
1970년대~ 1980년대	• 원료를 수입하거나 완성된 제품을 수출하기에 편리한 남동 임해 지역에 중화학 공업 단지가 형성되었습니다. • 철강, 배, 자동차, 기계, 석유 화학 등과 관련된 산업이 발달하였습니다. *남동쪽 바다에 가까이 있는 지역을 말합니다.*
1990년대	반도체, 컴퓨터 등의 ❶첨단 산업이 성장하였습니다.

⭐❷ 우리나라의 공업 지역

(1) **우리나라의 주요 공업 지역**

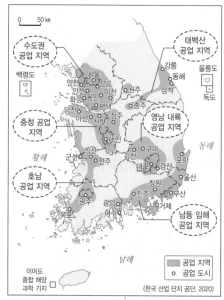

수도권 공업 지역	다양한 산업이 고르게 발달함.
태백산 공업 지역	시멘트 산업이 발달함. `자료❷`
충청 공업 지역	❷제철 산업, 첨단 산업 등이 발달함.
영남 내륙 공업 지역	섬유와 패션 산업이 발달함.
호남 공업 지역	자동차를 만드는 산업이 발달함.
남동 임해 공업 지역	중화학 공업, ❸조선업이 발달함.

(한국 산업 단지 공단, 2020)

↳ 우리나라의 공업 지역은 정부의 공업 정책에 따라 조성된 경우가 많습니다.

`자료❶` 산업의 구분

1차 산업	자연환경을 이용하여 물품을 생산하는 산업
2차 산업	1차 산업에서 얻은 것을 가공하여 물품을 생산하는 산업
3차 산업	1차 산업과 2차 산업에서 생산된 물품을 팔아 사람들의 생활을 편리하게 해 주는 산업

`자료❷` 태백산 공업 지역

태백산 공업 지역에는 풍부한 석회석을 바탕으로 시멘트 산업이 발달하였습니다.

▲ 강원특별자치도 삼척시의 시멘트 공장

✓용어 사전

❶ **첨단 산업**

높은 수준의 지식과 과학 기술을 핵심으로 하는 산업

❷ **제철**

철광석을 녹여 철을 뽑아내는 일

❸ **조선업**

배를 만드는 공업

(2) 최근 발달하고 있는 산업 지역: 지역에 따라 관광, 의료, 방송 통신 등의 서비스업과 정보 기술, 생명 기술 등의 첨단 산업이 성장하고 있습니다.

우리나라는 자연환경과 인문환경에 따라 지역별로 다른 산업이 발달하였습니다.

청주시
▲ 생명 과학 단지가 들어서 의료 산업의 중심지로 성장하였습니다.

대전광역시
▲ 연구소와 대학교가 협력하여 첨단 산업이 성장하였습니다.

부산광역시
▲ 수입과 수출에 유리한 곳에 있어서 ❹물류 산업이 발달하였습니다.

제주도
▲ 독특하고 아름다운 자연환경 덕분에 관광 산업이 발달하였습니다.

동해
황해
남해

❸ **산업의 발달로 변화한 지역 조사하기**

(1) 산업의 발달에 따른 지역 변화 자료 ❸.❹

① 지역의 산업이 발전하는 과정에서 주변의 자연환경이 변화하기도 합니다.
② 일자리가 늘어나면서 인구가 증가하고 도시가 성장하는 등 지역의 인문환경도 변화합니다.
③ 기존의 산업이 쇠퇴하고 새로운 산업이 발전하면서 지역의 모습이 바뀌기도 합니다.

(2) 산업의 발달로 변화한 지역 예 울산광역시

▲ 1960년대 울산   ▲ 오늘날의 울산

울산은 1960년까지만 해도 작은 농어촌 지역이었습니다. 우리나라가 산업화를 추진하던 1960~1970년대에 산업 단지가 조성되면서 급속하게 도시가 발달하였습니다.

이 밖에도 포항, 거제, 여수, 광양, 당진, 인천 등의 도시가 산업의 발달로 달라졌어.

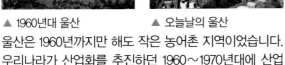

① 논과 밭에 공장과 여러 시설이 들어서고, 한가하였던 포구에 울산항이 지어졌습니다.
② 공업 도시로 성장하면서 인구가 100만 명이 넘었고, 1997년 ❺광역시로 지정되었습니다.

자료 ❸ **서울 디지털 산업 단지**

서울 구로구와 금천구 일대의 구로 공단은 과거에는 섬유·봉제 산업이 발달한 지역이었으나, 2000년대 중반부터 첨단 산업 중심의 '서울 디지털 산업 단지'로 변화하였습니다.

▲ 서울 디지털 산업 단지

자료 ❹ **공업 도시로 성장한 광양**

▲ 개발 이전의 광양

▲ 오늘날의 광양

1980년대 초반 제철소가 들어서기 전까지 광양만은 어촌이었습니다. 오늘날 광양은 포항과 더불어 제철 산업이 발달한 우리나라의 대표적인 도시입니다.

✔ **용어 사전**

❹ **물류**
생산자가 만든 상품을 소비자에게 운송, 운반, 보관하는 과정

❺ **광역시**
높은 등급의 행정 구역으로, 광주, 대구, 대전, 부산, 울산, 인천 등이 있음.

● 우리나라의 ❶ ☐☐☐☐ : 1차, 2차 산업의 비율이 점점 줄어들고, 3차 산업의 비율이 늘어났습니다.

● 시기별 우리나라의 산업 발달

1960년대	❷ ☐☐☐ 이 풍부한 대도시를 중심으로 섬유, 신발 등을 만드는 산업이 발달하였습니다.
1970년대~ 1980년대	남동 임해 지역을 중심으로 ❸ ☐☐☐☐☐ 단지가 형성되어 철강, 배, 자동차, 기계, 석유 화학 등과 관련된 산업이 발달하였습니다.
1990년대	❹ ☐☐☐, 컴퓨터 등의 산업이 빠르게 성장하였습니다.
최근	관광, 의료, 영화, 방송 통신 등의 ❺ ☐☐☐☐ 과 정보 기술, 생명 기술 등의 ❻ ☐☐☐☐ 이 성장하고 있습니다.

● 지역별로 발달한 산업이 서로 다른 까닭: 지역마다 기후, 지형 등과 같은 자연환경과 도시, 인구, 교통 등과 같은 ❼ ☐☐☐☐ 이 다르기 때문입니다.

1 우리나라의 산업 구조에 대한 설명이 맞으면 ○표, 틀리면 X 표 하시오.

(1) 1960년대 이후 산업화 과정에서 농업 중심의 1차 산업이 성장하였습니다. (   )

(2) 1990년대부터는 제조업의 비율이 감소하고, 서비스업의 비율이 크게 증가하였습니다.

(   )

2 우리나라에서 시기별로 발달한 산업을 바르게 선으로 연결하시오.

(1) | 1960년대 | •   • ㉠ | 섬유, 신발 |

(2) | 1970년대~1980년대 | •   • ㉡ | 반도체, 컴퓨터 |

(3) | 1990년대 | •   • ㉢ | 철강, 배, 자동차 |

3 다음 빈칸에 들어갈 알맞은 말에 ○표 하시오.

지역의 산업이 발전하는 과정에서 주변의 자연환경이 변화하기도 하며, 일자리가 늘어나면서 인구가 (감소 , 증가)하고 도시가 성장하는 등 지역의 인문환경도 변화합니다.

확인 문제

1
다음 그래프를 보고 알 수 있는 점으로 알맞지 않은 것은 어느 것입니까? (   )

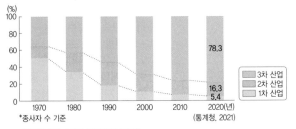

▲ 우리나라 산업 구조의 변화

① 1970년에는 1차 산업의 비율이 가장 높았다.
② 2020년에는 3차 산업의 비율이 78.3%를 차지하였다.
③ 1990년에는 1970년에 비해 2차 산업의 비율이 감소하였다.
④ 2000년에는 전체 산업에서 3차 산업이 가장 많은 부분을 차지하였다.
⑤ 우리나라는 과거 1차 산업 중심에서 오늘날 3차 산업 중심으로 변화하였다.

2
(중요)
1960년대에 대도시를 중심으로 섬유, 신발 등을 만드는 산업이 발달한 까닭은 무엇입니까? (   )

① 노동력이 풍부하기 때문이다.
② 제품을 수출하기에 유리하기 때문이다.
③ 독특한 자연환경을 가지고 있기 때문이다.
④ 제품 생산에 필요한 원료가 풍부하기 때문이다.
⑤ 농업과 관련된 일을 하는 사람들이 많기 때문이다.

3
다음에서 풍부한 석회석을 바탕으로 시멘트 산업이 발달한 공업 지역은 어디입니까? (   )

①
▲ 수도권 공업 지역

②
▲ 태백산 공업 지역

③
▲ 호남 공업 지역

④
▲ 남동 임해 공업 지역

4
(중요)
다음 빈칸에 들어갈 알맞은 산업은 무엇입니까? (   )

부산광역시는 원료 수입과 제품 수출에 유리한 곳에 있어서 (   )이 발달하였습니다.

① 관광 산업
② 물류 산업
③ 섬유 산업
④ 의료 산업
⑤ 첨단 산업

5
(서술형)
제주도에서 관광 산업이 발달한 까닭은 무엇인지 쓰시오.

_____

_____

6
다음 울산의 변화 모습에 대해 바르게 이야기한 어린이는 누구인지 쓰시오.

▲ 1960년대 울산

▲ 오늘날의 울산

• 하준: 도시였던 곳이 촌락으로 변화하였어.
• 수민: 산업은 발달하였지만 지역의 모습은 크게 달라지지 않았어.
• 아린: 지역의 일자리가 늘어나면서 인구가 증가하고 도시가 성장하였어.

(   )

04 교통의 발달과 국토의 변화

❶ 우리나라의 교통 발달

(1) 우리나라 교통 발달의 과정

① 우리나라의 교통은 철도에서 시작하였습니다.

② 1960년대 후반에 경인 고속 국도를 시작으로 각종 도로가 건설되었습니다.

③ 1970년에 경부 고속 국도가 ❶개통되면서 도로를 중심으로 교통이 발달하였습니다. 자료①

④ 2004년에 고속 철도(KTX)가 개통되면서 사람들의 ❷생활권이 매우 넓어졌습니다. 자료②

(2) 우리나라의 시기별 ❸교통도 비교하기

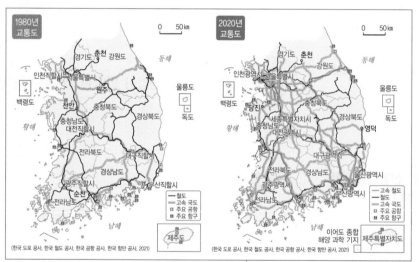

(한국 도로 공사, 한국 철도 공사, 한국 공항 공사, 한국 항만 공사, 2021)

→ 2020년 교통도에서는 1980년 교통도에 비해 고속 국도의 변화가 매우 큽니다.

① 지역별로 항구와 공항이 많이 생겼습니다.

② 고속 철도와 같은 새로운 교통 시설이 생겼습니다.

③ 고속 국도의 노선이 많아지고, 전국을 촘촘하게 연결하고 있습니다.

★(3) 교통 발달로 인한 변화

물자의 활발한 이동	이동 시간 단축	생활권의 확대
교통이 발달하면서 산업에 필요한 원료와 생산된 제품을 쉽고 빠르게 운반할 수 있게 되었습니다.	교통수단과 교통로가 발달하면서 빠르고 편리하게 이동하고, 먼 지역까지 여행할 수 있습니다.	서로 떨어져 있던 지역들이 교통로로 연결되면서 일상생활을 함께 하는 범위가 더욱 넓어졌습니다.

자료① 경부 고속 국도

경부 고속 국도는 서울 – 대전 – 대구 – 부산을 잇는 도로로, 1970년에 완공되었습니다. 우리나라는 경부 고속 국도의 개통으로 사람과 물자의 이동이 활발해지면서 경제 성장과 산업화를 이루었습니다.

▲ 경부 고속 국도 개통식

자료② 서울에서 부산까지 이동하는 데 걸리는 시간

1970년
가장 빠른 기차를 타고 서울에서 부산까지 이동하는 데 약 5시간이 걸렸음.

↓

2010년
고속 철도가 완전히 개통된 뒤에는 서울에서 부산까지 약 2시간 30분만에 갈 수 있음.

✅ 용어 사전

❶ 개통
길, 다리, 철로, 전화, 통신 등을 완성하거나 이어 통하게 함.

❷ 생활권
통학, 통근 등 사람들이 일상생활을 할 때 활동하는 범위

❸ 교통도
도로, 철도, 항구, 공항 등을 나타낸 교통 지도

② 인문환경의 변화로 달라진 국토의 모습

(1) 우리나라의 인구 분포도로 알 수 있는 것: 산업과 교통이 발달한 곳에 인구가 많이 분포합니다. 자료 ③ ④

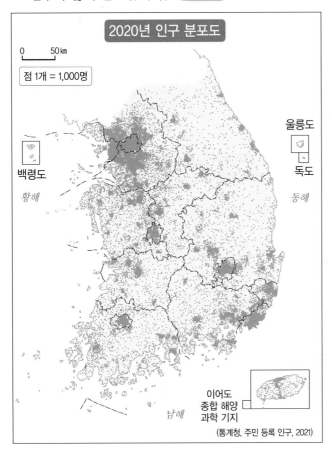

2020년 인구 분포도

0 50 km

점 1개 = 1,000명

백령도

황해

울릉도

독도

동해

이어도
종합 해양
과학 기지

남해

(통계청, 주민 등록 인구, 2021)

점이 많이 찍혀
있는 지역에 인구가
많이 분포해.

(2) 인구, 도시, 산업, 교통 간의 관계

① 산업이 발달하면 일자리가 많아지기 때문에 ❹교통망을 따라 산업이 발달한 지역으로 사람과 물자가 활발하게 이동합니다.

② 산업과 교통이 발달하고 인구가 많은 지역을 중심으로 도시가 성장하고, 더 많은 인구가 일자리를 찾아 도시로 이동하면서 산업과 교통은 더욱 발달하게 됩니다. ┌ 교통이 발달하면서 지역과 지역 간 이동이 편리해지기도 하지만 대도시가 주변 중소 도시의 인구나 경제력을 흡수하여 중소 도시들이 쇠퇴하는 현상이 나타나기도 합니다.

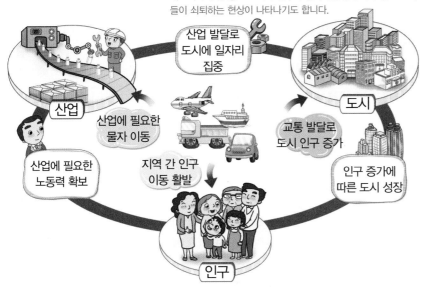

산업 발달로
도시에 일자리
집중

산업

산업에 필요한
물자 이동

산업에 필요한
노동력 확보

지역 간 인구
이동 활발

도시

교통 발달로
도시 인구 증가

인구 증가에
따른 도시 성장

인구

자료 ③ 산업과 교통이 발달한 곳에 인구가 밀집한 까닭

• 산업이 발달한 곳에 일자리가 많이 생기기 때문입니다.
• 교통이 편리하면 직장이나 학교 등 다른 지역으로 이동하기 쉽기 때문입니다.

자료 ④ 교통의 중심지, 대전

대전은 옛날에 '한밭'이라고 불릴 만큼 크고 넓은 밭이었습니다. 그런데 이 지역에 철도와 고속 국도가 개통되면서 교통의 중심지로 변화하였습니다. 오늘날 대전은 인구 100만 명이 넘는 대도시로 성장하였고, 첨단 과학 연구 시설이 발달하였습니다.

1 단원

✓ 용어 사전

❹ **교통망**
그물과 같은 모습으로 교통로가 이리저리 분포되어 있는 상태

기본 문제로 익히기

핵심 체크

● 교통 발달로 인한 변화

지역 간의 이동 시간 단축	교통수단과 교통로가 발달하면서 좀 더 빠르고 ❶[ ][ ]하게 이동할 수 있습니다.
사람과 물자의 활발한 이동	교통의 발달로 ❷[ ][ ]에 필요한 원료를 쉽고 빠르게 운반할 수 있고, 먼 지역까지 ❸[ ][ ]을 갈 수 있습니다.
❹[ ][ ][ ]의 확대	서로 떨어져 있던 지역들이 교통로로 연결되면서 일상생활을 함께 하는 범위가 더욱 넓어졌습니다.

● 우리나라의 교통 발달

• 우리나라는 경부 고속 국도가 만들어지면서부터 ❺[ ][ ]를 중심으로 교통이 발달하였습니다.

• 오늘날에는 고속 국도를 비롯하여 다양한 교통 시설이 ❻[ ][ ]를 촘촘하게 연결하고 있습니다.

● 인구, 도시, 산업, 교통 간의 관계

• 교통망을 따라 ❼[ ][ ]이 발달한 지역으로 사람과 물자가 활발하게 이동합니다.

• 산업과 교통이 발달하고 인구가 많은 지역을 중심으로 ❽[ ][ ]가 성장합니다.

• 더 많은 ❾[ ][ ]가 일자리를 찾아 도시로 이동하면서 산업과 교통은 더욱 발달하게 됩니다.

개념 문제

1 교통의 발달로 달라진 점에 대한 설명이 맞으면 ○표, 틀리면 X 표 하시오.

(1) 사람과 물자의 이동이 줄어듭니다. ( )

(2) 지역 간의 거리가 더욱 멀게 느껴집니다. ( )

(3) 다른 지역으로 좀 더 빠르고 편리하게 이동할 수 있습니다. ( )

2 우리나라의 교통은 철도에서 시작하였지만, 1970년대에 ( )이/가 만들어지면서부터 도로를 중심으로 교통이 발달하였습니다.

3 다음 ㉠, ㉡에 들어갈 알맞은 말에 각각 ○표 하시오.

> 산업과 교통이 발달하고 인구가 ㉠ (적은 , 많은) 지역을 중심으로 도시가 성장하고, 더 많은 인구가 일자리를 찾아 ㉡ (촌락 , 도시)(으)로 이동하면서 산업과 교통은 더욱 발달하게 됩니다.

확인 문제

1 다음 보기 에서 교통의 발달로 달라진 생활 모습에 대한 설명으로 알맞은 것을 모두 골라 기호를 쓰시오.

> **보기**
> ㉠ 먼 지역까지 여행을 갈 수 있게 되었다.
> ㉡ 지역 간의 이동 시간이 늘어나게 되었다.
> ㉢ 사람들이 일상생활을 함께하는 범위가 더욱 좁아졌다.
> ㉣ 산업에 필요한 원료를 쉽고 빠르게 운반할 수 있게 되었다.

(   )

2 다음 빈칸에 공통으로 들어갈 알맞은 말을 쓰시오.

> • (   )은/는 통학, 통근 등 사람들이 일상생활을 할 때 활동하는 범위를 말합니다.
> • 교통의 발달로 지역 간의 이동 시간이 줄면서 사람들의 (   )이/가 넓어졌습니다.

(   )

중요
3 다음 지도는 시기별 우리나라의 교통도입니다. 우리나라 교통 발달의 변화 모습으로 알맞지 <u>않은</u> 것은 어느 것입니까? (   )

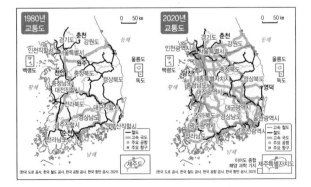

① 항구가 많아졌다.
② 고속 철도가 새로 생겨났다.
③ 공항이 지역별로 많이 생겨났다.
④ 철도의 노선 수가 고속 국도보다 많아졌다.
⑤ 다양한 교통 시설이 국토를 촘촘히 연결하고 있다.

서술형
4 다음 지도를 보고, 우리나라 인구 분포의 특징을 두 가지 쓰시오.

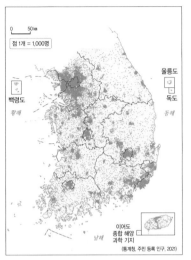

▲ 2020년 인구 분포도

_____

_____

5 산업의 발달에 따른 인구, 도시, 교통의 변화 모습으로 알맞은 것은 어느 것입니까? (   )

① 도시의 수가 줄어든다.
② 사람들의 생활권이 좁아진다.
③ 사람과 물자의 이동이 줄어든다.
④ 일자리가 많아져서 인구가 증가한다.
⑤ 도시에 사는 인구가 촌락으로 이동한다.

중요
6 다음 보기 에서 인구, 도시, 산업, 교통 간의 관계에 대한 설명으로 알맞은 것을 모두 골라 기호를 쓰시오.

> **보기**
> ㉠ 인구가 적은 지역을 중심으로 도시가 성장한다.
> ㉡ 산업이 발달하면 일자리가 많아져서 인구가 분산된다.
> ㉢ 도시의 성장은 교통과 산업의 발달을 더욱 활발하게 한다.
> ㉣ 교통망을 따라 산업이 발달한 지역으로 사람과 물자가 활발하게 이동한다.

(   )

1 단원

실력 문제로 다잡기

[1~2] 다음 지도를 보고, 물음에 답하시오.

(가)

▲ 1960년의 인구 분포

(나)

▲ 2020년의 인구 분포

1 위 (가) 지도에서 인구 밀도가 높은 지역은 어디입니까?　(　　)

① 산업이 발달한 남동부 지역
② 해산물이 풍부한 동해안 지역
③ 기후가 추운 북동부 평야 지역
④ 높고 험한 산이 많은 북동부 산지 지역
⑤ 벼농사를 짓기에 유리한 남서부 평야 지역

1-1 과거부터 우리나라에서는 사람들이 지역별로 고르게 살고 있었습니다.

(　○　,　×　)

서술형
2 위 (나) 지도를 통해 알 수 있는 오늘날 인구 분포의 특징을 쓰시오.

_____

_____

2-1 1960년대 이후 산업화로 도시가 발달하면서 촌락에 사는 사람들이 일자리를 찾아 도시로 이동하였습니다.

(　○　,　×　)

3 다음 인구 피라미드를 보고 알 수 있는 우리나라 인구 구조에 대한 설명으로 알맞은 것을 두 가지 고르시오.　(　　,　　)

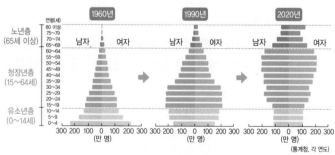

① 1960년에는 노년층의 인구 비율이 가장 높다.
② 1960년 인구 피라미드는 전형적인 피라미드 모양이다.
③ 1990년에는 1960년보다 새로 태어나는 아이의 수가 늘어났다.
④ 오늘날 저출산·고령화 현상이 빠르게 진행되고 있다는 것을 알 수 있다.
⑤ 2020년에는 1990년보다 전체 인구에서 차지하는 유소년층의 인구 비율이 늘어났다.

3-1 최근 들어 유소년층 인구 비율은 높고 노년층 인구 비율은 낮은 형태로 인구 피라미드가 변화하고 있습니다.

(　○　,　×　)

4 다음 두 지도를 비교해 보고 달라진 모습을 잘못 이야기한 어린이는 누구인지 쓰시오.

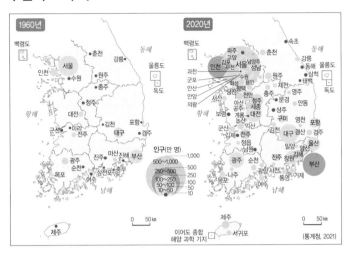

▲ 우리나라 도시 수와 도시 인구의 변화

- 서연: 도시 수와 도시 인구가 크게 늘어났어.
- 지수: 수도권과 남동쪽 해안 지역에 도시가 많아졌어.
- 현빈: 인구 100만 명 이상인 대도시의 수가 줄어들었어.

(   )

4-1 산업화 과정에서 도시로 발전하는 지역은 일자리가 많아 사람들이 모여듭니다.

(○ , ×)

⭐중요⭐
5 1970년대 이후 남동쪽 해안 지역을 중심으로 공업 도시가 성장한 까닭은 무엇입니까? (   )

① 수도권과 가까웠기 때문이다.
② 제품 생산에 필요한 원료가 풍부하였기 때문이다.
③ 벼농사 중심의 농업 사회로 변화하였기 때문이다.
④ 섬유, 신발 등을 만드는 산업이 발달하였기 때문이다.
⑤ 원료를 수입하거나 제품을 수출하기에 편리하였기 때문이다.

5-1 1970년대 이후 정부가 중화학 공업 정책을 추진하면서 서울, 부산, 대구, 인천, 광주, 대전 등 대도시의 인구가 크게 증가하였습니다.

(○ , ×)

6 다음을 통해 알 수 있는 사실로 알맞은 것은 무엇입니까? (   )

▲ 개발 이전의 광양

▲ 오늘날의 광양

① 도시였던 곳이 촌락으로 변화하였다.
② 인구가 감소하여 지역의 모습이 달라졌다.
③ 산업은 발달하였지만 지역의 모습은 변하지 않았다.
④ 산업의 발달로 일자리가 늘어나면서 지역의 모습이 달라졌다.
⑤ 오늘날에는 주로 자연에서 필요한 것을 얻는 산업이 발달하였다.

6-1 산업이 발달하면 지역의 모습이 달라집니다.

(○ , ×)

7 다음 보기 에서 도시와 촌락에서 발생하는 문제를 각각 골라 기호를 쓰시오.

보기
ㄱ 교통 혼잡   ㄴ 일손 부족   ㄷ 주택 부족
ㄹ 환경 오염   ㅁ 교육 시설 부족   ㅂ 의료 시설 부족

(1) 도시 문제: (   )
(2) 촌락 문제: (   )

7-1 서울로 인구, 산업, 행정 기관 등이 집중되면서 서울에는 일손 부족 문제가 발생하였습니다.

(O , X)

서술형
8 오른쪽 사진과 같이 수도권에 집중되어 있는 공공 기관을 지방으로 옮기는 까닭을 쓰시오.

▲ 정부 세종 청사(세종특별자치시)

_____

_____

8-1 1980년대부터 서울 주변에 신도시를 건설하여 인구와 산업 등을 분산하였습니다.

(O , X)

중요
9 다음에서 설명하는 공업 지역은 어디입니까?   (   )

편리한 교통, 넓은 소비 시장을 바탕으로 여러 가지 산업이 고르게 발달하였습니다.

①
▲ 수도권 공업 지역

②
▲ 태백산 공업 지역

③
▲ 호남 공업 지역

④
▲ 충청 공업 지역

⑤
▲ 남동 임해 공업 지역

9-1 태백산 공업 지역은 풍부한 노동력을 바탕으로 섬유와 패션 산업이 발달하였습니다.

(O , X)

10 오늘날 지역별로 발달한 주요 산업을 알맞게 짝지은 것은 어느 것입니까?
(   )

① 제주도 – 의료 산업   ② 청주시 – 관광 산업
③ 삼척시 – 자동차 산업   ④ 대전광역시 – 첨단 산업
⑤ 부산광역시 – 시멘트 산업

10-1 부산광역시는 원료 수입과 제품 수출에 유리한 곳에 있어서 물류 산업이 발달하였습니다.

(O , X)

11 다음 밑줄 친 ㉠~㉣ 중 알맞지 않은 것은 어느 것입니까?

교통의 발달로 ㉠ 사람과 물자의 이동이 활발해지고 ㉡ 지역 간의 이동 시간이 줄면서 사람들의 ㉢ 생활권이 좁아졌습니다. 또한 공항과 항구의 수가 늘면서 ㉣ 지역 간 교류가 더욱 활발해졌습니다.

(   )

11-1 오늘날 지역을 이동하는 시간이 줄어들면서 지역 간 거리가 더욱 멀게 느껴집니다.

(○ , ×)

12 다음 지도를 통해 알 수 있는 것으로 알맞은 것은 어느 것입니까?

(   )

▲ 우리나라의 주요 공업 지역

① 인구는 전국에 고르게 분포한다.
② 산업이 쇠퇴한 곳에 인구가 모인다.
③ 교통이 발달한 곳은 인구 밀도가 낮다.
④ 산업의 발달과 인구의 이동은 관련이 없다.
⑤ 인구가 많은 지역에 주요 공업 지역이 분포한다.

12-1 주요 공업 지역 주변으로 교통 시설이 발달합니다.

(○ , ×)

중요
13 다음 보기 에서 인문환경의 변화에 따라 달라진 국토의 모습에 대한 설명으로 알맞은 것을 모두 골라 기호를 쓰시오.

보기
㉠ 인구가 적은 지역에 교통망이 발달한다.
㉡ 도시의 성장은 교통과 산업을 더욱 발달하게 한다.
㉢ 산업이 발달한 곳은 일자리가 적어 인구가 줄어든다.
㉣ 교통의 발달은 인구를 이동시켜 도시를 성장하게 한다.

(   )

13-1 산업과 교통이 발달하고 인구가 적은 지역을 중심으로 도시가 성장합니다.

(○ , ×)

단원 개념 점검하기

❶ 국토의 위치와 영역

개념 ❶ 우리 국토의 위치와 영역

● 우리 국토의 위치

① 아시아 대륙의 ❶ [   ] 쪽에서 태평양과 맞닿아 있습니다.

② 북위 33°에서 43°와 동경 124°에서 132° 사이에 있습니다.

③ 주변에는 중국, 일본, 러시아, 몽골 등이 있습니다.

● 영역: 우리나라의 ❷ [   ] 이 미치는 범위입니다.

영토	한반도와 한반도에 속한 여러 섬임.
❸ [ ]	영토 주변의 바다로 영해를 설정하는 기준선으로부터 12해리까지임.
영공	우리 영토와 영해 위에 있는 하늘의 범위임.

● 행정 구역에 따른 국토의 구분: 우리나라는 특별시 1곳, 광역시 6곳, 특별자치시 1곳, 도 6곳, 특별자치도 3곳으로 이루어져 있습니다(북한 지역 제외).

❷ 국토의 자연환경

개념 ❷ 우리나라 지형의 특징

산지	국토의 약 70%가 ❹ [ ] 이며, 높고 험난한 산은 대부분 북쪽과 동쪽에 많음.
하천	주요 하천은 대부분 황해와 남해로 흘러감.
평야	서쪽과 남쪽에 주로 넓은 평야가 나타남.
해안	• ❺ [ ] 은 해안선이 복잡하고 섬이 많으며, 갯벌이 넓게 펼쳐져 있음. • 동해안은 해안선이 단조롭고, 모래사장이 펼쳐진 곳이 많음. • 남해안은 해안선이 복잡하고 섬이 많으며, 다도해라고도 부름.

개념 ❸ 우리나라의 기후

● 우리나라 기후의 특징

① ❻ [   ] 에 있어서 기후가 대체로 온화하고 사계절이 나타납니다.

② 바람의 영향으로 계절별로 기온과 강수량의 차이가 큽니다.

● 우리나라 기온과 강수량의 특징

기온	• 대체로 남쪽 지역에서 북쪽 지역으로 갈수록 기온이 낮아짐. • 북서풍을 막아 주는 ❼ [ ] 과 수심이 깊은 동해의 영향으로 동해안은 서해안보다 겨울 기온이 높음.
강수량	• 연 강수량의 절반 이상이 ❽ [ ] 에 집중됨. • 대체로 남쪽 지역에서 북쪽 지역으로 갈수록 강수량이 적어짐.

1 다음 ㉠, ㉡에 들어갈 알맞은 말을 각각 쓰시오.

> 우리나라는 (㉠) 대륙의 동쪽에서 태평양과 맞닿아 있는 (㉡) 국가이므로 대륙과 해양으로 진출하기에 유리합니다.

㉠: (   )

㉡: (   )

2 우리나라 지형의 특징에 대한 설명이 맞으면 ○표, 틀리면 X표 하시오.

⑴ 우리 국토는 동쪽은 낮고 서쪽은 높은 지형입니다.   (   )

⑵ 큰 하천은 대부분 황해와 남해로 흘러 들어가고, 남서쪽에 평야가 발달하였습니다.   (   )

⑶ 서해안은 해안선이 단조롭고, 모래사장이 펼쳐진 곳이 많습니다. (   )

3 다음 빈칸에 들어갈 알맞은 말에 ○표 하시오.

> (여름 , 겨울)에는 남쪽 바다에서 불어오는 바람 때문에 기온이 높아서 덥고, 비가 많이 내립니다.

개념 4 우리나라에서 발생하는 자연재해

● **우리나라의 자연재해:** ⑨ [ ] 에는 황사, 가뭄 등이, 여름과 가을에는 폭염, 홍수, 태풍 등이, 겨울에는 폭설, 한파 등이 발생합니다. 최근 지진도 자주 발생하고 있습니다.

● **자연재해의 피해를 줄이기 위한 노력:** 재해 발생 시 행동 요령과 안전 수칙을 알고 ⑩ [ ][ ] 하는 태도가 필요합니다.

3 국토의 인문환경

개념 5 우리나라 인구 분포와 인구 구조의 변화

● **우리나라의 인구 분포의 변화**

1960년대 이전	⑪ [ ][ ][ ] 지역은 인구 밀도가 높았고, 북동부 지역은 인구 밀도가 낮았음.
1960년대 이후	대도시와 ⑫ [ ][ ][ ], 산업이 발달한 도시의 인구 밀도가 높고, 농어촌 지역과 산지 지역은 인구 밀도가 낮음.

● **우리나라 인구 구조의 변화:** 오늘날에는 저출산·⑬ [ ][ ][ ] 현상이 빠르게 진행되고 있습니다.

개념 6 우리나라 도시, 산업, 교통 발달의 모습

● **우리나라의 도시 발달 모습**

1960년대	서울, 부산, 대구 등의 대도시 인구가 크게 증가하였음.
1970년대	정부의 중화학 공업 정책에 따라 남동쪽 해안 지역을 중심으로 울산, 포항, 창원 등이 ⑭ [ ][ ] 도시로 성장하였음.
1980년대 이후	• 경기도에 신도시를 건설해 서울의 인구와 기능을 분산하였음. • 최근에는 ⑮ [ ][ ][ ][ ]을 지방으로 옮겨 인구를 분산하고 국토를 균형적으로 발전시키려고 노력하고 있음.

● **우리나라의 산업 발달 모습**

1960년대	⑯ [ ][ ][ ]이 풍부한 대도시를 중심으로 섬유, 신발 등을 만드는 산업이 발달하였음.
1970~1980년대	남동 임해 지역을 중심으로 중화학 공업 단지가 형성되어 철강, 배, 자동차, 기계 등과 관련된 산업이 발달하였음.
1990년대	반도체, 컴퓨터 등의 산업이 빠르게 성장하였음.
최근	각종 서비스업과 ⑰ [ ][ ] 산업이 성장하고 있음.

● **우리나라의 교통 발달 모습:** 다양한 교통 시설이 국토를 연결하고 있고, 교통의 발달로 사람들의 ⑱ [ ][ ][ ]이 확대되었습니다.

4 다음 보기 에서 겨울에 주로 발생하는 자연 재해를 모두 골라 기호를 쓰시오.

> 보기
> ㉠ 가뭄 ㉡ 태풍
> ㉢ 폭설 ㉣ 한파
> ㉤ 홍수 ㉥ 황사

( )

5 오늘날 인구 밀도가 높은 곳과 낮은 곳을 바르게 선으로 연결하시오.

(1) 인구 밀도가 높은 곳 • ㉠ 대도시와 수도권

(2) 인구 밀도가 낮은 곳 • ㉡ 농어촌 지역과 산지 지역

6 교통의 발달로 변화한 국토의 모습에 대한 설명이 맞으면 ○표, 틀리면 ✕표 하시오.

(1) 사람과 물자의 이동이 더욱 활발해졌습니다. ( )

(2) 지역 간의 거리가 더욱 멀게 느껴지고 있습니다. ( )

(3) 사람들이 일상생활을 함께하는 범위가 더욱 좁아졌습니다. ( )

< 1. 국토와 우리 생활 >

단원 마무리

❶ 국토의 위치와 영역

1 다음 ㉠, ㉡에 들어갈 말을 알맞게 짝지은 것은 어느 것입니까? ( )

> 우리나라는 (㉠) 대륙의 동쪽에서 (㉡)과 맞닿아 있습니다.

	㉠	㉡		㉠	㉡
①	유럽	대서양	②	유럽	태평양
③	아시아	대서양	④	아시아	인도양
⑤	아시아	태평양			

2 ⭐중요 우리 국토의 위치에 대한 설명으로 알맞지 <u>않은</u> 것은 어느 것입니까? ( )

① 태평양과 맞닿아 있다.
② 중국의 동쪽, 일본의 서쪽에 있다.
③ 삼면이 바다로 둘러싸인 반도 국가이다.
④ 주변에는 중국, 일본, 러시아, 몽골 등이 있다.
⑤ 남위 33°에서 43°와 동경 124°에서 132°에 있다.

3 다음 보기 에서 우리나라의 위치적 장점에 대한 설명으로 알맞은 것을 모두 골라 기호를 쓰시오.

> **보기**
> ㉠ 태평양으로 진출하기에 좋은 위치에 있다.
> ㉡ 아시아 대륙의 한가운데에 위치하고 있다.
> ㉢ 한 면이 바다와 맞닿아 있어 해양으로 쉽게 나갈 수 있다.
> ㉣ 도로나 철도를 이용하여 아시아와 유럽 등의 대륙으로 나아가기에 유리하다.

( )

4 오른쪽은 국토의 영역을 나타낸 그림입니다. ㉠~㉢ 중 영공은 어디인지 기호를 쓰시오.

( )

5 ⭐중요 우리나라의 영해에 대한 설명으로 알맞은 것은 어느 것입니까? ( )

① 우리 영토 위에 있는 하늘의 범위이다.
② 다른 나라의 배가 자유롭게 드나들 수 있다.
③ 영해의 범위는 기선으로부터 10해리까지이다.
④ 기선은 단조로운 해안과 섬이 많고 복잡한 해안에서 각각 다르게 적용된다.
⑤ 동해안은 가장 바깥에 있는 섬들을 직선으로 연결한 선을 기선으로 하여 영해를 정한다.

6 오른쪽 지도는 우리 국토를 큰 산맥과 하천을 기준으로 구분한 것입니다. ㉠~㉢에 들어갈 알맞은 지방의 이름을 각각 쓰시오.

㉠: ( )
㉡: ( )
㉢: ( )

7 북한 지역을 제외한 우리나라의 행정 구역에 대한 설명으로 알맞지 <u>않은</u> 것은 어느 것입니까? ( )

① 특별시는 1곳이며 서울특별시이다.
② 광역시와 도는 각각 6곳으로 이루어져 있다.
③ 특별시, 특별자치시, 광역시에는 시청이 있다.
④ 시청과 도청은 대부분 각 시·도의 중심에 위치하고 있다.
⑤ 특별자치시는 2곳이며, 이는 세종특별자치시와 제주특별자치시이다.

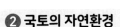

② 국토의 자연환경

8 우리나라 지형의 특징에 대한 설명으로 알맞은 것은 어느 것입니까? ( )

① 국토의 약 70%가 평야이다.
② 높고 험난한 산은 대부분 서쪽에 많다.
③ 평야는 주로 북쪽과 동쪽에 발달하였다.
④ 큰 하천은 대부분 황해와 남해로 흘러들어 간다.
⑤ 동해안은 해안선이 복잡하고 서해안과 남해안은 해안선이 단조롭다.

9 다음 보기 에서 사람들이 산지 지형을 이용하는 모습으로 알맞은 것을 모두 골라 기호를 쓰시오.

보기

ㄱ ▲ 목장 ㄴ ▲ 논
ㄷ ▲ 스키장 ㄹ ▲ 염전

( )

10 오른쪽 그림과 같은 바람이 불어오는 계절의 기후 특징으로 알맞은 것은 어느 것입니까? ( )

① 날씨가 춥고 건조하다.
② 황사가 발생하기도 한다.
③ 습하고 무더운 날씨가 이어진다.
④ 시원하고 맑은 날씨가 자주 나타난다.
⑤ 오랜 기간 지속적으로 비가 많이 내린다.

11 다음 ㉠, ㉡에 들어갈 알맞은 계절을 각각 쓰시오.

우리나라 전통 가옥의 대청은 (㉠)을 대비한 시설이고, 온돌은 (㉡)을 대비한 난방 시설입니다.

㉠: ( ), ㉡: ( )

★중요★
12 우리나라 강수량의 특징으로 알맞지 <u>않은</u> 것은 어느 것입니까? ( )

① 계절에 따라 강수량의 차이가 크다.
② 연 강수량이 세계 평균보다 많은 편이다.
③ 연 강수량의 절반 이상이 여름에 집중된다.
④ 영동 지방과 울릉도는 겨울에 강수량이 다른 지역보다 적다.
⑤ 연 강수량은 대체로 남쪽 지역에서 북쪽 지역으로 갈수록 줄어든다.

13 다음에서 설명하는 자연재해로 알맞은 것은 무엇입니까? ( )

• 주로 여름철에 발생하는 자연재해입니다.
• 비가 많이 내려 하천이 흘러넘쳐 주변의 도로나 건물 등이 물에 잠기는 현상입니다.

① 가뭄 ② 폭염 ③ 한파
④ 홍수 ⑤ 황사

14 다음 보기 에서 자연재해가 발생하였을 때의 행동 요령으로 알맞은 것을 모두 골라 기호를 쓰시오.

보기
㉠ 갑자기 홍수가 발생하면 낮은 곳으로 대피한다.
㉡ 지진이 발생하면 튼튼한 탁자 아래에 들어가 몸을 보호한다.
㉢ 태풍이 불면 실내에서는 문과 창문을 닫고, 기상 상황을 확인한다.
㉣ 폭염이 발생하면 집 주변에 모래나 염화 칼슘 등을 뿌려서 미끄럼 사고를 예방한다.

( )

❸ 국토의 인문환경

15 오늘날 우리나라 인구 분포의 특징을 잘못 이야기한 어린이는 누구입니까? (   )

① 서울, 부산 등의 대도시에 인구가 집중되어 있어.

② 농어촌 지역과 산지 지역의 인구 밀도가 높아.

③ 우리나라 인구의 절반 정도가 수도권에 모여 살고 있어.

④ 산업, 교통 등과 같은 인문환경이 인구 분포에 많은 영향을 주고 있어.

16 다음 그래프를 통해 알 수 있는 사실로 알맞은 것을 두 가지 고르시오. (,   )

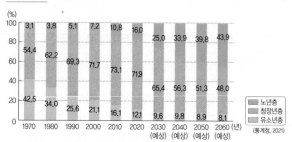

▲ 우리나라의 연령별 인구 구성 비율의 변화

① 노년층 인구의 비율이 점점 줄어들고 있다.
② 유소년층 인구의 비율이 점점 늘어나고 있다.
③ 1970년에는 노년층 인구의 비율이 3.1%를 차지하였다.
④ 우리 사회가 고출산·고령화 현상이 빠르게 진행되고 있음을 알 수 있다.
⑤ 2020년에는 유소년층 인구보다 노년층 인구가 차지하는 비율이 더 높다.

17 1980년대부터 서울 주변에 신도시를 건설한 까닭으로 알맞은 것은 무엇입니까? (   )

① 서울의 인구를 늘리기 위해서다.
② 서울의 일자리를 늘리기 위해서다.
③ 서울의 인구와 기능을 분산하기 위해서다.
④ 서울의 일손 부족 문제를 해결하기 위해서다.
⑤ 지방의 공공 기관을 서울로 이전하기 위해서다.

18 부산광역시에서 물류 산업이 발달한 까닭으로 알맞은 것은 어느 것입니까? (   )

① 독특한 자연환경을 가지고 있기 때문이다.
② 제품 생산에 필요한 원료가 풍부하기 때문이다.
③ 농업과 관련된 일을 하는 사람들이 많기 때문이다.
④ 연구소와 대학교가 협력하여 연구하고 있기 때문이다.
⑤ 원료를 수입하거나 제품을 수출하기에 편리하기 때문이다.

19 우리나라의 교통이 발달하면서 나타난 변화 모습으로 알맞은 것을 두 가지 고르시오. (,   )

① 항구의 수가 줄어들었다.
② 교통 시설이 줄어들었다.
③ 새로운 교통 수단이 등장하였다.
④ 철도를 중심으로 교통이 발달하였다.
⑤ 고속 국도의 노선 수가 늘어났고 국토를 촘촘하게 연결하고 있다.

중요
20 인문환경의 변화로 달라진 국토의 모습을 잘못 이야기한 어린이는 누구인지 쓰시오.

- 서연: 산업이 발달한 곳으로 인구가 모였어.
- 수민: 인구가 적은 지역을 중심으로 도시가 성장하였어.
- 남준: 도시의 성장은 교통과 산업의 발달을 더욱 촉진하였어.
- 지안: 교통망을 따라 산업이 발달한 지역으로 사람과 물자가 활발하게 이동하였어.

(   )

서술형 마무리

1 다음 지도를 보고, 물음에 답하시오.

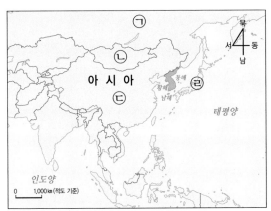

(1) 위 지도의 ㉠~㉣에 들어갈 알맞은 나라를 각각 쓰시오.

㉠: (　　　　　　), ㉡: (　　　　　　)
㉢: (　　　　　　), ㉣: (　　　　　　)

(2) 위 지도를 보고 알 수 있는 우리나라의 위치적 장점은 무엇인지 쓰시오.

_____

_____

2 다음 지도를 보고, 비슷한 위도에 있는 인천과 강릉의 겨울 기온이 다른 까닭은 무엇인지 쓰시오.

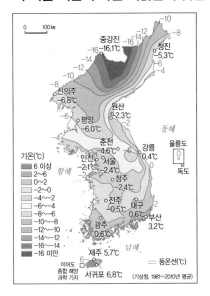

_____

_____

3 다음은 우리나라 여러 지역의 강수량 그래프입니다. 이를 보고, 물음에 답하시오.

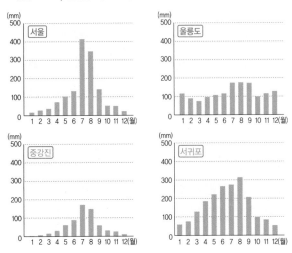

(1) 위 그래프에서 강수량이 집중되는 계절을 찾아 쓰시오.

(　　　　　　)

(2) 위 그래프에서 겨울 강수량이 다른 지역보다 많은 지역을 찾아 쓰고, 그 지역의 겨울 강수량이 많은 까닭을 쓰시오.

_____

_____

4 다음은 우리나라 도시 수와 도시 인구의 변화를 나타낸 지도입니다. 두 지도를 비교해 보고, 알 수 있는 오늘날의 변화를 두 가지 쓰시오.

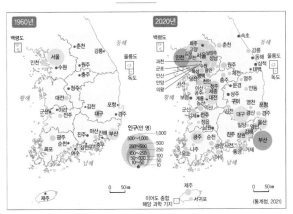

_____

_____

2

인권 존중과
정의로운 사회

01 인권의 의미와 옛사람들의 인권 신장 노력

① 인권의 의미와 중요성

★ (1) 인권의 의미와 특징

> • 모든 사람은 인간이기 때문에 누구나 똑같이 존중받으며 살아갈 권리가 있습니다.

의미	사람으로서 마땅히 누려야 할 기본적인 ❶권리를 말합니다.
특징	인권은 인간이 태어나면서부터 당연히 가지는 권리로, 피부색이나 성별, 장애, 나이, 종교, 국적 등과 상관없이 모든 사람에게 차별 없이 주어집니다.

★ (2) 인권의 중요성

> • 인권이 보장될 때 우리는 인간으로서 존엄을 지키고 행복하게 살 수 있습니다.

① 모든 사람은 존재 자체로 소중하기 때문에 존중받아야 합니다.

② 인권은 다른 사람이 함부로 무시하거나 빼앗을 수 없습니다.

(3) **인권을 지키기 위한 우리의 태도**: 모든 사람은 나와 똑같은 권리가 있음을 알고 서로의 권리를 존중하는 태도를 가져야 합니다.

(4) **인권을 보호하기 위한 약속**

세계 인권 선언 자료❶	유엔 아동 권리 협약
• 1948년 12월 10일, ❷국제 연합(UN) 총회에서 인류가 전쟁을 되풀이하지 않고 평화롭게 살아가기를 바라며 발표하였습니다. • 모든 사람이 태어나면서부터 똑같은 권리를 지니며, 누구도 인권을 억압하거나 ❸침해할 수 없다는 내용이 담겨 있습니다.	• 국제 연합(UN)에서 전 세계 18세 미만 아동들의 권리를 보호하기 위해 만든 국제 협약입니다. • 유엔 아동 권리 협약에는 아동의 생존, 발달, 보호, 참여 등에 관한 기본적인 권리를 명시하여 아동이 안전하고 행복하게 자랄 수 있도록 하였습니다.

② 일상생활에서 인권을 존중하는 모습 자료❷

어린이가 안전하게 등하교할 수 있도록 학교 앞에 어린이 보호 구역을 지정합니다.

몸이 불편한 사람도 대중교통을 이용할 수 있도록 저상 버스를 운행합니다.

노인과 어린이가 건강하게 생활할 수 있도록 무료 예방 접종을 지원합니다.

임산부가 편하게 이동할 수 있도록 대중교통에 임산부 배려석을 설치합니다.

자료❶ 세계 인권 선언(일부)

제1조 모든 사람은 태어날 때부터 자유롭고 존엄하며 평등하다. 모든 사람은 이성과 양심을 가지고 있으므로 서로에게 형제애의 정신으로 대해야 한다.

제2조 모든 사람은 인종, 피부색, 성별, 언어, 종교 등 어떤 이유로도 차별받지 않으며, 이 선언에 나와 있는 모든 권리와 자유를 누릴 자격이 있다.

제3조 모든 사람은 자기 생명을 지킬 권리, 자유를 누릴 권리, 그리고 자신의 안전을 지킬 권리가 있다.

자료❷ 일상생활에서 인권을 존중하는 모습

• 시각 장애인이 안전하게 길을 걸을 수 있도록 건물 바닥이나 도로에 점자 블록을 깝니다.

• 휠체어를 이용하는 사람을 위해 경사로를 만듭니다.

• 움직이기 불편한 사람을 위해 필요한 물품을 직접 전해 줍니다.

• 피부색, 지역, 문화 등에 관한 편견을 가지지 않도록 홍보합니다.

• 몸이 불편한 사람들이 자유롭게 이동할 수 있도록 공공장소에 승강기를 설치합니다.

✔ 용어 사전

❶ **권리**
어떤 일을 할 때 다른 사람에게 당연하게 요구할 수 있는 힘이나 자격

❷ **국제 연합(UN)**
제2차 세계 대전 이후 전쟁을 방지하고 국제 평화를 유지하려고 세운 국제기구

❸ **침해**
남의 영토나 권리, 재산 등을 불법으로 쳐들어가서 해를 끼치는 것

③ 옛사람들의 인권 신장 노력

(1) 인권 신장을 위해 노력한 옛사람들 (자료③)

인권은 사람이라면 누구나 누려야 할 권리이지만 옛날부터 모든 사람이 인권을 보장받았던 것은 아닙니다.

우리 나라	허균	신분이 낮으면 차별받던 사회 제도에 저항하는 의식이 담겨 있는 『홍길동전』을 썼습니다. (자료④)
	방정환	'어린이'라는 말을 사용하고 '어린이날'을 만드는 등 어린이 인권 신장을 위해 힘썼습니다.
	이태영	❹호주제 등 여성의 인권을 차별하는 가족법을 바꾸어 여성의 인권을 신장하고자 노력하였습니다.
다른 나라	로자 파크스	짐 크로 법으로 차별받는 흑인의 권리를 보장하기 위해 노력하였습니다.
	테레사	인도 빈민가에서 가난한 사람, 아픈 사람, 버림받은 아이들을 돌보며 평생을 헌신하였습니다.
	마틴 루서 킹	흑인을 심하게 차별하던 미국에서 흑인의 자유와 인권을 보장하고자 비폭력 운동에 앞장섰습니다.

(2) 인권 신장을 위한 옛날의 제도 (자료⑤)

아픈 사람 치료	❺군역의 의무 면제	최소 생계 보장
관아에서 의원과 약을 보내 주었어요.	군역의 의무를 면제받았어요.	옷과 먹을 것을 가져왔습니다.
아픈 사람이 빠르게 치료받을 수 있도록 도와줍니다.	부모가 아프거나 나이가 많으면 아들이 군역 의무를 지지 않습니다.	가난한 사람과 노인에게 최소한의 생활을 보장합니다.
삼복제	신문고	명통시
사형은 너무 가혹합니다. 세 번에 걸쳐 재판할 것이다.	제 억울함을 풀어 주세요.	앞에 있는 사람들은 명통시에 소속되어 있어.
무거운 범죄를 저질러 사형을 내릴 때 신분과 관계없이 세 번의 재판을 거치도록 합니다.	백성들이 억울한 일을 당했을 때 북을 쳐서 임금에게 하소연하고 도움을 요청하였습니다.	시각 장애인들로 구성된 관청으로, 시각 장애인들이 사회에서 일할 수 있도록 하였습니다.

↪ 조선 시대의 기본 법전인 『경국대전』에는 인권 관련 조항들이 있습니다. 우리 조상들은 백성이 억울하게 벌을 받는 일을 줄이고자 여러 제도를 만들었으며, 장애인도 사회 활동을 할 수 있게 하였습니다.

(자료③) 사회적 약자의 인권을 위해 노력한 사람들

루이 브라유	시각 장애인으로, 시각 장애인을 위한 점자를 만들었음.
헬렌 켈러	자신의 장애를 극복하고, 장애인을 위한 교육과 복지 시설 개선에 힘썼음.
넬슨 만델라	피부색이 다르다는 이유로 차별받는 흑인들의 인권 향상을 위해 노력하였음.
전태일	노동자가 안전하게 일할 권리를 주장하였음.

자료④ 『홍길동전』

❻서얼이라는 이유로 차별을 겪은 홍길동이 누구나 자신의 능력을 펼칠 수 있는 새로운 나라를 세운다는 내용을 담은 책으로, 당시 서민들에게 큰 관심을 받았습니다.

자료⑤ 조선 시대에 억울함을 호소할 수 있는 방법

- **상언**: 신분과 관계없이 억울한 일을 문서에 써서 임금에게 호소할 수 있었습니다.
- **격쟁**: 억울한 일을 당한 사람이 임금의 행차 때 징이나 꽹과리를 쳐서 임금에게 억울함을 호소할 수 있었습니다.

✔ 용어 사전

❹ 호주제
호주를 중심으로 가족 구성원의 출생, 혼인, 사망 등을 기록하는 제도로 우리나라의 호주제는 남성의 혈연을 바탕으로 구성되어 있었음.

❺ 군역
16세부터 60세까지의 남자가 일정 기간 군사 훈련을 받거나 그 비용을 부담한 것

❻ 서얼
양반의 자손 중에서 첩이 낳은 자식

핵심 체크

● ① ☐☐ : 사람으로서 마땅히 누려야 할 기본적인 권리를 의미합니다.

● 인권 신장을 위해 노력한 옛사람들

우리나라	• 허균: 신분 차별에 대해 저항하는 의식이 담긴 『② ☐☐☐☐』을 썼음. • ③ ☐☐☐ : 어린이의 인권 신장을 위해 노력하였음. • 이태영: ④ ☐☐의 인권 신장을 위해 노력하였음.
다른 나라	• 테레사: 가난한 사람, 아픈 사람, 버림받은 아이들을 보살피고자 노력하였음. • 마틴 루서 킹: ⑤ ☐☐의 자유와 인권을 보장하고자 노력하였음.

● 인권 신장을 위한 옛날의 제도

⑥ ☐☐☐	사형을 내릴 때 신분과 관계없이 세 번의 재판을 거치도록 함.
⑦ ☐☐☐	억울한 일을 당한 백성이 북을 쳐서 임금에게 하소연하고 도움을 요청함.
⑧ ☐☐☐	시각 장애인들로 구성된 조선 시대 특수 관청으로, 시각 장애인들이 사회에서 일할 수 있도록 하였음.

개념 문제

1 인권에 대한 설명이 맞으면 ○표, 틀리면 X표 하시오.

(1) 인권은 성인이 되면서부터 가지는 권리입니다. ( )

(2) 다른 사람의 인권을 함부로 무시하거나 빼앗을 수 없습니다. ( )

(3) 인권은 피부색, 성별, 종교 등에 상관없이 모든 사람에게 차별 없이 주어집니다.
( )

2 일상생활에서 인권을 존중하는 모습을 볼 수 있습니다. 예를 들면 몸이 불편한 사람도 대중교통을 이용할 수 있도록 ( )을/를 운행합니다.

3 다음 괄호 안에 들어갈 알맞은 인물에 ○표 하시오.

(테레사 , 로자 파크스)는 인도 빈민가에서 가난한 사람, 아프고 죽어 가는 사람, 버림받은 아이들을 위해 헌신하였습니다.

4 조선 시대에는 삼복제에 따라 무거운 범죄를 저질러 사형을 내릴 때 신분과 관계없이 몇 번의 재판을 거치게 하였습니까? ( )

확인 문제

1 다음 보기 에서 인권에 대한 설명으로 알맞은 것을 모두 골라 기호를 쓰시오.

보기
㉠ 나라나 지역에 따라 누리는 권리가 다르다.
㉡ 인간이 태어나면서 당연히 가지는 권리이다.
㉢ 일정한 나이가 되어야 누릴 수 있는 권리이다.
㉣ 모든 사람이 나와 똑같은 권리를 지니고 있으므로 서로의 권리를 존중해야 한다.

( )

서술형
2 다음 밑줄 친 부분에 들어갈 인권의 특징을 쓰시오.

인권은 모든 사람이 태어날 때부터 당연히 가지는 권리이이므로 _____

_____

3 일상생활에서 인권을 존중하는 모습에 대해 잘못 이야기한 어린이는 누구입니까? ( )

4 다음에서 설명하는 책은 무엇입니까? ( )

허균이 지은 책으로, 서얼이라는 이유로 차별을 겪은 주인공이 누구나 자신의 능력을 펼칠 수 있는 새로운 나라를 세운다는 내용을 담았습니다.

① 『심청전』 ② 『양반전』 ③ 『춘향전』
④ 『허생전』 ⑤ 『홍길동전』

5 다음 선언과 관련 있는 사람은 누구입니까? ( )

• 어린이는 어른보다 더 새로운 사람입니다.
• 어린이를 어른보다 더 높게 대접하십시오.
• 어린이에게 으박지르지 마십시오.
　　　　　 – 1923년 '어린이날의 선언' 가운데 일부

① 방정환 ② 이태영 ③ 테레사
④ 차미리사 ⑤ 로자 파크스

6 마틴 루서 킹이 인권 신장을 위해 노력한 활동으로 알맞은 것은 무엇입니까? ( )

① 흑인의 인권을 보장하고자 비폭력 운동에 앞장섰다.
② 점자를 만들어 시각 장애인에게 세상을 보는 문을 열어 주었다.
③ 여성의 인권을 차별하는 호주제 등이 규정된 가족법을 바꾸었다.
④ 자신의 장애를 극복하고 장애인을 위한 교육과 복지 시설 개선에 힘썼다.
⑤ 인도 빈민가에 '사랑의 선교회'를 만들어 가난하고 아픈 사람을 돌보며 헌신하였다.

[7~8] 다음 그림을 보고, 물음에 답하시오.

7 위와 같이 조선 시대에 신분과 관계없이 세 번의 재판을 거치도록 하는 제도는 무엇인지 쓰시오.

( )

중요
8 옛날에 위와 같은 제도를 실시한 까닭은 무엇입니까? ( )

① 왕의 권력을 강화하기 위해서
② 신분 제도를 효율적으로 운영하기 위해서
③ 백성들이 죄를 짓지 못하도록 하기 위해서
④ 억울하게 벌을 받는 사람이 없도록 하기 위해서
⑤ 죄인은 모두 엄중한 처벌을 받도록 하기 위해서

02 일상생활에서의 인권 보호

❶ 학교에서의 인권 보장

★(1) 학교에서 일어나는 인권 침해 사례 　자료❶

> 내 말을 좀 들어줘.

피부색이 다른 친구에게 ❶편견을 가지는 모습입니다.

> 남자가 왜 울고 그래?

성 역할에 대해 고정 관념을 가지는 모습입니다.

> xx~ xx!
> xxxx
> ㅋㅋㅋㅋㅋ

온라인 채팅방에서 여러 사람이 한 사람을 괴롭히는 모습입니다.

↳ 편견과 ❷차별, 다른 사람의 개인 정보 공개, 사이버 폭력을 포함한 학교 폭력 등은 인권을 보장받지 못하는 대표적인 모습입니다.

(2) 학교에서 할 수 있는 인권 보장 노력

① 인권을 보장하는 데 필요한 학교 규칙과 학급 규칙을 만듭니다.
② 서로의 다양성을 존중하고 더불어 살아갈 수 있도록 다문화 교육, 성평등 교육, 인터넷 예절 교육, 학교 폭력 예방 교육 등 인권 교육을 합니다.

❷ 사회에서의 인권 보장 　자료❷

(1) 사회에서 일어나는 인권 침해 사례 　자료❸

> 세면대가 너무 높아.

세면대가 어른의 키에 맞춰져서 어린이의 손이 닿지 않습니다.

> 사용법을 모르겠네.

노인이 ❸무인 정보 단말기를 사용하지 못하고 있습니다.

> 저는 버스를 탈 수 없나요?

휠체어를 탄 장애인이 버스를 타지 못하고 있습니다.

> 개는 들어갈 수 없습니다.

장애인 보조견을 못 들어가게 하는 곳이 많습니다.

> 육아 휴직은 안 됩니다.

회사에 출산 휴가와 육아 휴직을 신청하기 어려운 경우가 많습니다.

> ○○회사
> 채용 모집
> 자격 요건:한국인
> 모집 분야:사무직
> 문의:000-0000

한국에서 사는 외국인은 일자리를 구하기 힘듭니다.

자료❶ 학교에서 볼 수 있는 인권 침해 사례

• 다른 친구의 휴대 전화, 수첩, 일기장 등을 몰래 보는 등 사생활 침해가 일어납니다.
• 친구에게 무심코 한 말이나 장난이 상대방에게 큰 상처를 줄 수 있습니다.

자료❷ 인권 보호 기관

• **국가 인권 위원회:** 모든 개인의 인권을 보호하고 신장하는 일을 하는 국가 기관입니다. 인권 분야의 다양한 정책을 나라에 권고하고, 개인의 인권 침해나 차별 행위를 상담하고 조사하여 피해자에게 도움을 줍니다.
• **안전 Dream(아동·여성·장애인 경찰 지원 센터):** 아동, 청소년, 여성, 장애인을 지원하는 기관입니다. 전화번호 117 혹은 안전 드림 누리집으로 학교 폭력이나 성폭력 사건 등을 신고하면 즉시 긴급 구조, 수사 지시, 법률 상담 등으로 피해자의 인권을 보호합니다.

자료❸ 사회에서 볼 수 있는 인권 침해 사례

• 나이가 많거나 몸이 불편하여 일상생활을 혼자서 하기 어려운 노인들이 많습니다.
• 일이 너무 많아서 늦게까지 일하는 사람들이 있습니다.

✅ 용어 사전

❶ **편견**
공정하지 못하고 한쪽으로 치우친 생각

❷ **차별**
어떤 기준을 두어 사람들을 구별하고 다르게 대우하는 것

❸ **무인 정보 단말기**
정보 서비스와 업무의 무인화·자동화를 통해 대중들이 쉽게 이용할 수 있도록 한 장치

★(2) 사회에서 할 수 있는 인권 보장 노력 _{자료 4}

키가 작은 어린이를 위한 낮은 세면대가 만들어졌습니다.

무인 정보 단말기 사용 교육 등 노인을 위한 교육을 지원합니다.

몸이 불편한 장애인을 위한 편의 시설을 설치합니다. _{자료 5}

장애인 보조견의 출입 허용 법을 제정합니다.

출산 휴가와 육아 휴직 제도를 시행합니다.

다문화 가족 지원 센터를 설립합니다.

↳ 국가와 ❹지방 자치 단체 등은 법과 제도를 만들고 시설을 세우는 등 사람들의 인권을 보장하고자 많은 노력을 하고 있습니다. _{자료 6}

↳ 개인, 기업, 지방 자치 단체, 국가 등 우리 모두가 노력해야 모든 구성원의 인권이 보장될 수 있습니다.

❸ 어린이가 할 수 있는 인권 보호 실천 방법

인권 캠페인 참여하기	인권 개선 편지 쓰기	인권 동영상 만들기
인권의 소중함이나 인권을 보장하는 방법 등을 홍보합니다.	인권 관련 기관에 인권 개선을 요구하는 편지를 써서 보냅니다.	인권을 보장하는 방법을 알리는 동영상을 만듭니다.

시민 단체에 기부하기	인권 관련 작품 만들기
용돈이나 물품을 모아 인권 보장에 힘쓰는 시민 단체에 기부합니다.	표어, 포스터, 사진, 만화 등 인권 관련 작품을 만들어 알립니다.

_{자료 4} 인권 보장을 위한 다양한 ❺사회 보장 제도

- **무료 예방 접종 실시**: 질병으로부터 보호하기 위해 사회적 보호가 필요한 사람들에게 무료 예방 접종을 실시합니다.
- **실업 급여 지원**: 실업자에게 경제적 지원을 합니다.
- **기초 연금 지급**: 저소득층 노인의 생활 안정에 도움을 주기 위해 매달 일정액의 기초 연금을 지급합니다.

_{자료 5} 장애인 편의 시설

- **시각 장애인을 위한 음향 신호기**: 신호등의 변화를 알려 주어 시각 장애인이 횡단보도를 안전하게 건널 수 있습니다.
- **장애인 전용 택시 운영**: 장애인의 안전한 이동을 위해 장애인 콜택시를 운행합니다.

_{자료 6} 인권 보장 노력을 해야 하는 까닭

- 인권은 연결되어 있어 나의 인권을 보장받으려면 다른 사람의 인권도 보장해야 하기 때문입니다.
- 인권을 보장받지 못하는 사람들에게 지속적인 관심을 가지고, 이들의 인권 보장이 이루어져야 모든 사람이 존중받고 인간답게 살 수 있는 사회가 될 수 있기 때문입니다.

✔용어 사전

❹ 지방 자치 단체
특별시, 광역시, 특별자치시, 도, 특별자치도, 시, 군, 구 등에서 지역 주민들이 구성한 자치 단체

❺ 사회 보장 제도
질병, 실업, 장애, 노령, 빈곤 등으로 어려움에 부닥친 사람들을 돕고, 모든 국민의 인간다운 생활을 보장하기 위한 제도

기본 문제로 익히기

핵심 체크

● 학교에서의 인권 보장

인권 침해 사례
피부색이 다른 친구에 대한 편견
❷ ☐☐☐ 에 대한 고정 관념
온라인 채팅방에서 여러 사람이 한 사람을 괴롭히는 사이버 폭력

➡

인권 보장 노력
❶ ☐☐☐ 교육
성평등 교육
학교 폭력 예방 교육

● 사회에서의 인권 보장

인권 침해 사례
어른 키에 맞춰진 세면대가 어린이의 손에 닿지 않음.
❸ ☐☐☐ 이라는 이유로 일자리를 구하는 데 어려움을 겪음.
휠체어를 탄 장애인이 ❹ ☐☐☐☐ 이용에 어려움을 겪음.
회사에 출산 휴가와 육아 휴직 신청이 어려움.

➡

인권 보장 노력
어린이를 위한 낮은 세면대 설치
다문화 가족 지원 센터 설립
장애인을 위한 편의 시설 설치
육아 휴직 제도 시행

개념 문제

1 학교에서는 편견과 차별, 다른 사람의 개인 정보 공개, 사이버 폭력을 포함한 학교 폭력 등의 인권 ( ) 사례가 나타나고 있습니다.

2 모든 개인의 인권을 보호하고 신장하는 일을 하는 국가 기관으로, 인권 분야 정책 권고, 개인 인권 침해나 차별 행위 상담 및 조사 등을 하는 곳은 어디입니까? ( )

3 오늘날 인권 보장을 위한 사회의 노력에 대한 설명이 맞으면 ○표, 틀리면 X표 하시오.

(1) 임산부는 아이와 엄마의 건강을 위해 회사를 그만두게 합니다. ( )

(2) 키가 작은 어린이를 위해 공공장소에 낮은 세면대를 설치합니다. ( )

(3) 장애인 보조견의 출입을 허용하는 법을 만들어 장애인의 이동권을 보장합니다.

( )

확인 문제

1 편견과 차별을 가지고 다른 사람의 인권을 침해하는 어린이를 두 명 고르시오. (,   )

① 민수: 여자도 축구를 잘할 수 있어.
② 윤경: 남자가 왜 그런 일로 우는 거야?
③ 주희: 우리는 피부색이 달라서 대화가 안 통해.
④ 하성: 종교 때문에 돼지고기를 못 먹기도 하는구나.
⑤ 혜진: 다른 나라에서 오신 친구의 어머님께서 그 나라 음식을 해 주셔서 맛있게 먹었어.

2 친구의 일기장을 허락 없이 보는 것과 관련이 있는 인권 침해 사례는 무엇입니까? (   )

① 인종 차별
② 사생활 침해
③ 사이버 폭력
④ 이동권 침해
⑤ 편견과 차별

3 지우의 인권을 보장하기 위해 학교에서 할 수 있는 노력으로 알맞은 것은 무엇입니까? (   )

> 지우는 온라인 채팅방에 같은 반 친구들이 올린 글을 읽기가 두렵습니다. 자신을 놀리는 내용과 욕설로 가득하기 때문입니다.

① 다문화 교육
② 성평등 교육
③ 장애인 배려 교육
④ 인종 차별 금지 교육
⑤ 학교 폭력 예방 교육

4 다음 보기 에서 사회에서 일어나는 인권 침해 사례로 알맞은 것을 모두 골라 기호를 쓰시오.

> **보기**
> ㉠ 장애인 보조견의 출입을 금지하는 식당이 많다.
> ㉡ 공공기관의 세면대가 높아서 어린이는 손을 씻기가 불편하다.
> ㉢ 몸이 불편한 장애인과 노인을 위해서 공공건물에 승강기를 설치한다.
> ㉣ 외국인이라는 이유로 같은 일을 하고도 월급을 더 적게 받는 경우가 있다.

(   )

5 인권 보장을 위해 시행하는 사회 보장 제도에 대해 잘못 이야기한 어린이는 누구입니까? (   )

① 실업 급여를 지원해야 해.
② 기초 연금을 지급해야 해.
③ 무료 예방 접종을 실시해야 해.
④ 인터넷 예절 교육을 실시해야 해.

서술형

6 다음과 같이 인권 보장을 위해 노력해야 하는 까닭을 쓰시오.

> 다양한 사람들이 함께 어울려 살아가는 사회에서는 개인뿐만 아니라 기업, 지방 자치 단체, 국가 등 공동체 차원에서 인권 문제를 개선하려는 노력이 필요합니다.

_____

_____

중요

7 어린이가 할 수 있는 인권 보호 실천 방법으로 알맞지 않은 것은 무엇입니까? (   )

① 인권 보장을 위한 법과 제도 만들기
② 인권 침해 사례를 알리는 동영상 만들기
③ 인권을 보장하는 일에 힘쓰는 시민 단체에 기부하기
④ 인권 관련 기관에 인권 개선을 요구하는 편지 보내기
⑤ 인권의 소중함이나 인권을 보장하는 방법 등을 홍보하기

실력 문제로 다잡기

★중요★

1 다음 보기 에서 인권에 대한 설명으로 알맞은 것을 모두 골라 기호를 쓰시오.

보기
㉠ 모든 사람이 다 가질 수 있는 권리는 아니다.
㉡ 사람으로서 마땅히 누려야 할 기본적인 권리이다.
㉢ 피부색이나 성별, 장애, 나이 등에 관계없이 주어진 권리이다.
㉣ 나의 권리를 위해 다른 사람의 권리를 무시하거나 빼앗을 수 있다.

( )

1-1 인권은 인간이 태어나면 부터 당연히 가지는 권리를 말합니다.

(○ , ×)

2 일상생활에서 인권을 존중하는 모습으로 알맞지 <u>않은</u> 것은 무엇입니까?

( )

① 노인과 어린이에게 무료 예방 접종을 지원한다.
② 임산부을 위해 대중교통에 임산부 배려석을 설치한다.
③ 키가 작은 어린이를 위해 엘리베이터에 발판을 놓는다.
④ 어린이가 안전하게 등교할 수 있도록 학교 앞에 어린이 보호 구역을 지정한다.
⑤ 장애인들이 차별을 느끼지 않도록 비장애인과 함께 일반 화장실을 사용하도록 한다.

2-1 장애인의 인권을 존중하기 위해 공공장소에 설치된 승강기를 없애고 있습니다.

(○ , ×)

3 인권 신장을 위해 다음과 같은 일을 한 사람은 누구입니까? ( )

우리나라 최초의 여성 변호사로, 억울한 일을 당한 여성들의 법률 상담을 무료로 해 주었으며, 여성의 인권을 차별하는 호주제 등이 규정된 가족법을 바꾸는 일에 앞장섰습니다.

① 허균   ② 방정환   ③ 이태영
④ 전태일   ⑤ 홍길동

3-1 허균은 '어린이날'을 만드는 등 어린이의 인권 신장을 위해 힘썼습니다.

(○ , ×)

4 흑인의 인권 신장을 위해 다음과 같은 연설을 한 사람은 누구입니까?

( )

나에게는 꿈이 있습니다.
모든 인간은 평등하게 태어났다는 것을 분명한 진실로 받아들이고,
그 진정한 의미대로 살아가는 날이 오리라는 꿈입니다.
나에게는 꿈이 있습니다.
아이들이 피부색이 아니라 인격으로 평가받는 나라에
살게 되는 날이 오리라는 꿈입니다.

① 테레사   ② 차미리사   ③ 헬렌 켈러
④ 루이 브라유   ⑤ 마틴 루서 킹

4-1 테레사는 아픈 사람과 버림받은 아이들을 돌보며 평생을 헌신하였습니다.

(○ , ×)

5 다음 조사 보고서의 빈칸에 들어갈 알맞은 말은 무엇입니까? (   )

(   )에 담긴 인권 관련 조항

아픈 사람 치료 　　　 군역의 의무 면제 　　　 최소 생계 보장

관아에서 의원과 약을 보내 주었어요.

군역의 의무를 면제 받았어요.

옷과 먹을 것을 가져왔습니다.

① 신문고
② 『경국대전』
③ 『홍길동전』
④ 「팔도총도」
⑤ 「삼강행실도」

5-1 조선 시대에는 부모가 많이 아프거나 부모의 나이가 70세 이상이면 그 아들은 군역의 의무를 지지 않았습니다.

(○ , ×)

[6~7] 다음 자료를 읽고, 물음에 답하시오.

삼복제	명통시
무거운 범죄를 저질러 사형을 내릴 때에는 죄인의 신분과 관계없이 세 번의 재판을 거치도록 한 제도	㉠

중요
6 옛날에 위와 같은 제도를 실시한 까닭은 무엇입니까? (   )

① 임금의 힘을 강화하기 위해서
② 양반의 관직을 늘리기 위해서
③ 백성들의 인권을 신장하기 위해서
④ 나라 운영을 효율적으로 하기 위해서
⑤ 신분 제도를 없애고 평등한 사회를 만들기 위해서

6-1 옛날에는 죄를 지은 사람에게 강한 벌을 내리기 위해서 '삼복제'라는 제도를 두었습니다.

(○ , ×)

7 위 자료의 ㉠에 들어갈 알맞은 내용을 쓰시오.

_____

_____

7-1 조선 시대에는 '명통시'라는 관청을 통해 장애인들이 사회에서 일할 수 있도록 하였습니다.

(○ , ×)

8 다음 빈칸에 들어갈 알맞은 말을 쓰시오.

제 억울함을
풀어주세요.

조선 시대에는 백성들이 억울한 일을 당했을 때 (   )(이)라는 북을 쳐서 임금에게 하소연하고 도움을 요청할 수 있었습니다.

(   )

8-1 옛날에는 격쟁을 통해 신분과 관계없이 억울한 일을 문서에 써서 임금에게 호소할 수 있었습니다.

(O , ×)

9 학교에서의 인권 침해 사례를 잘못 이야기한 어린이는 누구인지 쓰시오.

- 균상: 여자가 남색 옷을 입는 것은 이상하다고 말했어.
- 미연: 남자가 만화책을 보면서 울었다고 놀림을 받았어.
- 선규: 친구가 허락도 없이 내 사진을 누리 소통망 서비스(SNS)에 올렸어.
- 준수: 온라인 채팅방에서 친구들이 나에게 놀이공원에 함께 놀러 가자고 했어.

(   )

9-1 편견과 차별, 사생활 침해, 사이버 폭력 등은 인권을 보장받지 못하는 대표적인 모습입니다.

(O , ×)

중요
10 다음 일기를 쓴 어린이가 경험한 인권 침해 사례를 해결하기 위해 학교에서 할 수 있는 노력으로 알맞은 것은 무엇입니까? (   )

20○○년 ○○월 ○○일 ○요일 ☀️🌤️☁️🌧️❄️

제목: 속상한 날

오늘 점심시간에 반 친구들이 축구를 하고 있었다. 재미있어 보여서 나도 같이하려고 친구들에게 다가갔다. 그런데 갑자기 민국이가 내 앞을 가로막으며 말했다.

"넌 여자라서 안 돼."

난 그저 재미있어 보여서 같이 하고 싶었던 건데 …….

너무 속상하고 화가 나서 어떻게 해야 할지 모르겠다.

① 다문화 교육
② 성평등 교육
③ 인터넷 예절 교육
④ 인종 차별 금지 교육
⑤ 학교 폭력 예방 교육

10-1 피부색이 다른 친구에 대한 편견으로 나타나는 인권 침해를 해결하기 위해서 인터넷 예절 교육을 할 수 있습니다.

(O , ×)

11 다음 중 인권 침해 사례로 볼 수 <u>없는</u> 것을 골라 기호를 쓰시오.

(가)   (나)   (다)

(   )

11-1 어린이의 인권 보장을 위해서 높이가 낮은 세면대를 만들었습니다.

(○ , ×)

[중요]
12 다음과 같은 인권 침해 문제를 해결하기 위한 노력으로 알맞은 것은 무엇입니까? (   )

몸이 불편하여 휠체어를 타는 사람들은 대중교통을 이용하기 힘듭니다.

① 장애인 보조견 출입을 허용하는 법을 만든다.
② 장애인의 승하차를 돕는 편의 시설을 설치한다.
③ 다문화 가족 지원 센터를 세워 취업 교육을 한다.
④ 출산 전후 휴가 제도와 육아 휴직 제도를 도입한다.
⑤ 학교 주변에 '어린이 보호 구역'을 지정하여 자동차 주행 속도를 제한한다.

12-1 개인과 기업은 법과 제도를 만들고 시설을 세우는 등 사람들의 인권을 보장하고자 노력하고 있습니다.

(○ , ×)

13 다음 검색 결과로 알맞지 <u>않은</u> 것은 무엇입니까? (   )

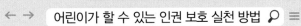

어린이가 할 수 있는 인권 보호 실천 방법 🔍 ☰

① 인권의 소중함을 홍보하는 캠페인에 참여한다.
② 인권을 주제로 한 포스터를 만들어 인권의 소중함을 알린다.
③ 인권 관련 기관에 인권 개선을 요구하는 편지를 써서 보낸다.
④ 사회적 약자들의 인권을 보장할 수 있는 다양한 시설을 만든다.
⑤ 인권을 보장받지 못한 사례나 인권을 보장하는 방법 등을 알리는 동영상을 만든다.

13-1 인권 보호를 위해 어린이들은 인권을 주제로 한 표어, 포스터, 사진, 만화 등의 작품을 만들어 알릴 수 있습니다.

(○ , ×)

01 헌법의 의미와 역할

❶ 헌법의 의미와 특성

★(1) 헌법의 의미와 특징 [자료❶·❷]

→ 헌법에는 모든 사회 구성원이 존중받으며 행복하게 살아가는 데 필요한 내용이 담겨 있습니다.

의미	국민의 자유와 권리를 보장하여 민주주의를 실현하고자 만든, 법 가운데 가장 기본이 되는 우리나라 최고의 법입니다.
특징	• 모든 법과 제도는 헌법에 바탕을 두고, 헌법에 어긋나지 않게 만들어집니다. • 국가 기관을 구성하고 운영하는 원리를 담고 있습니다. • 헌법에 기본적인 인권을 규정하여 국가 권력이 개인의 기본적인 인권을 함부로 침해할 수 없도록 합니다.

(2) 헌법의 대표 조항

제1조 ① 대한민국은 민주 공화국이다.
② 대한민국의 주권은 국민에게 있고, 모든 권력은 국민으로부터 나온다.

제10조 모든 국민은 인간으로서의 존엄과 가치를 가지며, 행복을 추구할 권리를 가진다. 국가는 개인이 가지는 ❶불가침의 기본적 인권을 확인하고 이를 보장할 의무를 진다.

└ 인권을 국민의 기본권으로 규정하고, 국가에 국민의 기본권을 보장할 의무를 부여하고 있습니다.

❷ 일상생활에서 볼 수 있는 헌법 조항

→ 헌법은 국민의 인권을 보장하도록 구체적인 종류와 그 내용을 담고 있습니다.

> 모두가 차별받지 않고 평등하게 기회를 가져요.

> 내가 원하는 직업을 선택할 수 있어요.

헌법 제11조 모든 국민은 법 앞에 평등하다. 누구든지 성별·종교 또는 사회적 신분에 의하여 정치적·경제적·사회적·문화적 생활의 모든 영역에 있어서 차별을 받지 아니한다.

헌법 제15조 모든 국민은 직업 선택의 자유를 가진다.

> 투표로 대통령과 국회 의원 등을 뽑아요.
>
> 기표소

> 경제활동이 줄어드는 노인들에게 국가에서 연금을 주어 생활을 도와줘요.

헌법 제24조 모든 국민은 법률이 정하는 바에 의하여 선거권을 가진다.

헌법 제34조 모든 국민은 인간다운 생활을 할 권리를 가진다.

자료❶ 대한민국 헌법 제정

광복 후 선거로 첫 국회 의원을 뽑음. → ❷제헌 국회가 구성됨. → 우리나라 최초의 헌법인 제헌 헌법을 만들어 1948년 7월 17일에 ❸공포함.

제헌 헌법은 대한민국 정부가 수립된 후 여러 차례 수정되어 오늘날에 이르고 있습니다.

자료❷ 헌법 개정 과정

제안: 재적 의원 과반수 또는 대통령 발의

↓

공고: 대통령이 20일 이상의 기간 동안 헌법 개정안 공고

↓

국회 의결: 재적 의원 2/3 이상 찬성

↓

❹국민 투표: 국회 의원 선거권자 과반수 투표와 투표자 과반수 찬성

↓

공포: 대통령이 즉시 공포

헌법을 새로 만들거나 고칠 때는 국민 투표로 정합니다.

✅ 용어 사전

❶ 불가침
침범하여서는 안 됨.

❷ 제헌 국회
헌법을 만든 우리나라 최초의 국회

❸ 공포
확정된 법률, 조약 등을 국민에게 널리 알림.

❹ 국민 투표
국가의 중요한 일을 국민이 최종적으로 투표해 결정하는 제도

❸ 헌법 재판소 [자료❸]

(1) **⁵헌법 재판소**: 국회에서 만든 법률이나 국가 권력이 헌법에 어긋나거나 국민의 기본적인 권리를 침해한 경우에 그 침해 여부를 판단하는 기관입니다.

(2) **헌법 재판 과정**

> 국가 권력이나 법률이 개인의 인권을 침해한다고 판단되면 국민 누구나 헌법 재판을 요청할 수 있습니다.

↓

> 헌법 재판소에서는 국가 권력이나 법률이 국민의 인권을 침해하는지 헌법을 기준으로 판단합니다.

↓

> 국가 권력이나 법률이 국민의 인권을 침해한다고 결정되면 국가 권력은 헌법 재판 결과에 따르고, 법률은 개정되거나 폐지됩니다.

❹ 인권 보장을 위한 헌법의 역할

(1) **⁶인터넷 실명제에 대한 헌법 재판 사례**

① 인터넷 실명제에 관한 기사 [자료❹]

> **인터넷 실명제, 인권 보호인가? 표현의 자유 침해인가?**
>
> 인터넷 게시판의 익명성을 악용한 사이버 범죄 피해가 증가하자 이를 예방하고 성숙한 인터넷 문화를 조성하고자 인터넷 실명제를 시행하고 있다. 그러나 이로 인해 표현의 자유가 제한되고 주민 등록 번호가 노출되는 문제가 발생하였다. 이에 인터넷 실명제에 반대하는 사람들은 「정보 통신망 이용 촉진 및 정보 보호 등에 관한 법률」이 표현의 자유를 침해한다며 헌법 재판소에 심판을 요청하였다.
> – 한겨레, 2010. 1. 25.

② 인터넷 실명제에 대한 헌법 재판소의 ⁷판결

> 인터넷 실명제는 헌법이 보장하는 개인 표현의 자유를 침해하였을 뿐만 아니라 이 제도를 통해 사회 구성원에게 돌아가는 이익도 크지 않다. 또한 주민 등록 번호가 없는 외국인은 인터넷 게시판을 사용할 수 없고, 인터넷 실명제를 시행하여 개인 정보 ⁸유출 가능성이 증가하였다. 따라서 인터넷 실명제는 헌법에 어긋난다. ┐→ 헌법 재판소는 개인 표현의 자유를 중요하게 생각해 이런 결정을 내렸습니다.

⭐ (2) **인권 보장을 위한 헌법의 역할**

① 법률이나 국가 권력이 국민의 권리를 침해하는지 등을 헌법 재판소에서 결정합니다.

② 헌법 재판소에서 법률이 인권을 침해한다고 결정하면 그 법률은 헌법에 근거하여 수정하거나 없앨 수 있습니다.

③ 개인의 인권을 명확하게 확인하고 이를 보장합니다.

[자료❸] 헌법, 법, 제도의 관계

헌법	제11조 ① 모든 국민은 법 앞에 평등하다.

법률	「장애인 차별 금지 및 권리 구제 등에 관한 법률」

제도 시행	장애와 상관없이 일할 수 있도록 제도를 시행함.

헌법에 있는 내용은 법으로 구체화되고, 이는 제도로 시행됩니다.

[자료❹] 인터넷 실명제에 대한 찬성과 반대 입장의 의견

찬성 입장	• 악성 댓글을 막을 수 있음. • 사이버 범죄를 예방할 수 있음.
반대 입장	• 표현의 자유를 침해할 수 있음. • 소중한 개인 정보가 유출될 수 있음.

✔용어 사전

⑤ 헌법 재판소
헌법과 관련된 다툼을 다루는 특별 재판소

⑥ 인터넷 실명제
자신의 이름과 주민 등록 번호 확인 과정을 거친 뒤 인터넷 게시판에 글을 쓸 수 있는 제도

⑦ 판결
법원이 옳고 그름을 따져 소송 사건에 대하여 판단하고 결정하는 재판

⑧ 유출
귀중한 물품이나 정보가 밖으로 나감.

기본 문제로 익히기

● 헌법: 국민의 자유와 권리를 보장하여 ❶ □□□□ 를 실현하고자 만든, 법 가운데 가장 기본이 되는 우리나라 ❷ □□ 의 법입니다.

● 헌법 재판 과정

국가 권력이나 법률이 개인의 ❸ □□ 을 침해한다고 판단되면 국민 누구나 ❹ □□□□ 을 요청할 수 있습니다.	→ ❺ □□□□ 에서는 국가 권력이나 법률이 국민의 인권을 침해하는지 헌법을 기준으로 판단합니다.	→ 국가 권력, 법률이 국민의 인권을 침해한다고 결정되면 국가 권력은 헌법 재판 결과에 따르고, ❻ □□ 은 개정되거나 폐지됩니다.

● 인권 보장을 위한 헌법의 역할

① 법률이나 국가 권력이 국민의 권리를 ❼ □□ 하는지 등을 헌법 재판소에서 결정합니다.
② 헌법 재판소에서 법률이 인권을 침해한다고 결정하면 그 법률은 헌법에 근거하여 수정하거나 없앨 수 있습니다.
③ 개인의 ❽ □□ 을 명확하게 확인하고 이를 보장합니다.

개념 문제

1 다음 빈칸에 공통으로 들어갈 알맞은 말을 쓰시오.

우리나라의 모든 법과 제도는 ( )에 바탕을 두고, ( )에 어긋나지 않게 만들어집니다.

( )

2 헌법에 대한 설명이 맞으면 ○표, 틀리면 ✕표 하시오.

(1) 헌법은 법 가운데 가장 기본이 되는 우리나라 최고의 법입니다. ( )
(2) 헌법은 국가 기관을 구성하고 운영하는 원리를 담고 있습니다. ( )
(3) 헌법은 국가 권력이 개인의 기본적인 인권을 침해할 수 있는 기준을 마련합니다.
( )

3 국회에서 만든 법률이나 국가 권력이 헌법에 어긋나거나 국민의 기본적인 권리를 침해한 경우에 그 침해 여부를 판단하는 기관을 무엇이라고 합니까?

( )

4 다음 ㉠, ㉡에 들어갈 알맞은 말에 각각 ○표 하시오.

인터넷 실명제에 대해 악성 댓글을 막을 수 있다는 것은 ㉠ (찬성 , 반대) 입장의 의견이고, 표현의 자유를 침해할 수 있다는 것은 ㉡ (찬성 , 반대) 입장의 의견입니다.

확인 문제

1 헌법에 대한 설명으로 알맞지 <u>않은</u> 것은 어느 것입니까? ( )

① 법 가운데 가장 기본이 되는 법이다.
② 모든 헌법은 법에 어긋나지 않게 만들어야 한다.
③ 국가 기관을 구성하고 운영하는 원리를 담고 있다.
④ 국민의 자유와 권리를 보장하여 민주주의를 실현하고자 만든 법이다.
⑤ 모든 사회 구성원이 존중받으며 행복하게 살아가는 데 필요한 내용을 담고 있다.

2 다음 빈칸에 공통으로 들어갈 알맞은 말을 쓰시오.

> 대한민국 헌법 제1조
> ① 대한민국은 민주 공화국이다.
> ② 대한민국의 주권은 ( )에게 있고, 모든 권력은 ( )(으)로부터 나온다.

( )

3 다음 '대한민국 헌법 제10조'에 담긴 내용을 잘못 이야기한 어린이는 누구입니까? ( )

> 모든 국민은 인간으로서의 존엄과 가치를 가지며, 행복을 추구할 권리를 가진다. 국가는 개인이 가지는 불가침의 기본적 인권을 확인하고 이를 보장할 의무를 진다.

① 모든 국민은 행복을 추구할 권리가 있어.
② 모든 국민은 인간으로서 가치를 가져.
③ 모든 국민은 인간으로서 존엄을 가져.
④ 국가는 언제나 개인의 기본적 인권을 침해할 수 있어.

4 다음 빈칸에 들어갈 알맞은 말을 쓰시오.

> ( )에서는 국가 권력이나 법률이 국민의 인권을 침해하는지 헌법을 기준으로 판단합니다.

( )

[5~6] 다음 '인터넷 실명제'에 대한 헌법 재판소의 판결문을 읽고, 물음에 답하시오.

> 인터넷 실명제는 헌법이 보장하는 개인 표현의 자유를 침해하였을 뿐만 아니라 이 제도를 통해 사회 구성원에게 돌아가는 이익도 크지 않다. 또한 주민 등록 번호가 없는 외국인은 인터넷 게시판을 사용할 수 없고, 인터넷 실명제를 시행하여 개인 정보 유출 가능성이 증가하였다. 따라서 인터넷 실명제는 헌법에 어긋난다.

5 인터넷 실명제에 대한 찬성 의견에는 '찬', 반대 의견에는 '반'이라고 쓰시오.

(1) 개인의 표현의 자유를 침해할 수 있습니다.

( )

(2) 사이버 범죄를 예방하고 범죄 수사에도 도움이 될 수 있습니다. ( )

6 헌법 재판소가 위와 같은 판결을 내린 까닭으로 알맞지 <u>않은</u> 것은 어느 것입니까? ( )

① 개인 정보 유출 가능성이 증가하였기 때문이다.
② 악성 댓글로 상처받는 사람들을 보호해야 하기 때문이다.
③ 헌법이 보장하는 개인 표현의 자유를 침해하였기 때문이다.
④ 사회 구성원들에게 돌아가는 이익이 크지 않다고 보았기 때문이다.
⑤ 주민 등록 번호가 없는 외국인은 인터넷 게시판을 사용할 수 없기 때문이다.

7 인권을 보장하기 위해 헌법이 하는 역할을 한 가지만 쓰시오.

_____

_____

02 헌법에 나타난 국민의 기본권과 의무

❶ 헌법에 나타난 국민의 기본권

(1) 의미와 특징

의미	헌법에서 보장하고 있는 국민의 기본적인 권리를 말합니다.
특징	• 기본권은 헌법으로 보장하기 때문에 함부로 제한할 수 없습니다. • 국가 안전 보장, 사회 질서 유지, 공동체의 이익을 위해 필요하다면 법률에 따라 기본권을 제한할 수 있습니다. → 기본권을 제한하더라도 자유와 권리의 본질적인 내용을 침해할 수 없습니다.

★(2) 국민의 기본권 자료①, ②

평등권	자유권	사회권
모든 국민이 차별받지 않고 동등하게 대우받을 권리	국가의 간섭을 받지 않고 자유롭게 생각하고 행동할 수 있는 권리	인간다운 생활의 보장을 국가에 요구할 수 있는 권리

참정권	청구권
국가의 의사 결정에 참여할 수 있는 권리	국가에 어떤 일을 해달라고 요구할 수 있는 권리

└ 국민이 대표를 뽑는 선거에서 투표를 하거나 후보로 출마하는 등의 권리입니다.

❷ 헌법에 나타난 국민의 의무

(1) 의미와 특징 ┌ 헌법은 국민의 기본권을 보장하는 동시에 국민으로서 지켜야 하는 의무도 정해 놓았습니다.

의미	헌법에서 보장하고 있는 국민으로서 반드시 지켜야 하는 의무를 말합니다.
특징	국민의 의무를 실천하는 것은 나와 다른 사람의 기본권을 보장하는 일에 바탕이 되기 때문에 의무를 지키는 것은 중요합니다.

자료① 기본권의 내용이 나타난 헌법 조항(일부)

평등권	제11조 제1항 모든 국민은 법 앞에 평등하다. 누구든지 성별·종교 또는 사회적 신분에 의하여 정치적·경제적·사회적·문화적 생활의 모든 영역에 있어서 차별을 받지 아니한다.
자유권	제15조 모든 국민은 직업 선택의 자유를 가진다.
사회권	제34조 제1항 모든 국민은 인간다운 생활을 할 권리를 가진다.
참정권	제24조 모든 국민은 법률이 정하는 바에 의하여 선거권을 가진다.
청구권	제26조 제1항 모든 국민은 법률이 정하는 바에 의하여 국가 기관에 문서로 청원할 권리를 가진다.

자료② 현대 사회에서 등장한 새로운 권리

문화적 권리	누구나 문화생활을 자유롭게 누릴 권리가 있음.
수면권	누구나 충분히 잠을 자면서 휴식을 취할 권리가 있음.
일조권	어떤 집에서든 햇볕을 쬘 수 있는 권리가 있음.

사회가 빠르게 변화하면서 헌법에 나와 있는 기본권 이외에도 인권 보장을 위해 필요하다고 여겨지는 새로운 권리가 등장하고 있습니다.

✔용어 사전

❶ 신분
개인의 사회적인 지위나 계급

★ **(2) 국민의 의무** 자료❸ ← 교육의 의무, 근로의 의무, 환경 보전의 의무는 국민의 기본권인 동시에 국민의 의무입니다.

교육의 의무	납세의 의무	근로의 의무
학교에서 교육을 받아요.	법으로 정한 세금을 내요. ❍❍세무서	직업을 선택해 열심히 일을 해요.
자녀의 성장을 보장하고 자 교육을 받게 할 의무	국가의 유지에 필요한 ❷세금을 내야 할 의무	개인과 국가의 발전을 위해 일을 할 의무

국방의 의무	환경 보전의 의무
군인이 되어 국가를 지켜요.	환경을 지키는 활동에 참여해요.
모두가 안전하도록 국가를 지킬 의무	환경을 보전하고자 노력할 의무

책임감 있는 자세로 국민의 의무를 실천한다면 더불어 잘 사는 국가를 만들 수 있어.

❸ **권리와 의무의 바람직한 관계**

(1) 권리와 의무가 ❸충돌하는 까닭: 서로 긴밀하게 연결되어 있기 때문입니다. ← 우리 사회는 다양한 사람들이 함께 살아가고 있기 때문입니다.

(2) 권리와 의무가 충돌한 사례

① 문제 상황

오래된 경유 자동차 라고 운행을 중지시키는 것은 자유권을 침해하는 것입니다.

오래된 경유 차에서 나오는 대기 오염 물질은 국민의 건강에 좋지 않습니다. 국민은 환경을 지킬 의무가 있습니다.

자동차 주인   △△시 관계자

△△시는 미세 먼지 등 대기 오염 물질을 줄이고자 노력하고 있습니다. 그 노력 가운데 하나로 대기 오염 물질을 심하게 배출하는 오래된 경유 자동차의 운행을 제한하고 이를 위반하면 ❹과태료를 부과합니다. 하지만 이 과정에서 오래된 경유 자동차 주인과 △△시 사이에 의견이 서로 충돌하고 있습니다.

② 해결 방안과 까닭 자료❹ ← 모두가 행복하게 살아가려면 권리를 보장받으면서 의무를 실천하는 합리적인 해결 방안을 함께 찾아야 합니다.

해결 방안	오래된 경유 자동차를 운행하지 못하게 하고, 대기 오염 물질 배출이 적은 차를 재구매하는 사람에게 보조금을 지급합니다.
까닭	환경 보전의 의무가 중요하지만 개인의 재산권을 제한할 때는 정당한 보상을 지급하여야 하기 때문입니다.

★ **(3) 권리와 의무가 충돌할 때 필요한 자세:** 권리와 의무 가운데 하나만을 주장하지 않고 권리와 의무를 조화롭게 추구하는 자세가 필요합니다.

자료❸ **국민의 의무 내용이 나타난 헌법 조항**

교육의 의무	제31조 제2항 모든 국민은 그 보호하는 자녀에게 적어도 초등 교육과 법률이 정하는 교육을 받게 할 의무를 진다.
납세의 의무	제38조 모든 국민은 법률이 정하는 바에 의하여 납세의 의무를 진다.
근로의 의무	제32조 제2항 모든 국민은 근로의 의무를 진다. 국가는 근로의 의무의 내용과 조건을 민주주의 원칙에 따라 법률로 정한다.
국방의 의무	제39조 제1항 모든 국민은 법률이 정하는 바에 의하여 국방의 의무를 진다.
환경 보전의 의무	제35조 제1항 모든 국민은 건강하고 쾌적한 환경에서 생활할 권리를 가지며, 국가와 국민은 환경 보전을 위하여 노력하여야 한다.

자료❹ **헌법 재판소 판결**

노후 경유 차를 소유한 사람이 명령 불이행 시 300만 원 이하의 과태료를 부과하는 것은 기본권을 침해하는 것이라며 헌법 재판소에 헌법 재판을 청구한 바 있다. 이에 대해 헌법 재판소는 이 법은 헌법에 어긋나지 않는다며 각하했다.
– 헌법 재판소 2019. 12. 10. 2019헌마1292 결정

✔ **용어 사전**

❷ **세금**
국가 또는 지방 공공 단체가 필요한 경비로 사용하기 위하여 국민이나 주민으로부터 거두어들이는 돈

❸ **충돌**
서로 맞부딪치거나 맞서는 것

❹ **과태료**
법을 지키지 않은 사람에게 벌로 내게 하는 돈

2. 인권 존중과 정의로운 사회 **91**

기본 문제로 익히기

핵심 체크

● 헌법에 나타난 국민의 기본권과 의무

국민의 기본권	❶ ☐☐☐	모든 국민이 차별받지 않고 동등하게 대우받을 권리
	자유권	국가의 간섭을 받지 않고 자유롭게 생각하고 행동할 수 있는 권리
	사회권	❷ ☐☐다운 생활의 보장을 국가에 요구할 수 있는 권리
	참정권	❸ ☐☐의 의사 결정에 참여할 수 있는 권리
	❹ ☐☐☐	국가에 어떤 일을 해달라고 요구할 수 있는 권리
국민의 의무	❺ ☐☐의 의무	자녀의 성장을 보장하고자 교육을 받게 할 의무
	납세의 의무	국가의 유지에 필요한 ❻ ☐☐을 내야 할 의무
	❼ ☐☐의 의무	개인과 국가의 발전을 위해 일을 할 의무
	국방의 의무	모두가 안전하도록 국가를 지킬 의무
	환경 보전의 의무	환경을 보전하고자 노력할 의무

● **권리와 의무의 바람직한 관계**: 헌법에 나타난 권리와 의무가 충돌할 때에는 권리와 의무를 ❽ ☐☐롭게 추구하고자 노력해야 합니다.

개념 문제

1 국가의 (㉠   )을/를 보장해야 하거나 사회 질서 유지, 공동체의 이익을 위하여 필요하다면 (㉡   )에 따라 기본권을 제한할 수 있습니다.

2 국민의 기본권 중 모든 국민이 차별받지 않고 동등하게 대우받을 권리를 무엇이라고 합니까?
(   )

3 국민의 의무에 대한 설명이 맞으면 ○표, 틀리면 X표 하시오.
(1) 모든 국민은 개인과 국가의 발전을 위해 일할 의무가 있습니다.   (   )
(2) 모든 국민은 자녀가 원하면 교육을 받지 않게 할 의무가 있습니다.   (   )
(3) 모든 국민은 나와 가족, 우리 모두의 안전을 위해 나라를 지킬 의무가 있습니다.
(   )

4 다음 괄호 안에 들어갈 알맞은 말에 ○표 하시오.

> 권리와 의무가 서로 긴밀하게 연결되어 있고 우리 사회는 다양한 사람들이 함께 살아가기 때문에 권리와 의무가 서로 (충돌하는 , 화합하는) 일이 발생하기도 합니다.

확인 문제

[1~2] 다음을 읽고, 물음에 답하시오.

- 헌법에서 보장하고 있는 국민의 기본적인 권리를 말합니다.
- 우리나라 헌법은 평등권, 자유권, 참정권, 사회권, 청구권 등을 보장하고 있습니다.

1 윗글에서 설명하는 것은 무엇인지 쓰시오.

(   )

2 다음 보기 에서 **1**번 답을 제한하는 경우로 알맞은 것을 모두 골라 기호를 쓰시오.

보기
ㄱ 국가 질서를 유지하기 위해서 필요한 경우
ㄴ 국가의 안전을 보장하기 위해서 필요한 경우
ㄷ 사회 모든 구성원의 이익을 위해서 필요한 경우
ㄹ 다른 사람의 권리를 제한하기 위해서 필요한 경우

(   )

3 다음 그림과 같이 일상생활에서 보장되는 국민의 기본권으로 알맞은 것은 무엇입니까? (   )

질병으로 움직임이 불편해 국가에서 운영하는 방문 간호 혜택을 받았어요.

① 사회권
② 자유권
③ 참정권
④ 청구권
⑤ 평등권

4 다음 빈칸에 들어갈 알맞은 말을 쓰시오.

국민의 의무 중에는 개인과 국가의 발전을 위해 일을 할 (   )의 의무가 있습니다.

(   )

★중요★
5 다음 보기 에서 그림과 관련 있는 국민의 의무를 골라 각각 기호를 쓰시오.

보기
ㄱ 국방의 의무   ㄴ 교육의 의무
ㄷ 납세의 의무   ㄹ 환경 보전의 의무

(1) 군인이 되어 국가를 지켜요.

(2) ○○세무서 / 법으로 정한 세금을 내요.

(   )   (   )

[6~7] 다음 그림을 보고, 물음에 답하시오.

오래된 경유 자동차라고 운행을 중지시키는 것은 자유권을 침해하는 것입니다.

오래된 경유 차에서 나오는 대기 오염 물질은 국민의 건강에 좋지 않습니다. 국민은 환경을 지킬 의무가 있습니다.

자동차 주인   △△시 관계자

6 위와 같이 권리와 의무가 충돌하는 까닭으로 알맞은 것은 어느 것입니까? (   )

① 권리보다 의무가 중요하기 때문이다.
② 의무보다 권리가 중요하기 때문이다.
③ 권리와 의무가 서로 관련이 전혀 없기 때문이다.
④ 권리와 의무가 서로 긴밀하게 연결되어 있기 때문이다.
⑤ 사회 구성원들이 원하는 모습이 모두 같기 때문이다.

서술형
7 위 상황에서 충돌하는 권리와 의무는 무엇인지 쓰시오.

_____

_____

실력 문제로 다잡기

[1~2] 다음 자료를 읽고, 물음에 답하시오.

| 제1조 | ① 대한민국은 민주 공화국이다. |
| 제10조 | 모든 국민은 인간으로서의 존엄과 가치를 가지며, 행복을 추구할 권리를 가진다. 국가는 개인이 가지는 불가침의 기본적 인권을 확인하고 이를 보장할 의무를 진다. |

중요

1 위와 같은 조항이 담긴 법에 대한 설명으로 알맞지 <u>않은</u> 것은 어느 것 입니까? ( )

① 법 가운데 가장 기본이 되는 법이다.
② 법률에 어긋나지 않게 만들어야 한다.
③ 국민의 기본적인 인권을 규정하고 있다.
④ 국가 기관을 구성하고 운영하는 원리를 담고 있다.
⑤ 새로 만들거나 고칠 때는 국민 투표를 통해 정한다.

1-1 헌법은 법 가운데 가장 기본이 되는 우리나라 최고의 법입니다.

(○, ×)

2 위 제10조에 담긴 의미를 바르게 이야기한 어린이는 누구인지 쓰시오.

• 준희: 국민은 법에 무조건 따라야 한다는 의미를 담고 있어.
• 경아: 국가는 국민의 기본적 인권을 제한할 수 있다는 의미를 담고 있어.
• 지은: 국가가 개인의 기본적 인권을 침해해서는 안 된다는 의미를 담고 있어.

( )

2-1 헌법 제10조에는 모든 국민은 행복을 추구할 권리가 있다는 내용이 담겨 있습니다.

(○, ×)

3 오른쪽 그림과 관련된 헌법 조항으로 알맞은 것은 무엇입니까? ( )

내가 원하는 직업을 선택할 수 있어요.

① 제11조 – 모든 국민은 법 앞에 평등하다.
② 제1조 제1항 – 대한민국은 민주 공화국이다.
③ 제15조 – 모든 국민은 직업 선택의 자유를 가진다.
④ 제34조 – 모든 국민은 인간다운 생활을 할 권리를 가진다.
⑤ 제24조 – 모든 국민은 법률이 정하는 바에 의하여 선거권을 가진다.

3-1 헌법은 국민의 인권을 보장하도록 구체적인 종류와 그 내용을 담고 있습니다.

(○, ×)

4 다음에서 설명하는 기관은 무엇입니까? ( )

국가 권력이나 법률이 국민의 인권을 침해하는지 헌법을 기준으로 판단하는 기관입니다.

① 법원   ② 국회   ③ 경찰청
④ 지방 의회   ⑤ 헌법 재판소

4-1 헌법 재판소에서는 국가 권력이나 법률이 국민의 기본적인 권리를 제한할 수 있는 기준을 마련합니다.

(○, ×)

5 다음 밑줄 친 부분에 들어갈 내용으로 알맞은 것을 두 가지 고르시오.
(,)

> 국가 권력이나 법률이 국민의 인권을 침해한다고 결정되면 국가 권력은 헌법 재판 결과에 따르고, 법률은 _____

① 개정된다.
② 폐지된다.
③ 그대로 유지된다.
④ 효력이 더 강해진다.
⑤ 재판을 요청한 국민에게만 적용된다.

5-1 헌법 재판소에서 법률이 인권을 침해한다고 결정해도 그 법률은 수정하거나 없앨 수 없습니다.
(○ , ×)

[6~7] 다음 자료를 읽고, 물음에 답하시오.

> ( ), 인권 보호인가? 표현의 자유 침해인가?
>
> 인터넷 게시판의 익명성을 악용한 사이버 범죄 피해가 증가하자 이를 예방하고 성숙한 인터넷 문화를 조성하고자 ( )을/를 시행하고 있다. 그러나 이로 인해 표현의 자유가 제한되고 주민 등록 번호가 노출되는 문제가 발생하였다. 이에 제도를 반대하는 사람들은 「정보 통신망 이용 촉진 및 정보 보호 등에 관한 법률」이 표현의 자유를 침해한다며 헌법 재판소에 심판을 요청하였다. – 한겨레, 2010. 1. 25.

6 위 자료의 빈칸에 공통으로 들어갈 알맞은 말을 다음을 참고하여 쓰시오.

> 자신의 이름과 주민 등록 번호 확인 과정을 거친 뒤 인터넷 게시판에 글을 쓸 수 있는 제도입니다.

( )

6-1 사람들은 인터넷 실명제가 표현의 자유를 침해한다며 헌법 재판소에 심판을 요청하였습니다.
(○ , ×)

7 6번 답에 대한 찬성 의견과 반대 의견을 보기 에서 골라 각각 기호를 쓰시오.

> **보기**
> ㉠ 악성 댓글을 막을 수 있다.
> ㉡ 표현의 자유를 침해할 수 있다.
> ㉢ 사이버 범죄를 예방할 수 있다.
> ㉣ 소중한 개인 정보가 유출될 수 있다.

(1) 찬성 의견: ( ), (2) 반대 의견: ( )

7-1 헌법 재판소는 개인 표현의 자유를 중요하게 생각해 인터넷 실명제가 헌법에 어긋난다는 판결을 내렸습니다.
(○ , ×)

[8~9] 다음은 국민의 기본권입니다. 이를 읽고, 물음에 답하시오.

┌───┐
│ ㉠ 사회권   ㉡ 자유권   ㉢ 참정권 │
│ ㉣ 청구권   ㉤ 평등권   │
└───┘

8 위 기본권 중 그림과 관련 있는 것으로 알맞은 것을 골라 각각 기호를 쓰시오.

(1) 투표를 하여 선거에 참여할 수 있어요.

(   )

(2) 성별, 장애, 신분 등으로 차별받지 않고 누구나 똑같은 기회를 누릴 수 있어요.

채용 공고
일반 사무직 모집
성별, 인종, 학력
상관없음.

(   )

● **8-1** 국민의 기본권은 헌법으로 보장하기 때문에 함부로 제한할 수 없습니다.

(O , ×)

9 위 기본권 중 ㉠에 대한 헌법 조항으로 알맞은 것은 어느 것입니까?

(   )

① 제11조 제1항 – 모든 국민은 법 앞에 평등하다.
② 제15조 – 모든 국민은 직업 선택의 자유를 가진다.
③ 제34조 제1항 – 모든 국민은 인간다운 생활을 할 권리를 가진다.
④ 제24조 – 모든 국민은 법률이 정하는 바에 의하여 선거권을 가진다.
⑤ 제26조 제1항 – 모든 국민은 법률이 정하는 바에 의하여 국가 기관에 문서로 청원할 권리를 가진다.

● **9-1** 사회권은 국가에 어떤 일을 해달라고 요구할 수 있는 권리를 말합니다.

(O , ×)

중요
10 다음은 국민의 의무에 관한 보고서입니다. 보고서의 내용 중 국민의 의무에 대한 설명으로 알맞은 것을 모두 골라 기호를 쓰시오.

┌──────────────────────┬──────────────────────┐
│ (가)   │ (나)   │
│ 국회에서 보장하고 있는 │ 국민의 의무를 실천하는 │
│ 국민으로서 반드시 지켜 │ 것은 기본권을 보장하는 │
│ 야 하는 의무를 말합니다. │ 일에 바탕이 됩니다. │
├──────────────────────┼──────────────────────┤
│ (다)   │ (라)   │
│ 국민의 의무를 지키기 위 │ 나뿐만 아니라 다른 사람 │
│ 해서라면 언제든지 기본 │ 의 기본권을 보장할 수 있 │
│ 권을 제한할 수 있습니다. │ 기 때문에 국민의 의무를 │
│   │ 지키는 것은 중요합니다. │
└──────────────────────┴──────────────────────┘

(   )

● **10-1** 대한민국 헌법에 규정된 의무로는 교육의 의무, 납세의 의무, 근로의 의무, 국방의 의무, 환경 보전의 의무 등이 있습니다.

(O , ×)

11 다음 인터넷 신문 기사의 빈칸에 공통으로 들어갈 국민의 의무로 알맞은 것은 어느 것입니까? ( )

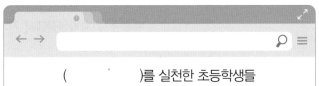

( )를 실천한 초등학생들

지난주 △△ 초등학교 학생들은 학교 주변 공원에서 쓰레기를 줍는 봉사 활동을 하였습니다. 봉사 활동에 참여한 학생들은 열심히 쓰레기를 줍고 분리배출을 하였습니다. 학생들은 "국민의 의무인 ( )를 지키며 지구를 보호하는 일에 참여하여 마음이 뿌듯했다."라고 말하였습니다.

① 국방의 의무   ② 교육의 의무   ③ 근로의 의무
④ 납세의 의무   ⑤ 환경 보전의 의무

11-1 근로의 의무는 국가의 유지에 필요한 세금을 내야 할 의무를 말합니다.

(○ , ×)

2 단원

[12~13] 다음을 읽고, 물음에 답하시오.

△△시는 미세 먼지 등 대기 오염 물질을 줄이고자 노력하고 있습니다. 그 노력 가운데 하나로 대기 오염 물질을 심하게 배출하는 오래된 경유 자동차의 운행을 제한하고 이를 위반하면 과태료를 부과합니다. 하지만 이 과정에서 오래된 경유 자동차 주인과 △△시 사이에 의견이 서로 충돌하고 있습니다.

12 위와 같이 권리와 의무가 충돌하는 까닭은 무엇인지 쓰시오.

_____

_____

12-1 우리 사회는 다양한 사람들이 함께 살아가기 때문에 권리와 의무가 서로 충돌하는 일이 발생할 수 있습니다.

(○ , ×)

13 위와 같이 권리와 의무가 충돌할 때 필요한 자세로 알맞은 것은 어느 것입니까? ( )

① 환경 보전의 의무를 먼저 실천하기 위해 노력한다.
② 오래된 경유 자동차 주인의 권리를 먼저 보장해 준다.
③ 오래된 경유 자동차 주인이 권리를 포기하도록 강요한다.
④ 오래된 경유 자동차 주인의 권리와 △△시가 주장하는 의무를 조화롭게 추구하도록 노력한다.
⑤ 오래된 경유 자동차 주인과 △△시 관계자가 알아서 문제를 해결할 때까지 관심을 가지지 않는다.

13-1 권리와 의무가 충돌할 때에는 의무보다 권리를 지켜 주어야 합니다.

(○ , ×)

01 법의 의미와 특성

⭐❶ 법의 의미와 성격

의미	국가가 만든 강제성이 있는 ❶규범으로, 우리가 함께 지키기로 정한 약속입니다.
성격	• 법은 우리의 일상생활과 밀접하게 관련되어 있으며, 사람들이 살아가면서 해야 할 일과 하지 말아야 할 일을 알려 줍니다. • 법은 사회생활에서 지켜야 할 행동 기준입니다. 자료❶ • 법은 지키지 않으면 국가의 강제적인 ❷제재를 받습니다. • 법이 사회 변화와 맞지 않거나 인권을 침해할 때에는 바꾸거나 다시 만들 수 있습니다. 자료❷

⭐❷ 법의 특성

→ 버스에서 노약자에게 자리를 양보하거나 무거운 물건을 들고 가는 친구를 도와주는 행동 등을 말해요.

> 도덕은 사람들이 양심에 따라 자율적으로 지키는 규범을 말해.

(1) 법과 도덕의 차이점

법	• 강제성이 있는 규범입니다. • 지키지 않으면 국가의 제재를 받습니다.
도덕	• 강제성이 없는 규범입니다. • 지키지 않으면 사회적으로 비난을 받을 수 있습니다.

(2) 법으로 제재를 받는 상황과 제재를 받지 않는 상황

법으로 제재를 받는 상황

돈을 내지 않고 물건을 가져가는 것

인터넷에 ❸악성 댓글을 쓰는 것

공공 기관에 장난 전화를 하는 것

법으로 제재를 받지 않는 상황

이웃 어른을 보고 인사하지 않는 것

형제끼리 말다툼하는 것

임산부에게 자리를 양보하지 않는 것

자료❶ 사회생활에서 지켜야 하는 다양한 법

• 아이가 태어나면 출생신고를 합니다.
• 일정한 나이가 되면 초등학교에 입학합니다.
• 장애인 전용 주차 구역에는 장애인 사용 자동차 표지를 부착한 자동차만 주차할 수 있습니다.
• 일반 쓰레기는 종량제 봉투에 담아 정해진 장소에 버립니다.
• 일할 때 권리를 보장받기 위해 근로 계약서를 작성합니다.

자료❷ 새롭게 생기거나 달라진 법

새롭게 생긴 법
플라스틱이 오랜 시간이 지나도 썩지 않아 환경 오염의 주범이 됨. → 무색투명 페트병을 별도로 분리해서 배출하도록 하는 법이 생김.

달라진 법
무더운 여름날 어린이 통학 차량에 어린이들이 갇히는 사고가 발생함. → 어린이 통학 버스에 하차 확인 장치의 설치를 의무화함.

법이 사회나 시대의 변화에 맞지 않거나 제 역할을 하지 못할 때에는 법을 바꿀 수 있습니다.

✔ 용어 사전

❶ 규범
어떤 행동을 하거나 판단할 때에 지켜야 할 행동의 기준

❷ 제재
규범을 어긴 것을 제한하거나 금지함.

❸ 악성 댓글
인터넷의 게시판 따위에 올려진 내용에 대해 악의적인 평가를 하여 쓴 댓글

❸ 일상생활에서의 법 자료❸.❹ ┌• 우리는 법으로 권리를 보호받으며 안심하고 행복하게 살아갈 수 있습니다.

학교 생활 관련 법	• 「교육 기본법」: 좋은 교육을 받을 수 있도록 만든 법입니다. • 「학교 급식법」: 학생들에게 건강한 급식을 주려고 만든 법입니다. • 「어린이 놀이 시설 안전 관리법」: 어린이들이 안전하고 편안하게 놀이 시설을 사용할 수 있도록 만든 법입니다. • 「학교 폭력 예방 및 대책에 관한 법」: 학교 폭력 예방과 학생 인권 보호를 위해 만든 법입니다.
사회 생활 관련 법	• 「식품 안전 기본법」: 건강하고 안전하게 음식을 먹을 수 있도록 만든 법입니다. • 「❹폐기물 관리법」: 쓰레기를 잘 처리하여 건강한 삶을 도우려고 만든 법입니다. • 「근로 기준법」: 근로자의 권리를 보호하려고 만든 법입니다. • 「소비자 기본법」: 소비자의 권리와 이익을 보호하려고 만든 법입니다. • 「도로 교통법」: 도로에서 안전하게 다닐 수 있도록 만든 법입니다. ┌• 소설, 음악, 미술, 영상 등을 창작한 저작자들이 정당한 대가를 받을 수 있도록 합니다. • 「❺저작권법」: 창작물에 대한 권리를 보호하려고 만든 법입니다. • 「방송법」: 방송의 자유와 독립을 보장하고 시청자의 권리 보호와 국민 문화를 위해 만든 법입니다.

▲「교육 기본법」

▲「학교 급식법」

▲「어린이 놀이 시설 안전 관리법」

▲「도로 교통법」

▲「저작권법」

▲「방송법」

❹ 법의 필요성

(1) 법이 필요한 까닭
① 법은 우리가 해야 하는 것과 하지 말아야 하는 것을 알려 줍니다.
② 법은 다툼이 생겼을 때 누가 잘못했는지 판단하는 기준이 됩니다.

(2) 법이 없다면 생길 수 있는 일
① 사람들 사이의 다툼을 해결하기 어려워질 것입니다.
② 범죄가 늘어나거나 질서가 유지되지 않아 사회가 혼란스러워질 것입니다.

자료❸ 일상생활에서의 법 조사하기

조사 방법	• 법과 관련된 책 찾아보기 • 뉴스나 신문에서 찾아보기 • 인터넷을 이용하여 검색하기 • 전문가와 ❻면담하기 • 우리 주변에서 찾아보기
조사 과정	조사할 법 정하기 → 법의 목적과 내용 등 조사하기 → 법 소개 자료 만들기 → 법 소개 자료 소개하기 → 새롭게 알게 된 점과 느낀 점 등 이야기하기

자료❹ 가정생활 관련 법
• 「건강 가정 기본법」: 가족을 이루고 건강한 가정생활을 할 수 있게 도와주는 법입니다.
• 「영유아 보육법」: 어린 자녀를 기르거나 돌보는 부담을 덜어 주기 위한 법입니다.

✔용어 사전

❹ 폐기물
못 쓰게 되어 버리는 물건

❺ 저작권
문학, 예술, 학술에 속하는 창작물에 대하여 저작자나 그 권리를 이어받은 사람이 행사하는 권리

❻ 면담
서로 만나서 이야기하는 것

핵심 체크

● **❶** ⬚ : 국가가 만든 강제성이 있는 규범으로, 우리가 함께 지키기로 정한 약속입니다.

● **법과 도덕의 차이점**: 법은 **❷** ⬚⬚⬚ 이 있는 규범으로, 지키지 않으면 **❸** ⬚⬚ 의 제재를 받습니다. 도덕은 강제성이 없는 규범으로, 지키지 않으면 사회적으로 **❹** ⬚⬚ 을 받을 수 있습니다.

● **일상생활에서의 법**

❺ ⌜⬚⬚⬚⬚⬚⌟	도로에서 안전하게 다닐 수 있도록 만든 법
「학교 급식법」	학생들에게 건강한 급식을 주려고 만든 법
「어린이 놀이 시설 안전 관리법」	어린이들이 안전하고 편안하게 놀이 시설을 사용하도록 만든 법
❻ ⌜⬚⬚⬚⬚⬚⌟	근로자의 권리를 보호하려고 만든 법
「소비자 기본법」	소비자의 권리와 이익을 보호하려고 만든 법
❼ ⌜⬚⬚⬚⬚⌟	창작물에 대한 권리를 보호하려고 만든 법

개념 문제

1 법은 사회생활에서 지켜야 할 행동 기준으로, 법이 (㉠   )과/와 맞지 않거나 (㉡   )을/를 침해할 때에는 바꾸거나 다시 만들 수 있습니다.

2 법을 지키지 않아 국가의 제재를 받는 상황이 맞으면 ○표, 틀리면 X 표 하시오.

(1) 돈을 내지 않고 물건을 가져갑니다.   (   )

(2) 이웃 어른을 보고 인사를 하지 않습니다.   (   )

3 우리 일상생활에서 쓰레기를 잘 처리하여 건강한 삶을 도우려고 만든 법을 무엇이라고 합니까?

(   )

4 다음 괄호 안에 들어갈 알맞은 말에 ○표 하시오.

> (법 , 도덕)은 우리가 해야 하는 것과 하지 말아야 하는 것을 알려 주며, 다툼이 생겼을 때 누가 잘못했는지 판단하는 기준이 됩니다.

확인 문제

1 법에 대한 설명으로 알맞지 <u>않은</u> 것은 무엇입니까?
( )

① 국가가 만든 규범으로 강제성이 없다.
② 우리가 함께 지키기로 정한 약속이다.
③ 사회생활에서 지켜야 할 행동 기준이다.
④ 지키지 않으면 국가의 강제적인 제재를 받는다.
⑤ 법이 사회 변화와 맞지 않거나 인권을 침해할 때
에는 바꾸거나 다시 만들 수 있다.

서술형
2 다음 글에서 알 수 있는 법의 특징을 쓰시오.

> 플라스틱이 환경 오염의 주범이 되자 무색투명
> 페트병을 별도로 분리해서 배출하도록 하는 법
> 이 생겼습니다.

_____

_____

3 다음 어린이가 지키는 규범이 법이면 '법', 도덕이면
'도덕'이라고 각각 쓰시오.

(가) 임산부 배려석을 임산부에게 양보했어.
(나) 신호등이 초록불일 때 횡단보도를 건넜어.

(가): ( ), (나): ( )

4 법을 지키지 않아 국가의 제재를 받는 상황으로 알
맞지 <u>않은</u> 것은 무엇입니까? ( )

① 인터넷에 악성 댓글을 쓰는 것
② 공공 기관에 장난 전화를 하는 것
③ 이웃 어른을 보고 인사하지 않는 것
④ 돈을 내지 않고 물건을 가져가는 것
⑤ 신호등이 빨간불일 때 횡단보도를 건너는 것

5 다음 **보기**에서 사회생활에서 지켜야 하는 법으로
알맞은 것을 모두 골라 기호를 쓰시오.

> **보기**
> ㉠ 어려운 이웃을 위해 기부를 해야 한다.
> ㉡ 일정한 나이가 되면 초등학교에 입학해야 한다.
> ㉢ 일반 쓰레기는 종량제 봉투에 담아 정해진
> 장소에 버려야 한다.
> ㉣ 장애인 전용 주차 구역에는 장애인 사용 자동
> 차 표지를 부착한 자동차만 주차할 수 있다.

( )

중요
6 다음 **보기**에서 그림과 관련된 법을 골라 각각 기
호를 쓰시오.

> **보기**
> ㉠ 저작권법   ㉡ 근로 기준법
> ㉢ 도로 교통법   ㉣ 학교 급식법

(가)   (나)

( )   ( )

7 법이 없다면 생길 수 있는 일을 바르게 이야기한 어
린이는 누구입니까? ( )

① 사람들 사이의 다툼이 줄어들 거야.
② 사람들의 권리가 더 보호받을 거야.
③ 범죄가 늘어나 사회가 혼란스러워질 거야.
④ 사람들이 스스로 잘못을 판단할 수 있을 거야.

02 법의 역할과 법을 지키는 바람직한 태도

★① 법의 역할 [자료①]

→ 법은 다양한 개인의 권리를 보호하여 모든 사람이 인간다운 생활을 할 수 있도록 도와줍니다.

(1) 개인의 권리 보장: 법은 공정한 기준을 제시하여 분쟁을 해결하고 개인의 생명이나 재산 등을 보호하여 개인의 권리를 보장해 줍니다.

개인 간의 분쟁 해결	생명과 재산 보호

개인 간에 분쟁이 발생하면 법에 따라 재판을 하여 해결해 줍니다.	화재 등 위험으로부터 개인의 생명과 재산을 보호해 줍니다.
저작권 보호	소비자 권리 보호

저작권을 등록하고 피해를 입었을 때는 그 창작자의 저작권을 보호합니다.	소비자가 피해를 입었을 때 상담하고 도와주어 소비자의 권리를 보호합니다.

(2) 사회 질서 유지

① 법은 위험한 상황이나 사고로부터 사람들을 안전하게 지켜 주고 사회 질서를 유지해 줍니다.

② 환경을 보호하며 우리 모두가 쾌적한 환경에서 살아갈 수 있게 해 줍니다.

범죄로부터 보호	교통질서 유지

경찰관은 테러, ❶범죄로부터 사람들을 안전하게 지켜 줍니다.	교통질서를 유지하여 사고를 예방합니다.
환경 파괴와 오염 예방 [자료②]	감염병 예방

환경 파괴와 오염을 예방해 줍니다.	감염병 확산을 예방합니다.

[자료①] **법이 없다면 생길 수 있는 일**

- 범죄를 막을 수 없어서 많은 사람이 피해를 볼 것입니다.
- 질서 유지가 되지 않아 사회가 혼란스러울 것입니다.
- 오염을 막지 못해 환경이 파괴되고 쾌적한 환경에서 살아갈 수 없을 것입니다.
- 사람들의 생명이나 재산이 보호받지 못해 안정된 삶을 살 수 없을 것입니다.

[자료②] **쓰레기 집중 단속 신문 기사**

> **봄나들이 쓰레기 무단 투기 집중 단속**
> 봄나들이 철을 맞아 ○○시는 쓰레기 무단 투기 집중 단속을 시작한다. 지역 주민으로 구성된 감시원들은 쓰레기 무단 투기 등 ❷불법 행위를 집중 단속하고 주민 홍보 활동을 한다.
> ○○시는 봄철 나들이객이 많이 찾는 곳을 중심으로 점검을 시작해 활동 반경을 넓혀 나갈 계획이다. 또한 불법 행위를 적발하면 과태료를 부과하는 등 강력한 대책을 마련할 계획이다. ─ 매일일보, 2021. 4. 13.

쓰레기 집중 단속법이 없다면 거리는 사람들이 버린 쓰레기로 지저분해질 것입니다. 또한 나쁜 냄새와 벌레 때문에 사람들이 행복하게 살 권리를 침해받을 수 있습니다.

✔ 용어 사전

❶ **범죄**
국가가 보호하는 이익과 가치를 침해하는 반사회적 행위로, 법에 따라 처벌되는 행위임.

❷ **불법 행위**
법을 어기는 행동

(3) 법의 역할을 알아보기 위한 모의재판하기

① 사건 내용

송기대 씨는 옷 판매 누리집에서 옷을 주문했으나 기대했던 것과는 너무 다른 옷이 배송되자 환불을 요청하였다. 환불 처리가 늦어지자 화가 난 송기대 씨는 옷 판매 누리집에 대한 악성 글을 누리 소통망에 올렸다. 이를 본 옷 판매자 최강경 씨는 송기대 씨를 허위 사실 유포죄 및 모욕죄로 고소하였다. 재판 결과, 판사는 「형법」 제307조(명예 훼손)와 제311조(ᴬ모욕)에 근거해 송기대 씨에게 벌금을 내도록 하였다.

② 모의재판 과정 [자료❸]

→ 법에 따라 재판을 하여 사회 질서를 어지럽힌 사람을 제재하거나 개인 간에 생긴 분쟁을 해결해 줍니다.

- 판사: 누리 소통망 허위 사실 ᴬ유포 사건에 대한 재판을 시작하겠습니다.
- 검사: 피고인 송기대는 누리 소통망에 허위 사실을 유포해 최강경의 명예를 훼손하였고, 옷 가게의 이미지를 나쁘게 만들어 손해를 입혔습니다.
- 변호인: 피고인이 악성 글을 누리 소통망에 올린 것을 인정합니다. 그러나 최강경이 옷을 제때 환불해 주지 않아 발생한 사건임을 알아 주시길 바랍니다.
- 검사: 피고인, 하실 말씀 있으십니까?
- 피고인(송기대): 판매 화면에서 본 것과 너무 다른 옷을 보내 주어 구매 의사가 없어졌는데, 빨리 환불을 해 주지 않아 화가 난 나머지 악성 글을 올리게 되었습니다.
- 판사: 증인 최강경은 이에 대해 하실 말씀 있습니까?
- 증인(최강경): 제가 피고인에게 판매한 옷은 화면과 다르지 않습니다. 그럼에도 저의 명예를 훼손하는 글을 누리 소통망에 올렸으므로 처벌을 받아야 한다고 생각합니다. → 증인은 사건과 관련해 보고 들은 사실을 말하는 사람입니다.
- 판사: 그럼 판결을 선고하겠습니다. 「형법」 제307조(명예 훼손)와 「형법」 제311조(모욕)에 근거해 피고인을 벌금 100만 원에 처합니다.

❷ 법을 지키는 바람직한 태도

(1) 법을 지키지 않는 행동이 미치는 영향
법을 지키지 않으면 다른 사람의 권리를 침해하여 피해를 줄 수 있고, 사람들 간의 다툼과 갈등으로 이어질 수 있습니다.

(2) 법을 지키지 않는 행동의 사례 [자료❹]

법을 지키지 않는 행동	공장에서 오염된 물을 하천에 그대로 흘려보냈습니다.
발생할 수 있는 문제	물에서 악취가 나서 어려움을 겪었습니다.
법에 의한 처벌	시 공무원이 공장주에게 「물 환경 보전법」에 따라 시설 개선을 명령하였습니다.

★(3) 법을 잘 지켜야 하는 까닭

법을 잘 지키면 개인의 권리가 보호되고, 사회 질서가 유지됩니다.	→	법에 관심을 가지고 법을 잘 지키고자 노력하는 태도가 중요합니다.

[자료❸] 모의재판 등장인물

판사	재판을 진행하고 법에 따라 공정한 판단을 내리는 사람
검사	범죄를 수사하고 법을 위반한 점에 대해 심판을 요청하는 사람
피고인	범죄를 저지른 것으로 의심이 되어 재판을 받는 사람
변호인	피고인을 대신하여 권리를 주장하는 사람

[자료❹] **법을 지키지 않아서 생길 수 있는 일**

- 도로에 설치된 소방차 전용 구역에 차들이 불법 주차되어 있으면 불이 났을 때 소방차가 빨리 올 수 없어서 화재 진압이 늦어지고 피해가 커질 수 있습니다.
- 새로 나온 영화를 인터넷에서 불법으로 내려받아서 보면 영화를 만든 회사가 큰 손해를 입을 수 있습니다.

✔용어 사전

❸ 모욕
얕잡아 보고 욕되게 함.

❹ 유포
세상에 널리 퍼짐. 또는 세상에 널리 퍼뜨림.

핵심 체크

● 법의 역할

개인의 ❶ [ ][ ] 보장	• ❷ [ ][ ]의 생명과 재산을 보호합니다.
	• 개인 정보, 저작권, 소비자 권리 등 다양한 개인의 권리를 보호하여 모든 사람이 ❸ [ ][ ]다운 생활을 누릴 수 있도록 도와줍니다.
사회 질서 유지	• ❹ [ ][ ]로부터 사람들을 안전하게 지켜 줍니다.
	• 교통질서 유지, 환경 오염 방지 등 ❺ [ ][ ][ ][ ]를 유지하여 우리가 좋은 환경에서 살아갈 수 있게 해 줍니다.

● ❻ [ ][ ]: 소송 사건을 해결하기 위하여 법원에서 옳고 그름을 따져서 그에 대한 올바른 판단을 내리는 것입니다. 사회 질서를 어지럽힌 사람을 제재하기도 하고, 개인 간의 다툼을 해결하기도 합니다.

● **법을 잘 지켜야 하는 까닭**: 법을 잘 지키면 개인의 ❼ [ ][ ]가 보호되고 사회 질서가 유지되므로 법에 ❽ [ ][ ]을 가지고 법을 잘 지키고자 노력하는 태도가 중요합니다.

개념 문제

1 법의 역할에 대한 설명이 맞으면 ○표, 틀리면 X표 하시오.

(1) 교통질서를 유지하여 사고를 예방합니다. ( )

(2) 경찰관이 테러, 범죄로부터 사람들을 안전하게 지켜 줍니다. ( )

(3) 개인 간에 분쟁이 발생하면 스스로 해결할 때까지 무조건 기다려 줍니다. ( )

2 소송 사건을 해결하기 위하여 법원에서 옳고 그름을 따져서 그에 대한 올바른 판단을 내리는 일을 무엇이라고 합니까?

( )

3 다음 ㉠, ㉡에 들어갈 알맞은 말에 각각 ○표 하시오.

> ㉠ (판사 , 검사)는 재판을 진행하고 법에 따라 공정한 판결을 내리는 사람이고,
> ㉡ (변호인 , 피고인)은 범죄를 저지른 것으로 의심이 되어 재판을 받는 사람입니다.

4 법을 지키지 않는 행동은 다른 사람에게 (㉠)을/를 주고, 다른 사람의 권리를 (㉡)하여 사람들 간의 갈등을 유발합니다.

확인 문제

1 다음 사진과 관련 있는 법의 역할로 알맞은 것은 무엇입니까? (　　　)

① 감염병 확산을 예방해 준다.
② 범죄로부터 안전하게 지켜 준다.
③ 환경 파괴와 오염을 예방해 준다.
④ 사고를 예방하여 안전하게 살 수 있게 해 준다.
⑤ 화재 등 위험으로부터 개인의 생명과 재산을 보호해 준다.

2 다음 보기에서 법의 역할로 알맞은 것을 모두 골라 기호를 쓰시오.

보기
㉠ 국가의 권한을 강화하기 위해 개인의 권리를 제한한다.
㉡ 우리 모두가 쾌적한 환경에서 살아갈 수 있게 해 준다.
㉢ 위험한 상황이나 사고로부터 사람들을 안전하게 지켜 준다.
㉣ 우리 모두 편리한 환경에서 살아갈 수 있게 환경의 무분별한 개발을 보장해 준다.

(　　　)

3 다음 밑줄 친 ㉠~㉤ 중 알맞지 않은 것은 무엇입니까? (　　　)

㉠ 법은 사회의 질서를 유지하는 역할을 합니다. ㉡ 범죄로부터 사람들을 안전하게 지키고 ㉢ 개인 간에 다툼이나 이해관계로 충돌할 때 개인의 권리 보호를 위해 스스로 해결하도록 합니다. ㉣ 교통질서를 유지하고 ㉤ 환경 오염을 예방하여 우리가 좋은 환경에서 살아갈 수 있게 해 줍니다.

① ㉠　　② ㉡　　③ ㉢　　④ ㉣　　⑤ ㉤

[4~5] 다음 모의재판을 읽고, 물음에 답하시오.

• (㉠): 누리 소통망 허위 사실 유포 사건에 대한 재판을 시작하겠습니다.
• 검사: 피고인 송기대는 누리 소통망에 허위 사실을 유포해 최강경의 명예를 훼손하였고, 옷 가게의 이미지를 나쁘게 만들어 손해를 입혔습니다.
• (㉡): 피고인이 악성 글을 누리 소통망에 올린 것을 인정합니다. 그러나 최강경이 옷을 제때 환불해 주지 않아 발생한 사건임을 알아 주시길 바랍니다.
• 검사: 피고인, 하실 말씀 있으십니까?
• 피고인: 판매 화면에서 본 것과 너무 다른 옷을 보내 주어 구매 의사가 없어졌는데, 빨리 환불을 해 주지 않아 화가 난 나머지 악성 글을 올리게 되었습니다.

4 위 ㉠, ㉡에 들어갈 사람을 알맞게 짝지은 것은 어느 것입니까? (　　　)

	㉠	㉡
①	검사	판사
②	검사	변호인
③	판사	검사
④	판사	변호인
⑤	변호인	판사

5 위 모의재판을 통해 알 수 있는 법의 역할은 무엇인지 쓰시오.

_____

_____

6 법을 지켜야 하는 까닭을 바르게 이야기한 어린이는 누구인지 쓰시오.

• 석진: 자신만 피해를 입기 때문이야.
• 지안: 개인의 권리가 보호되고 의무가 없어지기 때문이야.
• 민수: 다른 사람의 권리를 침해하여 피해를 줄 수 있기 때문이야.

(　　　)

실력 문제로 다잡기

1 다음과 같이 법을 바꾸거나 새로 만드는 경우를 두 가지 고르시오.
(,   )

> • 2018년 도로 교통법을 개정하여 어린이 통학 버스에 하차 확인 장치의 설치를 의무화하였습니다.
> • 2020년부터 무색투명 페트병을 별도로 분리해서 배출하도록 하였습니다.

① 다른 나라의 법과 맞지 않을 때
② 법이 국가의 권한을 약화시킬 때
③ 법이 사람들의 인권을 침해할 때
④ 법이 사회의 변화와 맞지 않을 때
⑤ 법이 피고인의 주장과 맞지 않을 때

1-1 법이 사회 변화와 맞지 않거나 인권을 침해할 때에도 바꾸거나 다시 만들 수 없습니다.
(◯ , ✕)

[2~3] 다음 표를 보고, 물음에 답하시오.

(㉠)	국가가 만든 규범으로, 우리가 함께 지키기로 정한 약속
(㉡)	사람들이 양심에 따라 자율적으로 지키는 규범

2 위 표의 ㉠, ㉡에 들어갈 알맞은 규범을 각각 쓰시오.
㉠: (   ), ㉡: (   )

2-1 법은 국가가 만든 규범으로, 우리가 함께 지키기로 정한 약속입니다.
(◯ , ✕)

3 위 ㉠, ㉡에 대한 설명으로 알맞은 것은 무엇입니까? (   )
① ㉠은 강제성이 없는 규범이다.
② ㉠은 강제성이 있는 규범이다.
③ ㉠은 무거운 물건을 들고 가는 친구를 도와주는 등의 행동을 말한다.
④ ㉡을 지키지 않으면 국가의 강제적인 제재를 받는다.
⑤ ㉡은 일할 때는 근로 계약서를 작성하는 등의 행동을 말한다.

3-1 도덕은 어겼을 때 강제적인 제재를 받는다는 점에서 사람들이 양심에 따라 자율적으로 지키는 규범인 법과 구별됩니다.
(◯ , ✕)

서술형
4 다음 밑줄 친 부분에 들어갈 알맞은 법의 특징을 쓰시오.

> 일정한 나이가 되면 초등학교에 입학해야 하고, 장애인 전용 주차 구역에는 장애인 사용 자동차 표지를 부착한 자동차만 주차할 수 있습니다. 이렇게 법은 사회생활에서 지켜야 할 행동 기준으로,
> _____
> _____
> _____

4-1 법은 횡단보도를 건널 때, 급식을 먹을 때, 물건을 살 때 등 우리의 일상생활과 밀접하게 관련되어 있습니다.
(◯ , ✕)

5 다음에서 법을 지키지 않아 국가의 제재를 받는 상황을 모두 골라 기호를 쓰시오.

(가)

▲ 돈을 내지 않고 물건을 가져가는 것

(나)

▲ 이웃 어른을 보고 인사 하지 않는 것

(다)

xxxx

▲ 인터넷에 악성 댓글을 쓰는 것

(   )

5-1 임산부에게 자리를 양보하지 않으면 법의 제재를 받습니다.

(○ , ×)

6 다음 준호의 하루와 관련 있는 법을 알맞게 짝지은 것은 무엇입니까?

(   )

(가)

오전 08 : 00

(나)

오후 04 : 00

(다)

이 프로그램은 7세 미만의 어린이가 시청하기에 부적절하므로 보호자의 시청 지도가 필요합니다.

오후 07 : 00

① (가) – 「저작권법」
② (나) – 「도로 교통법」
③ (나) – 「폐기물 관리법」
④ (다) – 「방송법」
⑤ (다) – 「소비자 기본법」

6-1 「도로 교통법」은 도로에서 안전하게 다닐 수 있도록 만든 법입니다.

(○ , ×)

7 다음 밑줄 친 ㉠~㉢ 중 「저작권법」에 대한 설명으로 알맞지 않은 것을 골라 기호를 쓰시오.

음악 이용권

㉠ 저작물 사용자의 권리를 보호하려고 만든 법입니다. ㉡ 사용자들이 저작물을 공정하게 이용하도록 하여, ㉢ 문화 및 관련 산업의 발전에 도움을 주는 것을 목적으로 합니다. ㉣ 소설, 음악, 미술, 영상 등을 창작한 저작자들이 정당한 대가를 받을 수 있도록 하는 역할을 합니다.

(   )

7-1 창작물에 대한 권리를 보호하려고 만든 법은 「저작권법」입니다.

(○ , ×)

8 다음 중 개인의 권리를 보호해 주는 법의 역할을 알 수 있는 모습으로 알맞은 것을 골라 기호를 쓰시오.

(가)

▲ 생명과 재산 보호

(나)

▲ 교통질서 유지

(다)

▲ 환경 파괴와 오염 예방

(   )

8-1 법은 공정한 기준을 제시하여 분쟁을 해결하고 개인의 생명이나 재산 등을 보호하여 개인이 지켜야 할 의무를 보장해 줍니다.

(O , X)

9 다음 신문 기사를 읽고 알 수 있는 법의 역할로 알맞은 것은 어느 것입니까?
(   )

음주 운전 단속 강화로 사회 질서 확립

음주 운전으로 교통사고가 발생하여 사망하거나 다치는 사람 수가 해마다 늘고 있습니다. 이에 ○○ 경찰서는 「도로 교통법」에 따라 음주 운전 단속을 벌였습니다. 그 결과 지난해에 비해 교통사고가 18.4% 감소했으며, 사상자 수도 53.8% 줄어들었습니다.

① 사회 질서 유지
② 개인의 의무 보장
③ 개인의 재산 보호
④ 개인의 권리 보장
⑤ 공공 기관 권한 강화

9-1 법은 위험한 상황이나 사고로부터 사람들을 안전하게 지켜 주고 사회 질서를 유지해 줍니다.

(O , X)

10 다음 대화를 통해 알 수 있는 법의 역할로 알맞은 것은 무엇입니까?
(   )

- **소영**: 공원에서 쓰레기를 무단 투기하는 사람들이 많은 것 같아.
- **도윤**: 그래서 지역 주민으로 구성된 감시원들이 쓰레기 무단 투기 등 불법 행위를 집중 단속하고 있다고 해.
- **소영**: 맞아. 그리고 쓰레기를 무단 투기하면 과태료를 부과하는 대책을 마련할 예정이래.
- **도윤**: 쓰레기를 버릴 때 지켜야 할 법이 없다면 거리가 사람들이 버린 쓰레기로 지저분해지고, 나쁜 냄새와 벌레 때문에 사람들의 행복하게 살 권리가 침해받을 거야.

① 저작권을 보호해 준다.
② 개인 정보를 보호해 준다.
③ 개인의 재산을 보호해 준다.
④ 개인 간의 분쟁을 해결해 준다.
⑤ 환경 파괴와 오염을 예방해 준다.

10-1 법은 우리가 해야 하는 것과 하지 말아야 하는 것을 알려 줍니다.

(O , X)

11 다음 사건을 읽고 알 수 있는 법의 역할은 무엇인지 쓰시오.

> 송기대 씨는 옷 판매 누리집에서 옷을 주문했으나 기대했던 것과는 너무 다른 옷이 배송되자 환불을 요청하였다. 환불 처리가 늦어지자 화가 난 송기대 씨는 옷 판매 누리집에 대한 악성 글을 누리 소통망에 올렸다. 이를 본 옷 판매자 최강경 씨는 송기대 씨를 허위 사실 유포죄 및 모욕죄로 고소하였다. 재판 결과, 판사는 「형법」 제307조(명예 훼손)와 제311조(모욕)에 근거해 송기대 씨에게 벌금을 내도록 하였다.

_____

_____

12 재판을 하는 사람들의 역할에 대해 바르게 이야기한 어린이는 누구입니까? ( )

① 판사는 법에 따라 공정한 판단을 내려.

② 검사는 피고인을 대신하여 권리를 주장해.

③ 변호인은 법을 위반한 점에 대해 심판을 요청해.

④ 피고인은 사건과 관련해 보고 들은 사실을 말해.

13 법을 잘 지켜야 하는 까닭으로 알맞지 <u>않은</u> 것은 어느 것입니까? ( )

① 사회 질서를 유지하기 위해서
② 개인의 권리를 보장하기 위해서
③ 다른 사람에게 피해를 주지 않기 위해서
④ 많은 사람이 함께 행복하게 살기 위해서
⑤ 다른 사람보다 나의 권리를 더 많이 보장받기 위해서

11-1 법에 따라 재판을 하여 개인 간의 분쟁을 해결할 수 있습니다.

(O , X)

12-1 증인은 범죄를 저지른 것으로 의심되어 재판을 받는 사람입니다.

(O , X)

13-1 법을 잘 지키기 위해서는 법에 관심을 가지고자 노력하는 태도가 중요합니다.

(O , X)

❶ 인권을 존중하는 삶

개념❶ 인권의 의미와 특징

의미	사람으로서 마땅히 누려야 할 기본적인 ❶ ☐ ☐
특징	• 태어나면서부터 가지는 권리로, 모든 사람에게 ❷ ☐ ☐ 없이 주어짐. • 다른 사람이 힘이나 권력을 이용하여 함부로 무시하거나 빼앗을 수 없음.

개념❷ 옛사람들의 인권 신장 노력

● 인권 신장을 위해 노력한 옛사람들

❸ ☐ ☐	신분이 낮으면 차별받던 사회 제도에 저항하는 의식이 담겨 있는 『홍길동전』을 씀.
방정환	어린이의 인권을 신장하고자 힘썼음.
이태영	여성의 인권을 신장하고자 노력하였음.
테레사	가난하고 아픈 사람과 버림받은 아이들을 돌보았음.
로자 파크스, 마틴 루서 킹	❹ ☐ ☐ 의 인권 신장을 위해 노력하였음.

● 인권 신장을 위한 옛날의 제도

『경국대전』의 조항	• 부모가 아프거나 나이가 많은 경우 아들의 군역의 의무 면제 • 가난한 사람과 노인의 최소 생계 보장 • ❺ ☐ ☐ ☐ : 사형을 내릴 때 죄인의 신분과 관계없이 세 번의 재판을 거치도록 함.
신문고	백성들이 억울한 일을 당했을 때 북을 쳐서 임금에게 하소연하고 도움을 요청하였음.
❻ ☐ ☐ ☐	시각 장애인들로 구성된 관청으로, 시각 장애인들이 사회에서 일할 수 있도록 하였음.

❷ 인권 보장과 헌법

개념❸ 헌법의 의미와 역할

❼ ☐ ☐	법 가운데 가장 기본이 되는 법으로 우리나라 최고의 법
인권 보장을 위한 헌법의 역할	• 법률이나 국가 권력이 국민의 권리를 침해하는지 등을 ❽ ☐ ☐ ☐ ☐ ☐ 에서 결정함. • 헌법 재판소에서 법률이 인권을 침해한다고 결정하면 그 법률은 헌법에 근거하여 수정하거나 없앨 수 있음. • 개인의 인권을 명확하게 확인하고 이를 보장함.

1 다음에서 설명하는 것은 무엇인지 쓰시오.

> 모든 사람은 인간이기 때문에 누구나 똑같이 존중받으며 살아갈 권리가 있습니다. 이처럼 인간이 마땅히 누려야 할 기본적인 권리를 말합니다.

(   )

2 다음 보기 에서 설명과 관련 있는 인물의 이름을 골라 각각 쓰시오.

> 보기
> • 방정환   • 이태영
> • 마틴 루서 킹

(1) '어린이'라는 말을 사용하고 '어린이날'을 만들었습니다. (   )
(2) 우리나라 최초의 여성 변호사로 호주제 등 여성의 인권을 차별하는 가족법을 개정하였습니다. (   )
(3) 흑인을 심하게 차별하던 미국에서 흑인의 자유와 인권을 보장하고자 비폭력 운동에 앞장섰습니다. (   )

3 다음 빈칸에 공통으로 들어갈 알맞은 말을 쓰시오.

> • (   )은/는 국민의 자유와 권리를 보장하여 민주주의를 실현하고자 만든 우리나라 최고의 법입니다.
> • 모든 법과 제도는 (   )에 담긴 가치와 내용에 따라 만듭니다.

(   )

개념 ④ 헌법에 나타난 국민의 기본권과 의무

● 국민의 기본권과 의무

⑨ ☐☐☐	• **의미**: 헌법에서 보장하고 있는 국민의 기본적인 권리 → 함부로 제한할 수 없음. • **종류**: 평등권, 자유권, 참정권, 청구권, 사회권
의무	• **의미**: 헌법에서 보장하고 있는 국민으로서 반드시 지켜야 하는 의무 → 나와 다른 사람의 기본권을 보장하는 일에 바탕이 됨. • **종류**: 교육의 의무, 납세의 의무, 국방의 의무, 근로의 의무, ⑩ ☐☐ 보전의 의무

● 바람직한 권리와 의무의 관계

헌법에 나타난 권리와 의무는 충돌할 때가 있음. → 권리와 의무의 ⑪ ☐☐를 추구하는 자세가 필요함.

❸ 법의 의미와 역할

개념 ❺ 법의 의미와 특징

의미	국가가 만든 ⑫ ☐☐☐이 있는 규범으로, 우리가 함께 지키기로 정한 약속
특징	• 법은 사회생활에서 지켜야 할 행동 기준으로, 지키지 않으면 국가의 강제적인 제재를 받음. • 법이 사회 변화와 맞지 않거나 ⑬ ☐☐을 침해할 때에는 바꾸거나 다시 만들 수 있음. • 우리의 일상생활에 밀접하게 관련되어 있음. 예 「학교 급식법」, 「도로 교통법」, 「소비자 기본법」, 「저작권법」 등

개념 ❻ 법의 역할과 법을 지키는 바람직한 태도

● 법의 역할

개인의 권리 보장	• 개인 간에 발생한 ⑭ ☐☐을 해결해 줌. • 개인의 생명이나 재산을 보호해 줌. • 개인 정보를 보호해 줌.
사회 질서 유지	• ⑮ ☐☐로부터 안전하게 지켜 줌. • 도로의 교통질서를 유지해 줌. • 환경 파괴와 오염을 예방해 줌.

● 법을 지키는 바람직한 태도

법을 잘 지키면 개인의 권리가 보호되고, 사회 질서가 유지됨. → 법에 ⑯ ☐☐을 가지고 법을 잘 지키고자 노력하는 태도가 중요함.

---

4 다음에서 설명하는 기본권을 쓰시오.

⑴ 국가의 의사 결정에 참여할 수 있는 권리 ( )

⑵ 모든 국민이 차별받지 않고 동등하게 대우받을 권리 ( )

⑶ 인간다운 생활의 보장을 국가에 요구할 수 있는 권리 ( )

5 다음에서 설명하는 것은 무엇인지 쓰시오.

국가가 만든 규범으로 우리가 함께 지키기로 정한 약속을 말합니다.

( )

6 법을 지키지 않는 행동이 미치는 영향으로 맞으면 ○표, 틀리면 X표 하시오.

⑴ 사람들 간의 다툼과 갈등으로 이어질 수 있습니다. ( )

⑵ 다른 사람의 권리를 침해하여 피해를 줄 수 있습니다. ( )

⑶ 개인의 권리가 보장되어 사람들의 행복권이 강화됩니다. ( )

< 2. 인권 존중과 정의로운 사회 >

단원 마무리

❶ 인권을 존중하는 삶

1 다음 보기 에서 인권에 대한 설명으로 알맞은 것을 모두 골라 기호를 쓰시오.

> **보기**
> ㉠ 모든 사람에게 주어지는 권리는 아니다.
> ㉡ 사람으로서 마땅히 누려야 할 기본적인 권리이다.
> ㉢ 사람이 일정한 나이가 되면 가지게 되는 권리이다.
> ㉣ 다른 사람이 힘이나 권력을 이용하여 함부로 빼앗을 수 없다.

(   )

2 다음과 같은 말을 하며 가난하고 병든 사람들의 인권을 신장하고자 노력한 사람은 누구입니까?
(   )

> 얼마나 많이 주는가 하는 것은 중요한 것이 아닙니다.
> 작더라도 그 안에 얼마만큼
> 사랑과 정성이 깃들어 있는지가 중요합니다.
> 저는 결코 큰일을 하지 않습니다.
> 다만, 작은 일을 큰 사랑으로 할 뿐입니다.

① 이태영   ② 테레사
③ 방정환   ④ 박두성
⑤ 마틴 루서 킹

(중요)
3 다음과 같은 인권 신장을 위한 옛날의 제도가 담긴 책은 무엇입니까? (   )

최소 생계 보장	군역의 의무 면제
옷과 먹을 것을 가지고 왔습니다.	군역의 의무를 면제받았어요.

① 『어린이』   ② 『경국대전』
③ 『홍길동전』   ④ 『조선왕조실록』
⑤ 『세종실록지리지』

4 다음에서 설명하는 인권 신장을 위한 옛날의 제도는 무엇인지 쓰시오.

제 억울함을 풀어주세요.

백성들이 억울한 일을 당했을 때 북을 쳐서 임금에게 하소연하고 도움을 요청하였습니다.

(   )

5 다음 (가), (나)에 대한 설명으로 알맞지 <u>않은</u> 것은 무엇입니까? (   )

(가)   (나)

사용법을 모르겠네.

저는 버스를 탈 수 없나요?

① (가), (나)는 인권이 침해된 사례이다.
② (가)는 할아버지께서 무인 정보 단말기 사용에 어려움을 겪고 있는 모습이다.
③ (나)는 휠체어를 탄 장애인이 버스를 타는 것에 어려움을 겪고 있는 모습이다.
④ (가), (나)와 같은 인권 침해 문제는 다문화 이해 교육을 통해서 해결할 수 있다.
⑤ (가), (나) 문제를 해결하기 위해 국가와 지방 자치 단체에서는 법과 제도, 시설 등을 만들고 있다.

6 다음 (가), (나) 중 키가 작은 어린이의 인권을 보장하기 위한 노력으로 알맞은 것을 골라 기호를 쓰시오.

(가)   (나)

(   )

❷ 인권 보장과 헌법

7 다음과 같은 조항을 담고 있는 법에 대한 설명으로 알맞지 <u>않은</u> 것은 무엇입니까? ( )

> 제1조 ① 대한민국은 민주 공화국이다.
> ② 대한민국의 주권은 국민에게 있고, 모든 권력을 국민으로부터 나온다.

① 국민이 누려야 할 권리가 제시되어 있다.
② 국민이 지켜야 할 의무가 제시되어 있다.
③ 다른 법들과 어긋나게 만들어질 수 있다.
④ 국가 기관을 구성하고 운영하는 원리를 담고 있다.
⑤ 법 가운데 가장 기본이 되는 우리나라 최고의 법이다.

8 다음 일상생활과 관련 있는 헌법 조항으로 알맞은 것은 무엇입니까? ( )

투표로 대통령과 국회 의원 등을 뽑아요.

① 제1조 대한민국은 민주 공화국이다.
② 제10조 모든 국민은 인간으로서 존엄과 가치를 가지며, 행복을 추구할 권리를 가진다.
③ 제15조 모든 국민은 직업 선택의 자유를 가진다.
④ 제24조 모든 국민은 법률이 정하는 바에 의하여 선거권을 가진다.
⑤ 제34조 모든 국민은 인간다운 생활을 할 권리를 가진다.

9 '인터넷 실명제'에 대해 찬성하는 입장인 어린이는 누구인지 쓰시오.

> • 도윤: 소중한 개인 정보가 유출될 수 있어.
> • 서연: 사이버 범죄를 예방하고 범죄 수사에도 도움이 될 수 있어.
> • 진설: 악성 댓글로 인한 사회적 피해가 줄지 않아 법의 효과가 적어.

( )

10 다음 검색 결과로 알맞지 <u>않은</u> 것은 무엇입니까? ( )

> ← → 국민의 기본권 🔍 ☰
>
> ① 헌법으로 보장하고 있다.
> ② 참정권은 국가에 어떤 일을 해달라고 요구할 수 있는 권리이다.
> ③ 평등권은 모든 국민이 차별받지 않고 동등하게 대우받을 권리이다.
> ④ 사회권은 인간다운 생활의 보장을 국가에 요구할 수 있는 권리이다.
> ⑤ 자유권은 국가의 간섭을 받지 않고 자유롭게 생각하고 행동할 수 있는 권리이다.

11 다음 헌법 조항과 관련 있는 국민의 의무로 알맞은 것은 무엇입니까? ( )

> 헌법 제35조
> 모든 국민은 건강하고 쾌적한 환경에서 생활할 권리를 가지며, 국가와 국민은 환경 보전을 위하여 노력하여야 한다.

① 교육의 의무 ② 국방의 의무
③ 근로의 의무 ④ 납세의 의무
⑤ 환경 보전의 의무

12 권리와 의무가 충돌하는 까닭으로 알맞은 것은 무엇입니까? ( )

① 서로의 입장이나 생각이 똑같기 때문이다.
② 다양한 사람들이 같은 주장을 하기 때문이다.
③ 권리와 의무가 서로 긴밀하게 연결되어 있기 때문이다.
④ 권리를 보장하는 것이 의무를 실천하는 것보다 중요하기 때문이다.
⑤ 의무를 실천하는 것이 권리를 보장하는 것보다 중요하기 때문이다.

13 다음 ㉠, ㉡에 들어갈 알맞은 말을 각각 쓰시오.

(㉠)은/는 국가가 만든 강제성이 있는 규범으로, 우리가 함께 지키기로 정한 약속입니다. (㉠)은/는 어겼을 때 강제적인 제재를 받는다는 점에서 사람들이 양심에 따라 자율적으로 지키는 규범인 (㉡)과/와 구별됩니다.

㉠: (   ), ㉡: (   )

14 다음 보기 에서 법을 지키지 않아 국가의 제재를 받는 상황으로 알맞은 것을 모두 골라 기호를 쓰시오.

보기
㉠ 인터넷에서 악성 댓글을 쓴다.
㉡ 공공 기관에 장난 전화를 한다.
㉢ 돈을 내지 않고 물건을 가져간다.
㉣ 버스에서 임산부에게 자리를 양보하지 않는다.

(   )

중요
15 다음 ㉠, ㉡에 들어갈 말을 알맞게 짝지은 것은 어느 것입니까? (   )

• 「(㉠)」: 창작물에 대한 권리를 보호하려고 만든 법
• 「폐기물 관리법」: (㉡)을/를 잘 처리하여 건강한 삶을 도우려고 만든 법

	㉠	㉡
①	방송법	쓰레기
②	저작권법	쓰레기
③	저작권법	음식물
④	근로 기준법	음식물
⑤	근로 기준법	학생 인권

16 다음 재판에서 '재판을 진행하고 법에 따라 공정한 판단을 내리는 사람'은 누구인지 쓰시오.

• 판사: 지금부터 재판을 시작하겠습니다.
• 검사: 피고인 ○○○은 20△△년 ○월에 무단 횡단을 했습니다.
• 판사: 피고인 측 의견 말해 주세요.
• 변호인: 피고인이 무단횡단을 한 것을 인정합니다.
• 검사: 피고인의 무단횡단으로 도로를 달리던 자동차가 사고가 날 수도 있으며, 교통질서가 지켜지지 않아 사회 질서를 유지할 수 없습니다. 따라서 피고인에게 범칙금 3만 원을 부과합니다.

(   )

17 다음 정리 노트의 빈칸에 들어갈 제목으로 알맞은 것은 무엇입니까? (   )

제목: (   )
• 다른 사람에게 피해를 주지 않기 위해서
• 많은 사람이 함께 행복하게 살기 위해서
• 개인의 권리를 보장하고 사회 질서를 유지하기 위해서
• 다른 사람의 권리를 보장하고 나의 권리도 보장받기 위해서

① 법을 잘 지켜야 하는 까닭
② 법이 없을 때 발생할 수 있는 일
③ 일상생활 속에서 법이 주는 불편함
④ 법의 제재를 받지 않을 수 있는 방법
⑤ 법과 도덕이 충돌할 때 필요한 바람직한 태도

서술형 마무리

1 다음은 인권을 신장하고자 만든 옛날의 제도입니다. 이를 읽고, 물음에 답하시오.

사형을 내릴 때 죄인의 신분과 관계없이 세 번의 재판을 거치도록 하는 제도입니다.

(1) 윗글에서 설명하는 제도는 무엇인지 쓰시오.

(   )

(2) 옛날에 위와 같은 제도를 실시한 까닭을 인권 보장과 관련지어 쓰시오.

_____

_____

2 다음 그림을 보고, 물음에 답하시오.

(1) 위 그림에서 공통적으로 나타나는 사실은 무엇인지 쓰시오.

_____

_____

(2) 위와 같은 문제가 학급에서 일어났을 때 해결하기 위한 노력을 한 가지만 쓰시오.

_____

_____

3 다음은 국민의 기본권에 대한 설명입니다. 이를 읽고, 물음에 답하시오.

평등권	모든 국민이 차별받지 않고 동등하게 대우받을 권리
(㉠)	국가의 간섭을 받지 않고 자유롭게 생각하고 행동할 수 있는 권리
사회권	인간다운 생활의 보장을 국가에 요구할 수 있는 권리
참정권	국민이 대표를 뽑는 선거에서 투표를 하거나 후보로 출마하는 등 국가의 의사 결정에 참여할 수 있는 권리
(㉡)	국가에 어떤 일을 해달라고 요구할 수 있는 권리

(1) 위 표의 ㉠, ㉡에 들어갈 알맞은 기본권을 각각 쓰시오.

㉠: (   ), ㉡: (   )

(2) 위와 같은 국민의 기본권을 제한할 수 있는 조건은 무엇인지 쓰시오.

_____

_____

4 다음 자료를 읽고 법을 지키지 않으면 생길 수 있는 일은 무엇인지 쓰시오.

- 도로에 설치된 소방차 전용 구역에 차들이 불법 주차되어 있으면 불이 났을 때 소방차가 빨리 올 수 없어서 화재 진압이 늦어지고 피해가 커질 수 있습니다.
- 새로 나온 영화를 인터넷에서 불법으로 내려받아서 보면 영화를 만든 회사가 큰 손해를 입을 수 있습니다.

_____

_____

2. 인권 존중과 정의로운 사회 **115**

Memo

한 권으로 끝내기!
교과서 학습부터 평가 대비까지 한 권으로 끝!
사회 공부의 진리입니다.

한끝과 함께 언제, 어디서든 즐겁게 공부해!

한끝으로 끝내고, 이제부터 활짝 웃는 거야!

한끝 정답과 해설

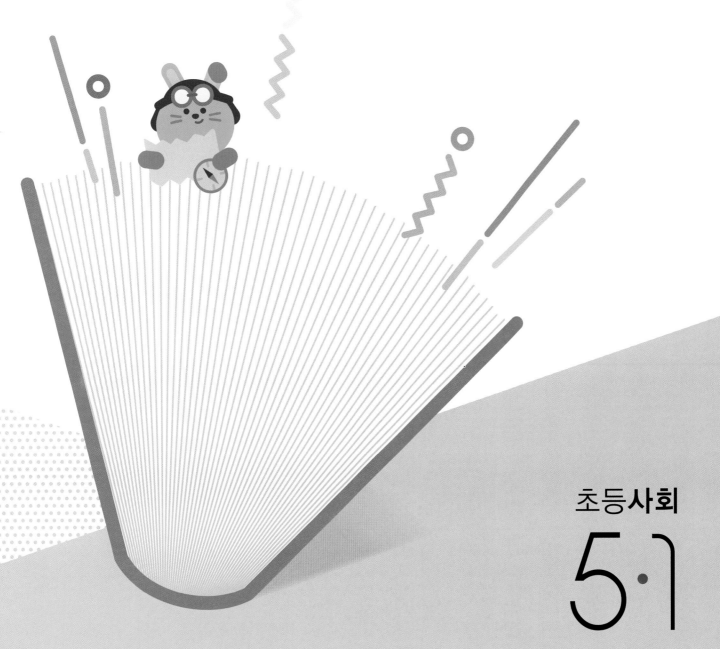

초등사회

5·1

visang

정답과 해설

초등
사회 | **5·1**

정답과 해설

진도책

1. 국토와 우리 생활

① 국토의 위치와 영역

01 우리나라의 위치

기본 문제로 익히기   12쪽

핵심 체크

❶ 국토 ❷ 남북 ❸ 대륙
❹ 바다 ❺ 아시아 ❻ 태평양
❼ 북위 ❽ 동경 ❾ 반도

개념 문제

1 ㉠ 남북 ㉡ 동서   **2** ㉠ 바다 ㉡ 반도
3 ㉠ 위도 ㉡ 경도   **4** (1) ○ (2) × (3) ○

1 지도나 위성 사진으로 우리 국토를 살펴보면 남북의 길이가 길고 동서의 길이는 짧다는 것을 알 수 있습니다.

2 우리 국토는 북쪽이 대륙과 연결되어 있고 동쪽, 서쪽, 남쪽이 바다로 둘러싸인 반도 국가입니다.

3 위선은 적도를 기준으로 남북을 나눈 위도를 나타내며, 경선은 본초 자오선을 기준으로 동서를 나눈 경도를 나타냅니다.

4 (2) 우리나라는 대륙과 대양 사이에 있어 육지와 바다를 통해 다른 나라와 교류하기에 유리합니다.

기본 문제로 익히기   13쪽

확인 문제

1 ①   **2** ②
3 ㉠ 러시아 ㉡ 몽골 ㉢ 중국 ㉣ 일본
4 ③
5 예 우리나라는 북위 33°에서 43°와 동경 124°에서 132° 사이에 있다.
6 ②, ⑤   **7** 아시안 하이웨이

1 국토는 국민의 생활 공간이며, 우리가 대를 이어 살아가는 삶의 터전입니다. 국토가 없으면 국가도 존재할 수 없습니다.

2 우리 국토는 육지가 바다 쪽으로 나와 있는 반도입니다. ① 우리 국토는 북쪽이 대륙과 연결되어 있습니다. ③ 우리 국토의 모습은 남북으로 길쭉한 모양입니다. ④ 우리 국토는 동쪽, 서쪽, 남쪽이 바다와 맞닿아 있습니다. ⑤ 우리 국토는 남북의 길이가 길고, 동서의 길이가 짧습니다.

3 우리나라 주변에는 다양한 나라가 있습니다. 우리나라의 북쪽에는 러시아가 있고, 서쪽에는 중국, 동쪽에는 일본이 있습니다. ㉠은 러시아, ㉡은 몽골, ㉢은 중국, ㉣은 일본입니다.

4 지구본에는 적도를 기준으로 남쪽과 북쪽의 위치를 나타낸 위선과 본초 자오선을 기준으로 동쪽과 서쪽의 위치를 나타낸 경선이 표시되어 있습니다. 위선과 경선을 이용하면 지구상에서 특정 지역이나 국가 등의 위치를 알 수 있습니다.

5

채점 기준	
상	'북위 33°에서 43°'와 '동경 124°에서 132°'를 모두 바르게 쓴 경우
하	위의 내용 중 한 가지만 바르게 쓴 경우

위도와 경도를 이용하면 우리나라의 위치를 정확하게 설명할 수 있습니다. 우리나라는 북위 33°에서 43°와 동경 124°에서 132° 사이에 있습니다.

6 우리나라는 북쪽이 대륙과 이어져 있고, 삼면이 바다로 둘러싸여 있습니다. 우리나라는 태평양으로 진출하기 좋고, 세계 여러 나라와 교류하기에 유리합니다. ① 우리나라는 아시아 대륙의 동쪽에 있습니다. ③ 우리나라는 도로나 철도 등 육로를 이용하여 대륙으로 나아가기에 유리합니다. ④ 우리나라는 반도 국가이므로 바다를 통해 다른 나라와 교류하기에 유리합니다.

7 아시안 하이웨이는 아시아와 유럽의 여러 나라를 연결하는 도로로, 두 개의 노선이 우리나라를 통과할 예정입니다. 아시안 하이웨이가 연결되면 우리나라에서 자동차를 타고 유럽까지 갈 수 있습니다.

02 우리나라의 영역

기본 문제로 익히기

16쪽

핵심 체크

❶ 영역　　　　❷ 한반도　　　❸ 12
❹ 썰물　　　　❺ 직선　　　　❻ 하늘
❼ 터전　　　　❽ 후손

개념 문제

1 ㉠ 땅 ㉡ 바다 ㉢ 하늘　　**2** (1) × (2) ○
3 독도　　　　　　　　　　**4** 서연

1 영역은 영토, 영해, 영공으로 구성됩니다. 영토는 땅에서의 범위, 영해는 바다에서의 범위, 영공은 하늘에서의 범위입니다.

2 (1) 영해는 영해를 설정하는 기준이 되는 선인 기선으로로부터 12해리까지입니다.

3 독도는 우리 국토의 동쪽 끝에 위치하며, 국토방위에 중요한 장소입니다. 마라도는 우리 국토의 남쪽 끝에 위치합니다.

4 우리 국토를 잘 가꾸고 사랑하기 위해서는 항상 영토에 관심을 가져야 합니다. 또한 우리 주변의 자연을 소중하게 여기고 함께 가꾸어 나가야 합니다.

기본 문제로 익히기

17쪽

확인 문제

1 ⑤　　　**2** ④　　　**3** ③
4 ①, ④
5 예 국토는 우리가 살아가는 삶의 터전이기 때문이다. 국토는 후손에게 물려주어야 하는 곳이기 때문이다.
6 ④

1 한 나라의 주권이 미치는 하늘에서의 범위를 영공이라고 합니다. 영공은 영토와 영해 위의 하늘로 다른 나라의 비행기가 영공을 지나가려면 허가를 받아야 합니다.

2 영토는 우리 주권이 미치는 땅으로 국토 면적과 일치합니다. 우리나라의 영토는 한반도와 한반도에 속한 여러 섬입니다.

3 우리나라 영토의 동쪽 끝은 경상북도 울릉군 울릉읍의 독도입니다. ①은 북쪽 끝, ②는 서쪽 끝, ④는 남쪽 끝입니다.

4 영해는 우리 영토 주변의 바다입니다. 우리나라에서는 해안선이 단조로운 동해안과 해안선이 복잡한 서해안, 남해안의 기선을 다르게 적용하고 있습니다. ② 하늘의 범위는 영공입니다. ③ 다른 나라의 배가 우리 영해를 지나가기 위해서는 허락을 받아야 합니다. ⑤ 섬이 많은 서해안과 남해안은 가장 바깥에 있는 섬들을 직선으로 연결한 선을 기선으로 하여 영해를 정합니다.

5

채점 기준	
상	'국토는 우리가 살아가는 삶의 터전이기 때문임'과 '국토는 후손에게 물려주어야 하는 곳이기 때문임'을 모두 바르게 쓴 경우
하	위의 내용 중 한 가지만 바르게 쓴 경우

우리 국토는 국민이 다양하게 활동하는 공간으로, 국토가 안정적으로 유지되어야 그곳에서 살아가는 국민이 편안하게 생활할 수 있습니다. 또한 국토는 우리가 살아가는 삶의 터전이며, 후손들에게 물려주어야 하는 곳입니다.

6 비무장 지대(DMZ)는 휴전선으로부터 남쪽과 북쪽 각각 2km 안의 영역입니다. 이곳에는 멸종 위기에 처한 동식물들이 살고 있으며, 경관도 아름다워 관광 자원으로서 가치가 큰 곳입니다. ④ 비무장 지대(DMZ)는 오랜 기간 사람의 출입이 통제되었기 때문에 생태계가 잘 보존되어 있습니다.

03 우리 국토의 구분

기본 문제로 익히기

20쪽

핵심 체크

❶ 북부　　　　❷ 금강　　　　❸ 남부
❹ 경기　　　　❺ 행정 구역　　❻ 행정 구역
❼ 특별시　　　❽ 도

개념 문제

1 자연환경　　　　　　　　**2** 하준
3 (1) ○ (2) × (3) ○　　　**4** ㉠ 시청 ㉡ 도청

1 우리나라는 옛날부터 산이나 하천 등의 자연환경을 기준으로 지역을 구분하였습니다. 옛날에는 교통망이나 교통수단이 발달하지 않아서 큰 산맥이나 하천 등을 넘어 지역을 이동하는 것이 어려웠기 때문입니다.

2 조령의 남쪽에 있는 지방은 영남 지방입니다. 호남 지방은 의림지와 금강의 남쪽에 있는 지방입니다. 태백산맥을 기준으로 하여 서쪽에 있는 지방을 영서 지방, 동쪽에 있는 지방을 영동 지방이라고 합니다. 관서 지방은 철령관을 기준으로 서쪽에 있는 지방입니다.

3 ⑵ 우리나라에는 1곳의 특별자치시가 있고, 이는 세종특별자치시입니다.

4 우리나라의 행정 구역에는 각 지역을 맡은 행정 기관이 있습니다. 특별시와 광역시, 특별자치시에는 시청이 있고, 도와 특별자치도에는 도청이 있습니다.

기본 문제로 익히기
21쪽

확인 문제

1 ⑤   **2** ③   **3** ②

4 예 높은 산이나 호수, 하천, 바다 등 자연환경을 기준으로 지역을 구분하였다.

5 행정 구역   **6** ①   **7** ④

8 ②, ③

1 남북으로 길게 뻗어 있는 우리나라는 크게 북부, 중부, 남부 지방으로 구분할 수 있습니다. 북부 지방은 휴전선 북쪽을 말하고, 중부 지방과 남부 지방은 소백산맥과 금강을 기준으로 하여 구분합니다.

2 철령관은 교통과 군사상 중요한 고개인 철령에 외적의 침입을 막으려고 지은 요새입니다. 전통적으로 지역을 구분할 때 철령관을 기준으로 동쪽은 관동 지방, 서쪽은 관서 지방, 북쪽은 관북 지방으로 구분하였습니다.

3 경기 지방은 도읍지인 한양을 둘러싸고 있는 지역입니다.

4

채점 기준
'높은 산이나 호수, 하천, 바다 등 자연환경을 기준으로 구분하였다.'라고 바르게 쓴 경우

옛날에는 지역 간의 이동을 어렵게 하는 큰 산맥이나 하천과 같은 자연환경을 기준으로 지역을 구분하였습니다.

5 나라를 효율적으로 관리하기 위하여 나누어 놓은 지역을 행정 구역이라고 합니다.

6 우리나라의 행정 구역 중 도는 6곳입니다.

7 우리나라의 광역시로는 인천광역시, 대전광역시, 광주광역시, 대구광역시, 울산광역시, 부산광역시가 있습니다. ④ 세종은 특별자치시입니다.

8 경상도는 경주와 상주의 이름 앞 글자를 따서 정한 것입니다.

실력 문제로 다잡기
22~25쪽

1 ⓒ, ⓔ   **2** ④   **3** ③

4 ②   **5** ⊙ 영공 ⓒ 영토 ⓒ 영해

6 ③, ④

7 예 동해안은 썰물일 때의 해안선으로부터 12해리까지이고, 서해안과 남해안은 가장 바깥에 있는 섬들을 직선으로 연결한 선으로부터 12해리까지이다.

8 ①   **9** ②   **10** ②

11 ⑤   **12** ④   **13** ⓒ, ⓔ

14 ③

1-1 ○   **2**-1 ✕   **3**-1 ○
4-1 ○   **5**-1 ✕   **6**-1 ○
7-1 ✕   **8**-1 ○   **9**-1 ○
10-1 ○   **11**-1 ✕   **12**-1 ○
13-1 ✕   **14**-1 ○

1 우리 국토는 북쪽이 대륙과 연결되어 있고, 육지가 바다 쪽으로 뻗어 나와 삼면은 바다로 둘러싸인 반도이다. 남북의 길이가 길고 동서의 길이는 짧다.

2 ④ 위도는 적도를 기준으로 남북으로 얼마나 떨어져 있는지를 나타냅니다.

3 ③ 우리나라는 동경 124°에서 132° 사이에 있습니다.

4 ② 우리 국토는 북쪽이 아시아 대륙과 연결되어 있어 아시안 하이웨이와 유라시아 횡단 철도가 연결되면 도로와 철도를 이용해 아시아와 유럽까지 이동할 수 있습니다. 그 외에 대륙은 바다를 통해 접근할 수 있습니다.

5 영역은 영토, 영해, 영공으로 구성됩니다. 하늘에서의 범위를 나타낸 ㉠은 영공, 땅에서의 범위를 나타낸 ㉡은 영토, 바다에서의 범위를 나타낸 ㉢은 영해입니다.

6 ① 우리나라 영토의 서쪽 끝은 마안도(비단섬)입니다. ② 우리나라의 영해는 기선으로부터 12해리까지입니다. ⑤ 우리나라의 영역에 다른 나라의 배나 비행기가 들어오기 위해서는 우리나라의 허가를 받아야 합니다.

7

채점 기준
'동해안은 썰물일 때의 해안선으로부터 12해리까지이고, 서해안과 남해안은 가장 바깥에 있는 섬들을 직선으로 연결한 선으로부터 12해리까지이다.'라고 바르게 쓴 경우

해안선이 단조로운 동해안에서는 썰물일 때의 해안선을 기선으로 하고, 섬이 많고 해안선이 복잡한 서해안과 남해안에서는 가장 바깥에 있는 섬들을 직선으로 연결한 선을 기선으로 합니다.

8 독도는 우리 국토의 동쪽 끝에 위치하며 화산 활동으로 생긴 섬입니다. 독도 주변에는 각종 자원이 풍부하고 국토방위에 중요한 장소입니다.

9 ② 국토를 모두 관광지로 만드는 것은 국토를 사랑하는 방법으로 보기 어렵습니다. 국토가 없으면 우리나라는 존재할 수 없으므로 우리는 국토를 소중하게 여기고 사랑해야 합니다.

10 중부 지방은 휴전선 남쪽에서 소백산맥과 금강 하류까지입니다.

11 의림지와 금강의 서쪽에 있는 ㉠ 지방은 호서 지방입니다. 관서 지방은 철령관의 서쪽 지역이고, 영서 지방은 태백산맥의 서쪽, 영동 지방은 태백산맥의 동쪽 지역입니다. 해서 지방은 경기만의 서쪽 지역입니다.

12 오늘날 우리나라의 행정 구역은 조선 시대의 8도에서 비롯되었습니다. ① 경기도를 제외하고 함경도, 황해도, 평안도, 충청도, 전라도, 경상도는 각각 북도와 남도로 나뉘었습니다. ② 제주도는 조선 시대까지 전라도에 포함되어 있었습니다. ③ 경기도는 도읍지를 둘러싼 땅이라는 뜻입니다. ⑤ 우리나라는 옛날부터 자연환경을 기준으로 지역을 구분하였습니다.

13 ㉠ 도와 특별자치도에는 도청이 있습니다. ㉡ 특별시, 광역시, 특별자치시에는 시청이 있습니다.

14 ③ 경상남도의 도청 소재지는 경상남도 창원시입니다.

② 국토의 자연환경

01 우리나라의 지형

기본 문제로 익히기
28쪽

핵심 체크

❶ 지형 ❷ 산지 ❸ 황해
❹ 평야 ❺ 갯벌 ❻ 모래사장
❼ 남해안

개념 문제

1 하천
2 (1) × (2) × (3) ○
3 (나)
4 동해안

1 하천은 빗물과 지하수가 낮은 곳으로 흘러가면서 만들어진 크고 작은 물줄기를 말합니다. 해안은 바다와 맞닿은 육지 부분입니다. 평야는 해발 고도가 낮은 곳에 있는 넓고 평평한 땅입니다.

2 (1) 우리나라는 국토의 약 70%가 산지입니다. (2) 우리 국토는 동쪽은 높고 서쪽은 낮은 지형입니다.

3 사람들은 산지를 이용하여 여가 생활을 즐길 수 있도록 스키장이나 휴양 시설을 만들기도 하고, 산지의 지하자원이나 산림 자원을 활용하기도 합니다.

4 동해안은 해안선이 단조롭고 모래사장이 길게 발달하여 해수욕장이 발달하였습니다.

기본 문제로 익히기
29쪽

확인 문제

1 (1) – ㉡ (2) – ㉠
2 ③
3 ④, ⑤
4 동쪽
5 ⑩ 목장을 만들어 소, 양 등을 기르는 목축업을 한다. / 산지 지역의 서늘한 기후를 이용하여 배추와 같은 채소를 재배한다. / 여가 생활을 즐길 수 있는 스키장과 휴양 시설을 만든다.
6 ⑤
7 ㉡, ㉢

1 산지는 높이 솟은 산들이 모여 이룬 지형으로 땅의 높고 낮음의 차이가 큽니다. 평야는 해발 고도가 비교적 낮은 곳에 있는 넓고 평탄한 땅을 말합니다.

2 ① 하천은 빗물과 지하수가 낮은 곳으로 흘러가면서 만들어진 크고 작은 물줄기를 말합니다. ② 섬은 물로 둘러싸인 땅입니다. ④ 해안은 바다와 맞닿은 육지 부분입니다.

3 ① 평야는 주로 서쪽에 발달하였습니다. ② 국토의 약 70%가 산지입니다. ③ 우리나라의 주요 하천은 주로 황해와 남해로 흐릅니다.

4 우리 국토는 북쪽과 동쪽의 큰 산맥에서 나온 작은 산맥들이 서쪽으로 뻗어 나가며 높이가 점점 낮아지므로, 동쪽은 높고 서쪽은 낮은 지형입니다.

5

채점 기준	
상	'목장을 만들어 소, 양 등을 기르는 목축업을 한다. / 산지 지역의 서늘한 기후를 이용해 배추와 같은 채소를 재배한다. / 여가 생활을 즐길 수 있는 스키장과 휴양 시설을 만든다.'라는 내용 중 두 가지를 모두 바르게 쓴 경우
하	위의 내용 중 한 가지만 바르게 쓴 경우

이 밖에도 등산이나 관광, 캠핑 등 휴식 공간으로 이용하기도 합니다.

6 하천 중·상류에 다목적 댐을 건설하여 홍수나 가뭄에 대비하고 전기를 생산하기도 합니다.

7 동해안은 해안선이 단조롭고 모래사장이 펼쳐진 곳이 많아 해수욕장이 발달하였습니다.

02 우리나라의 계절별 기후

기본 문제로 익히기

32쪽

핵심 체크
❶ 기후　　❷ 중위도　　❸ 기온
❹ 강수량　　❺ 여름　　❻ 겨울
❼ 봄　　❽ 비　　❾ 가을
❿ 눈

개념 문제
1 기후　　　　**2** (1) ○ (2) × (3) ○
3 겨울　　　　**4** 유진

1 기후는 한 지역에서 오랜 기간 걸쳐 나타나는 평균적인 대기 상태로 기온, 강수량, 바람 등으로 나타냅니다.

2 (2) 우리나라 기후는 계절별로 기온과 강수량의 차이가 큽니다.

3 겨울에는 북서쪽 대륙에서 차갑고 건조한 바람이 불어오며 기온이 낮아서 춥고, 비가 적게 내립니다.

4 여름에는 습하고 무더운 날씨가 나타나며 장마철에는 비가 많이 내립니다. 가을에는 시원하고 맑은 날씨가 자주 나타납니다.

기본 문제로 익히기

33쪽

확인 문제
1 (1) – ㉡ (2) – ㉠　　　　　　**2** ②
3 (가)
4 예 겨울에는 북서쪽 대륙에서 차갑고 건조한 바람이 불어와 날씨가 춥고 건조하다.
5 ②　　　　**6** ①　　　　**7** ④

1 날씨는 그날그날의 대기 상태를 말하고, 기후는 오랜 기간 한 지역에 나타나는 대기 상태를 말합니다.

2 ② 우리나라는 계절에 따라 성질이 다른 바람이 불어와 여름에는 덥고 습한 기후가 나타나고, 겨울에는 춥고 건조한 기후가 나타납니다.

3 우리나라는 여름에 남쪽 바다에서 덥고 습한 바람이 불어옵니다. 이에 따라 여름에는 기온이 높아서 덥고, 비가 많이 내립니다.

4

채점 기준
'겨울에는 북서쪽 대륙에서 차갑고 건조한 바람이 불어와 날씨가 건조하다.'라고 모두 바르게 쓴 경우

(나)는 겨울에 불어오는 바람의 방향을 나타낸 것으로 겨울에는 북서쪽 대륙에서 차갑고 건조한 바람이 불어옵니다.

5 ② 최근 지구 온난화의 영향으로 봄과 가을이 점차 짧아지고 여름이 길어지고 있습니다.

6 봄에는 꽃샘추위가 찾아오기도 하고, 미세한 모래 먼지가 우리나라에 날아오는 황사가 발생하기도 합니다.

7 겨울에는 두꺼운 옷을 입고 난로나 온풍기를 사용합니다. 또, 눈썰매나 스키를 타기도 합니다.

03 우리나라의 기온과 강수량

핵심 체크

❶ 남쪽　　　❷ 북쪽　　　❸ 태백산맥
❹ 동해　　　❺ 해안　　　❻ 여름
❼ 눈　　　　❽ 남쪽　　　❾ 북쪽

개념 문제

1 (1) × (2) ○ (3) ○　　**2** ㉠ 대청 ㉡ 온돌
3 지안　　　　　　　　**4** 우데기

1 (1) 위도가 비슷할 때 동해안의 겨울철 기온이 서해안보다 높습니다. 이는 동해가 수심이 깊고 난류가 흘러 황해보다 수온이 높으며, 태백산맥이 차가운 북서 계절풍을 막아 주기 때문입니다.

2 우리나라 전통 가옥에는 여름을 시원하게 보내려고 대청을 만들었고, 겨울을 따뜻하게 보내려고 난방 시설은 온돌을 설치하였습니다.

3 우리나라는 계절에 따른 강수량의 차이가 큽니다. 연평균 강수량의 절반 이상이 여름에 집중되기 때문입니다.

4 우데기는 울릉도에서 눈이 집으로 들어오는 것을 막고 집 안에서 생활하기 편리하도록 설치한 외벽입니다.

확인 문제

1 (1) 중강진 (2) 서귀포　　**2** ③, ⑤
3 (1) – ㉡ (2) – ㉠　　　　**4** ①, ④
5 ③　　　　　　　　　　　**6** ㉣, ㉱
7 예 울릉도는 겨울에 눈이 많이 내리기 때문에 눈이 집 안으로 들어오는 것을 막고 집 안에서 생활하기 편리하도록 우데기를 설치하였다.

1 기후도에서 우리나라의 1월 평균 기온이 가장 낮은 지역은 중강진이고, 가장 높은 지역은 서귀포입니다.

2 차가운 북서풍을 막아 주는 태백산맥과 수심이 깊은 동해의 영향으로 동해안의 강릉은 서해안의 인천보다 겨울 기온이 높습니다.

3 기온이 높아 음식이 쉽게 상하는 남쪽 지역에서는 소금과 젓갈이 많이 들어간 음식이 발달하였습니다. 반면에 북쪽 지역에서는 싱겁고 담백한 음식이 발달하였습니다.

4 ② 연 강수량의 절반 이상이 여름에 집중됩니다. ③ 우리나라의 연평균 강수량은 1,300㎜로 세계 평균보다 연평균 강수량이 많은 편입니다. ⑤ 연 강수량은 대체로 남쪽 지역에서 북쪽 지역으로 갈수록 줄어듭니다.

5 겨울에는 비가 적게 내리지만 영동 지방과 울릉도는 눈이 많이 내려서 겨울에도 강수량이 많습니다.

6 우리나라는 계절에 따라 강수량의 차이가 크기 때문에 가뭄에 대비하려고 저수지를 만들었습니다. 오늘날에는 다목적 댐을 만들어 홍수와 가뭄에 대비하고 있습니다.

7

채점 기준
'울릉도는 겨울에 눈이 많이 내리기 때문에 눈이 집 안으로 들어오는 것을 막고 집 안에서 생활하기 편리하도록 우데기를 설치하였다.'라고 바르게 쓴 경우

우데기는 눈이 집 안으로 들어오는 것을 막고 집 안에서 생활하기 편리하도록 지붕의 처마 끝에서 땅에 닿는 부분까지 둘러친 외벽입니다.

04 우리나라에서 발생하는 자연재해

핵심 체크

❶ 자연재해　　❷ 가뭄　　❸ 황사
❹ 더위　　　　❺ 홍수　　❻ 바람
❼ 추위　　　　❽ 폭설　　❾ 특보

개념 문제

1 봄　　　　　　　**2** (1) ○ (2) ○ (3) ×
3 기상 특보　　　**4** (1) × (2) × (3) ○

1 가뭄이나 황사는 봄에 주로 발생합니다.

2 (3) 폭염은 하루 최고 기온이 33℃ 이상으로 올라가는 매우 심한 더위를 말합니다.

3 정부에서는 자연재해가 예상될 때 기상 특보를 발령하여 사람들이 미리 대비할 수 있게 합니다.

4 (1) 홍수가 발생하면 높은 곳으로 대피합니다. (2) 지진이 발생하면 튼튼한 탁자 아래에 들어가 몸을 보호합니다.

기본 문제로 익히기
41쪽

확인 문제

1 (나) **2** ②, ⑤ **3** ②
4 지진 **5** ②
6 예 사람들이 자연재해에 미리 대비할 수 있도록 하여 자연재해로 인한 피해를 줄이기 위해서이다.
7 ④

1 가뭄은 주로 봄에 발생하는 자연재해로, 오랫동안 비가 오지 않거나 적게 내리는 기간이 지속되는 현상입니다.

2 홍수는 비가 많이 내려 하천이 흘러넘쳐 주변의 도로나 건물 등이 물에 잠기는 현상입니다.

3 태풍은 적도 부근에서 만들어져 우리나라 쪽으로 이동하며 큰 피해를 주는 자연재해로, 강한 바람과 많은 비를 동반합니다.

4 지진으로 인해 각종 시설물이 부서지거나 무너지고 화재, 산사태 등이 발생하여 인간의 생명과 재산에 막대한 피해를 입히기도 합니다.

5 정부에서 발령한 기상 특보는 휴대 전화의 긴급 재난 문자, 방송 매체, 행정안전부나 기상청 누리집, 스마트폰 응용 프로그램 등에서 확인할 수 있습니다.

6

채점 기준
'사람들이 자연재해에 미리 대비할 수 있도록 하여 자연재해로 인한 피해를 줄이기 위해서이다.'라고 바르게 쓴 경우

자연재해가 발생했을 때에는 정부에서 발령하는 특보를 주의 깊게 살피면서 각 재해 상황에 어떻게 대처하는지를 잘 알아 두어야 피해를 줄일 수 있습니다.

7 승강기 안에 있을 때 지진이 발생하면 모든 층의 버튼을 눌러 가장 먼저 열리는 층에서 내린 뒤 계단을 이용하여 건물 밖으로 신속히 나옵니다.

실력 문제로 다잡기
42~45쪽

1 ⑤ **2** ㉠, ㉡, ㉣ **3** ④
4 예 갯벌에서 조개, 낙지 등의 해산물을 채취한다. / 갯벌을 간척하여 농경지나 공업용지로 사용한다. / 갯벌 체험을 한다.
5 기후 **6** ②, ⑤ **7** ②
8 ④ **9** ④ **10** (나)
11 ③ **12** ③
13 (1) ㉠, ㉂ (2) ㉡, ㉢ (3) ㉢, ㉣ **14** ①, ④
15 예 탁자 아래로 들어가 몸을 보호한다. / 흔들림이 멈추면 전기와 가스를 차단하고 문을 열어 출구를 확보한다.

- -

1-1 ✕ **2-1** ○ **3-1** ✕
4-1 ○ **5-1** ✕ **6-1** ○
7-1 ○ **8-1** ○ **9-1** ○
10-1 ✕ **11-1** ○ **12-1** ○
13-1 ✕ **14-1** ✕ **15-1** ○

1 해안은 바다와 맞닿은 육지 부분으로, 갯벌이나 모래사장과 같은 다양한 지형이 나타납니다.

2 ㉢ 평야는 주로 서쪽에 발달하였습니다. ㉣ 동해안은 비교적 단조로운 해안선이 나타나고 서해안과 남해안은 매우 복잡한 해안선이 나타납니다.

3 산지 지역은 목장을 지어 소, 양 등을 기르는 목축업이 발달하였습니다.

4

채점 기준	
상	'갯벌에서 조개, 낙지 등의 해산물을 채취함'과 '갯벌을 간척해 농경지나 공업용지로 사용함', '갯벌 체험을 함'이라는 내용 중 두 가지만 바르게 쓴 경우
하	위의 내용 중 한 가지만 바르게 쓴 경우

서해안에 주로 발달한 갯벌은 다양한 생물이 살아가는 생태계의 보고입니다. 사람들은 갯벌에서 해산물을 채취하기도 하고, 갯벌 체험을 하기도 합니다.

5 기후는 한 지역에서 오랜 기간에 걸쳐 나타나는 평균적인 대기 상태로, 기온, 강수량, 바람 등으로 나타냅니다.

6 우리나라는 중위도에 있어서 기후가 대체로 온화하고 사계절이 나타나며, 계절별로 기온과 강수량의 차이가 큽니다.

7 제시된 그림은 겨울에 북서쪽에서 불어오는 차가운 바람을 나타낸 것입니다. 이 바람의 영향으로 겨울에는 기온이 낮아서 춥고, 비가 적게 내립니다.

8 우리나라는 남북으로 길게 뻗어 있어 남쪽과 북쪽의 기온 차이가 큽니다.

9 옛날부터 우리나라에서는 여름철 더위를 이겨 내고 겨울철 추위를 극복하려는 생활 모습이 다양하게 나타났습니다. ① 겨울에는 누비옷으로 몸을 따뜻하게 하였습니다. ② 지역마다 음식과 전통 가옥 형태에 차이가 있습니다. ③ 북쪽 지역에는 싱겁고 담백한 음식이 발달하였습니다. ⑤ 남쪽 지역에는 소금과 젓갈이 많이 들어간 음식이 발달하였습니다.

10 울릉도는 다른 지역에 비해 일 년 내내 강수량이 고르게 나타나고, 겨울에 눈이 많이 내려 겨울 강수량이 많습니다.

11 여름철 비가 많이 오는 지역에서는 집터를 주변보다 높게 지어 집이 물에 잠기는 것을 막았습니다.

12 ③ 폭염은 하루 최고 기온이 33℃ 이상으로 올라가는 매우 심한 더위입니다. 폭염일 때 야외 활동을 하면 더위로 인한 온열 질환이 생길 수 있습니다.

13 봄에는 황사와 가뭄이 주로 발생하고, 여름에서 초가을까지는 폭염, 홍수, 태풍이 주로 발생합니다. 겨울에는 한파와 폭설 등이 주로 발생합니다.

14 태풍이 발생하면 강한 바람에 창문이 깨지거나 창문과 창틀이 분리되지 않도록 창문을 꽉 닫습니다. 또, 텔레비전, 라디오, 인터넷 등으로 기상 상황을 확인합니다.

15

채점 기준	
상	'탁자 아래로 들어가 몸을 보호함'과 '흔들림이 멈추면 전기와 가스를 차단하고 문을 열어 출구를 확보함'을 모두 바르게 쓴 경우
하	위의 내용 중 한 가지만 바르게 쓴 경우

지진이 발생하였을 때 집 안에 있다면 탁자나 책상 아래로 들어가 떨어지는 물건으로부터 머리와 몸을 보호해야 합니다. 또, 흔들림이 멈추면 전기를 차단하고 가스 밸브를 잠가 화재를 예방해야 합니다.

---

③ 국토의 인문환경

01 우리나라의 인구 변화

기본문제로 익히기 48쪽

핵심 체크

❶ 인구 ❷ 평야 ❸ 북동부
❹ 수도권 ❺ 산지 ❻ 유소년층
❼ 노년층 ❽ 고령화

개념 문제

1 분포 **2** (1) × (2) ○
3 ㉠ 줄어들고 ㉡ 늘어나고
4 ㉠, ㉣

1 인구 분포란 사람들이 어디에 얼마나 모여 살고 있는지를 나타낸 것을 말합니다.

2 (1) 1960년대 이전에는 벼농사를 짓기에 유리한 남서부 평야 지역의 인구 밀도가 높았습니다.

3 오늘날 우리 사회는 새로 태어나는 아이의 수는 점점 줄어들고, 노인 인구는 계속해서 늘어나고 있습니다.

4 오늘날 우리 사회는 저출산·고령화 현상이 빠르게 진행되고 있습니다.

기본문제로 익히기 49쪽

확인 문제

1 (가) **2** ⑤ **3** ④
4 ⑤
5 예 과거에 비해 오늘날 유소년층의 인구는 계속 줄어들고, 노년층의 인구는 늘어나고 있다. / 오늘날 우리 사회에는 저출산·고령화 현상이 빠르게 진행되고 있다.
6 (나)

1 도시에는 촌락에 비해 높은 건물과 여러 가지 시설이 많아 인구 밀도가 더 높습니다.

2 우리나라의 남서부 지역은 기후가 온화하고 평야가 발달하여 벼농사를 짓기에 유리하였기 때문에 인구 밀도가 높았습니다.

3 오늘날에는 지형, 기후 등과 같은 자연환경보다 산업, 교육 시설 등과 같은 인문환경이 인구 분포에 많은 영향을 주고 있습니다.

4 ①, ② 유소년층의 인구는 줄어들고, 노년층의 인구는 늘어나고 있습니다. ③ 1970년에 노년층 인구의 비율은 3.1%입니다. ④ 2020년에 유소년층 인구의 비율은 12.1%입니다.

5

채점 기준	
상	'유소년층의 인구 비율은 줄어듦(저출산)'과 '노년층의 인구 비율을 늘어남(고령화)'을 모두 바르게 쓴 경우
하	위의 내용 중 중 한 가지만 바르게 쓴 경우

오늘날 우리나라의 인구 구성에서 유소년층 인구 비율은 줄어들고 노년층 인구 비율은 늘어나고 있습니다.

6 2000년대에 들어서면서 출산율이 지나치게 낮아지자 출산을 장려하는 포스터와 표어가 등장하였습니다. (가)는 1970년대, (나)는 2000년대, (다)는 1980년대 인구 관련 포스터입니다.

02 우리나라의 도시 발달

기본 문제로 익히기   52쪽

핵심 체크

❶ 인구   ❷ 수도권   ❸ 대도시
❹ 중화학 공업   ❺ 신도시   ❻ 공공 기관

개념 문제

1 (1) ✕ (2) ○ (3) ○   **2** 남동쪽 해안 지역
3 지안

1 (1) 과거에 비해 도시 수가 크게 늘어났습니다.

2 1970년대 이후 정부가 중화학 공업 정책을 추진하면서 원료를 수입하거나 제품을 수출하기에 편리한 남동쪽 해안 지역을 중심으로 공업 도시가 성장하였습니다.

3 서울에 집중된 인구를 분산시키고자 1980년대부터 서울 주변에 신도시를 건설하였습니다. 최근에는 수도권에 집중되어 있는 공공기관을 지방을 옮겨 그 주변이 성장하도록 하고 있습니다.

기본 문제로 익히기   53쪽

확인 문제

1 ③, ④   **2** ⑤   **3** ⑤
4 ㄹ, ㅁ, ㅂ   **5** ①, ③
6 예 서울에 집중된 인구와 기능을 분산하기 위해서이다.   **7** ④

1 1960년 지도에서 인구가 100만 명 이상인 도시는 서울과 부산 두 곳입니다.

2 우리나라는 1960년대 이후 산업화와 함께 도시가 발달하면서 수도권과 남동쪽 해안 지역의 인구가 많아졌습니다.

3 1960년대 산업화 과정에서 많은 사람들이 일자리를 찾아 도시로 이동하면서 대도시의 인구가 크게 증가하였습니다.

4 1970년대 이후 정부가 중화학 공업 정책을 추진하면서 원료를 수입하거나 제품을 수출하기에 편리한 남동쪽 해안 지역을 중심으로 울산, 포항, 창원, 광양, 여수 등이 공업 도시로 성장하였습니다.

5 인구가 늘어나는 도시에서 주택 부족, 교통 혼잡, 환경 오염 등의 문제가 발생하였습니다. 일손 부족, 의료 시설 및 교육 시설 부족은 촌락에서 발생하는 문제입니다.

6

채점 기준
'서울의 인구와 기능을 분산하기 위해서'라고 바르게 쓴 경우

인구가 서울로 집중하면서 발생하는 문제를 해결하려고 1980년대부터 서울 주변에 새로운 도시를 건설하여 인구와 산업 등을 분산하였습니다.

7 국토를 균형적으로 발전시키고자 정부는 공공 기관을 지방으로 옮겨 그 주변이 성장하도록 하고 있습니다.

03 우리나라의 산업 발달

기본 문제로 익히기
56쪽

핵심 체크

❶ 산업 구조   ❷ 노동력   ❸ 중화학 공업
❹ 반도체   ❺ 서비스업   ❻ 첨단 산업
❼ 인문환경

- -

개념 문제

1 (1) × (2) ○
2 (1) – ㉠ (2) – ㉢ (3) – ㉡
3 증가

1 (1) 1960년대 이후 산업화 과정에서 제조업 중심의 2차 산업이 성장하였습니다.

2 1960년대에는 섬유, 신발 산업, 1970년대~1980년대에는 철강, 배, 자동차 등 중공업, 1990년대 이후에는 반도체, 컴퓨터 등 첨단 산업이 발달하였습니다.

3 지역의 산업이 발전하는 과정에서 일자리가 늘어나면서 인구가 증가하고 도시가 성장하기도 합니다.

기본 문제로 익히기
57쪽

확인 문제

1 ③   **2** ①   **3** ②
4 ②
5 예 화산 지형과 같이 독특하고 아름다운 자연환경이 있기 때문이다.
6 아린

1 우리나라의 산업 구조는 1차, 2차 산업의 비율이 줄고, 3차 산업의 비율이 늘어났습니다. ③ 1990년에는 1970년에 비해 2차 산업의 비율이 증가하였습니다.

2 1960년대에 노동력이 풍부한 대도시를 중심으로 섬유, 신발 등을 만드는 산업이 발달하였습니다.

3 태백산 공업 지역은 풍부한 석회석을 바탕으로 시멘트 산업이 발달하였습니다.

4 부산광역시는 주변에 바다가 있어 원료를 수입하고 제품을 수출하기에 편리하여 물류 산업이 발달하였습니다.

5

채점 기준
'화산 지형과 같이 독특하고 아름다운 자연환경이 있어서'라고 바르게 쓴 경우

제주도에서 관광 산업이 발달한 까닭은 화산 지형과 같이 독특하고 아름다운 자연환경이 있기 때문입니다.

6 울산은 공업 지구로 지정된 후 다른 지역에서 일자리를 찾아오는 사람들이 많아졌습니다.

04 교통의 발달과 국토의 변화

기본 문제로 익히기
60쪽

핵심 체크

❶ 편리   ❷ 산업   ❸ 여행
❹ 생활권   ❺ 도로   ❻ 국토
❼ 산업   ❽ 도시   ❾ 인구

- -

개념 문제

1 (1) × (2) × (3) ○   **2** 경부 고속 국도
3 ㉠ 많은 ㉡ 도시

1 (1) 교통이 발달하면 사람과 물자의 이동이 활발해집니다. (2) 교통이 발달하면 지역 간의 거리가 더욱 가깝게 느껴집니다.

2 우리나라는 1970년대에 경부 고속 국도가 만들어지면서 도로를 중심으로 교통이 발달하였습니다.

3 산업과 교통이 발달하고 인구가 많은 지역을 중심으로 도시가 성장하고, 더 많은 인구가 일자리를 찾아 도시로 이동하면서 산업과 교통은 더욱 발달하게 됩니다.

기본 문제로 익히기
61쪽

확인 문제

1 ㉠, ㉣   **2** 생활권   **3** ④
4 예 산업이 발달한 곳에 인구가 많다. / 교통이 편리한 곳에 인구가 많다.
5 ④   **6** ㉢, ㉣

1 ㉡ 지역 간의 이동 시간이 줄어듭니다. ㉢ 떨어져 있던 지역이 교통로로 연결되면서 일상생활을 함께하는 범위가 더욱 넓어졌습니다.

2 생활권은 통학, 통근 등 사람들이 일상생활을 할 때 활동하는 범위를 말합니다. 교통의 발달로 사람들의 생활권이 넓어졌습니다.

3 1970년대에 경부 고속 국도가 만들어지면서 도로를 중심으로 교통이 발달하였습니다. ④ 고속 국도의 노선 수가 철도보다 많아졌습니다.

4

	채점 기준
상	'산업이 발달한 곳에 인구가 많음', '교통이 편리한 곳에 인구가 많음'을 모두 바르게 쓴 경우
하	위의 내용 중 한 가지만 바르게 쓴 경우

오늘날 우리나라의 인구 분포도를 보면, 산업과 교통이 발달한 곳에 인구가 많이 분포한다는 것을 알 수 있습니다.

5 산업이 발달하면 일자리가 많아져 인구가 증가합니다.

6 ㉠ 인구가 많은 지역을 중심으로 도시가 성장합니다. ㉡ 산업이 발달하면 일자리가 많아져서 산업이 발달한 곳으로 인구가 집중됩니다.

실력 문제로 다잡기 62~65쪽

1 ⑤

2 예 서울, 부산 등의 대도시와 수도권, 남동쪽의 산업이 발달한 도시에 사람들이 많이 살고 있다. 반면 농어촌 지역과 산지 지역은 인구 밀도가 낮다.

3 ②, ④ **4** 현빈 **5** ⑤

6 ④ **7** (1) ㉠, ㉢, ㉣ (2) ㉡, ㉤, ㉥

8 예 수도권에 집중된 인구와 기능을 분산시켜 국토를 균형적으로 발전시키기 위해서이다.

9 ① **10** ④ **11** ㉢

12 ⑤ **13** ㉡, ㉣

1-1 ✕ **2**-1 ○ **3**-1 ✕

4-1 ○ **5**-1 ✕ **6**-1 ○

7-1 ✕ **8**-1 ○ **9**-1 ✕

10-1 ○ **11**-1 ✕ **12**-1 ○

13-1 ✕

1 벼농사 중심의 농업 사회였던 1960년대 이전에 우리나라는 기후가 온화하고 평야가 발달하여 벼농사를 짓기에 유리한 남서부 지역의 인구 밀도가 높았습니다.

2

	채점 기준
상	'대도시, 수도권, 남동쪽의 산업이 발달한 도시의 인구 밀도가 높음'과 '농어촌 지역과 산지 지역의 인구 밀도가 낮음'을 모두 바르게 쓴 경우
하	위의 내용 중 한 가지만 바르게 쓴 경우

1960년대 이후 산업화로 도시가 발달하면서 대도시, 수도권, 남동쪽의 산업이 발달한 도시는 인구 밀도가 높고, 농어촌 지역과 산지 지역은 인구 밀도가 낮습니다.

3 ① 1960년에는 노년층의 인구 비율이 가장 낮습니다. ③ 1990년에는 1960년보다 새로 태어나는 아이의 수가 늘어났습니다. ⑤ 2020년에는 1990년보다 전체 인구에서 차지하는 유소년층의 인구 비율이 늘어났습니다.

4 인구가 100만 명 이상인 도시가 1960년에는 서울과 부산 2곳이었지만, 2020년에는 11곳으로 늘어났습니다.

5 1970년대 이후 정부가 중화학 공업 정책을 추진하면서 원료를 수입하거나 제품을 수출하기에 편리한 남동쪽 해안 지역을 중심으로 공업 도시가 성장하였습니다.

6 제시된 자료를 통해 산업이 발달하면서 한가하였던 어촌이 복잡한 도시로 변화하였음을 알 수 있습니다.

7 도시에서는 교통 혼잡, 주택 부족, 환경 오염 등의 문제가 발생하고, 촌락에서는 교육 시설 부족, 의료 시설 부족, 일손 부족 등의 문제가 발생합니다.

8

채점 기준
'수도권에 집중된 인구와 기능을 분산하여 국토를 균형적으로 발전시키기 위해서'라고 바르게 쓴 경우

정부 종합 청사에 있었던 정부의 여러 기관을 세종특별자치시로 이전하여 수도권에 집중된 인구와 기능을 일부 분산하였습니다.

9 수도권 공업 지역은 교통이 편리하고, 인구가 많아 소비 시장이 넓기 때문에 여러 산업이 고르게 발달하였습니다.

10 대전광역시는 대학교와 연구소가 협력하여 첨단 산업이 발달하였습니다. ① 제주도는 관광 산업, ② 청주시는 의료 산업, ③ 삼척시는 시멘트 산업, ④ 부산광역시는 물류 산업이 발달하였습니다.

11 ⓒ 교통의 발달로 지역 간의 이동 시간이 줄면서 사람들의 생활권이 넓어졌습니다.

12 인구가 많은 지역에 주요 공업 지역이 분포하며, 산업과 교통이 발달하고 인구가 많은 지역을 중심으로 도시가 발달합니다.

13 ㉠ 인구가 많은 지역을 중심으로 교통망이 발달합니다. ㉢ 산업이 발달하면 일자리가 많아지기 때문에 교통망을 따라 산업이 발달한 지역으로 사람과 물자가 활발하게 이동합니다.

단원 개념 점검하기

66~67쪽

❶ 동	❷ 주권	❸ 영해
❹ 산지	❺ 서해안	❻ 중위도
❼ 태백산맥	❽ 여름	❾ 봄
❿ 실천	⓫ 남서부	⓬ 수도권
⓭ 고령화	⓮ 공업	⓯ 공공 기관
⓰ 노동력	⓱ 첨단	⓲ 생활권

1 ㉠ 아시아 ㉡ 반도 **2** (1) × (2) ○ (3) ×
3 여름 **4** ㉢, ㉣
5 (1) - ㉠ (2) - ㉡ **6** (1) ○ (2) × (3) ×

단원 마무리

68~70쪽

1 ⑤	**2** ⑤	**3** ㉠, ㉣
4 ㉠	**5** ④	
6 ㉠ 북부 지방 ㉡ 중부 지방 ㉢ 남부 지방		
7 ⑤	**8** ④	**9** ㉠, ㉢
10 ①	**11** ㉠ 여름 ㉡ 겨울	
12 ④	**13** ④	**14** ㉡, ㉢
15 ②	**16** ③, ⑤	**17** ③
18 ⑤	**19** ③, ⑤	**20** 수민

---

1 우리나라는 아시아 대륙의 동쪽에 있고, 태평양과 맞닿아 있습니다.

2 ⑤ 우리나라는 북위 33°에서 43°, 동경 124°에서 132° 사이에 있습니다.

3 우리나라는 아시아 대륙의 동쪽 끝에 위치하며, 삼면이 바다로 둘러싸여 해양으로 쉽게 나아갈 수 있습니다.

4 제시된 그림의 ㉠은 영공, ㉡은 영토, ㉢은 영해입니다. 영공은 영토와 영해 위의 하늘을 말합니다.

5 우리나라의 영해는 우리나라 영토 주변의 바다로, 영해의 범위는 기선으로부터 12해리까지입니다. 기선은 해안에 따라 다른데 해안선이 단조로운 동해안에서는 썰물일 때 해안선을 기선으로 합니다. 우리나라의 영해에는 다른 나라의 배가 자유롭게 드나들 수 없습니다.

6 휴전선 북쪽의 ㉠은 북부 지방, 휴전선 남쪽에서 소백산맥과 금강 하류 사이의 지역인 ㉡은 중부 지방, 중부 지방 남쪽의 지역인 ㉢은 남부 지방입니다.

7 ⑤ 우리나라의 특별자치시는 1곳이며, 이는 세종특별자치시입니다. 제주는 특별자치도입니다.

8 우리 국토의 약 70%는 산지로, 높고 험난한 산은 대부분 북쪽과 동쪽에 많습니다. 평야는 주로 남쪽과 서쪽에 발달하였습니다. 서해안과 남해안은 해안선이 복잡하고, 동해안은 해안선이 단조롭습니다.

9 사람들은 산지 지형을 목장, 스키장 등으로 이용합니다. ㉡은 평야를 이용하는 모습, ㉣은 해안을 이용하는 모습입니다.

10 제시된 그림은 북쪽에서 바람이 불어오므로 계절은 겨울입니다. 겨울은 날씨가 춥고 건조합니다. ②는 봄, ③, ⑤는 여름, ④는 가을의 기후 특징입니다.

11 우리나라의 전통 가옥에는 여름과 겨울의 기온 특징에 대비한 시설이 발달하였습니다. 여름을 시원하게 보내기 위한 대청을 만들었고, 겨울을 따뜻하게 보내려고 난방 시설인 온돌을 설치하였습니다.

12 ④ 영동 지방과 울릉도는 눈이 많이 내려서 겨울 강수량이 다른 지역보다 많습니다.

13 홍수는 비가 많이 내려 하천이 흘러넘쳐 주변의 도로나 건물 등이 물에 잠기는 자연재해입니다. 홍수는 짧은 기간에 비가 집중적으로 내리거나 장시간에 걸쳐 지속적으로 내릴 경우에 발생합니다.

14 ㉠ 홍수가 발생하였을 때는 높은 곳으로 대피하고, 홍수로 밀려온 물에 가까이 가지 않도록 주의해야 합니다. ㉣ 집 주변에 모래나 염화 칼슘 등을 뿌려서 미끄럼 사고를 예방하는 것은 폭설이 발생하였을 때의 행동 요령입니다. 폭염이 발생하였을 때는 야외 활동을 삼가고 시원한 장소를 찾아 더위를 피해야 합니다.

15 ② 오늘날 우리나라는 농어촌 지역과 산지 지역의 인구 밀도가 낮고 도시의 인구 밀도가 높습니다.

16 제시된 그래프를 살펴보면 우리나라의 노년층 인구의 비율은 점점 늘어나고, 유소년층 인구의 비율은 점점 줄어들고 있습니다. 이를 통해 우리 사회가 저출산·고령화 현상이 빠르게 진행되고 있음을 알 수 있습니다.

17 서울로 집중된 인구와 기능을 분산하기 위해서 1980년대부터 서울 주변에 신도시를 건설하였습니다.

18 바다에 인접한 부산광역시는 원료를 수입하고 제품을 수출하기에 편리하여 물류 산업이 발달하였습니다.

19 ①, ③ 항구, 공항 등 교통 시설이 증가하였습니다. ④ 우리나라는 1970년대에 경부 고속 국도가 만들어지면서부터 도로를 중심으로 교통이 발달하였습니다.

20 우리나라의 도시는 주로 인구가 많은 지역을 중심으로 성장하였습니다.

서술형 마무리
71쪽

1 (1) ㉠ 러시아 ㉡ 몽골 ㉢ 중국 ㉣ 일본
(2) ⑩ 도로나 철도를 이용하여 아시아와 유럽 등의 대륙으로 나아가기에 유리하며, 삼면이 바다로 둘러싸여 있기 때문에 해양으로 진출하기에도 좋은 위치에 있다.
2 ⑩ 태백산맥이 차가운 북서풍을 막아 주고, 동해의 수심이 황해보다 깊기 때문이다.
3 (1) 여름
(2) ⑩ 울릉도로 겨울에 눈이 많이 내리기 때문이다.
4 ⑩ 우리나라의 도시 수와 도시 인구가 크게 늘어났다. 수도권과 남동쪽 해안 지역의 도시 수와 도시 인구가 많아졌다.

1

	채점 기준
상	(1)의 답을 쓰고, (2) '도로나 철도를 이용하여 아시아와 유럽 등의 대륙으로 나아가기에 유리하며, 삼면이 바다로 둘러싸여 있기 때문에 태평양으로 진출하기에도 좋은 위치에 있다.'라고 바르게 쓴 경우
중	(2)의 답만 쓴 경우
하	(1)의 답만 쓴 경우

우리나라는 북쪽이 육지와 연결되고 삼면이 바다로 둘러싸인 반도 국가이므로 대륙과 해양으로 진출하기에 유리합니다.

2

	채점 기준
상	'태백산맥이 차가운 북서풍을 막아 줌'과 '동해의 수심이 황해보다 깊기 때문임'을 모두 바르게 쓴 경우
하	위의 내용 중 한 가지만 쓴 경우

동해안에 있는 도시인 강릉은 태백산맥이 차가운 북서풍을 막아 주고, 동해의 수심이 황해보다 깊어 겨울 기온이 서해안에 있는 인천보다 따뜻합니다.

3

	채점 기준
상	(1)의 답을 쓰고, (2) '울릉도로 겨울에 눈이 많이 내리기 때문이다.'라고 모두 바르게 쓴 경우
중	(2)의 답만 쓴 경우
하	(1)의 답만 쓴 경우

우리나라는 연 강수량의 절반 이상이 여름에 집중되어 겨울 강수량이 적은 편입니다. 그러나 울릉도는 눈이 많이 내려 겨울 강수량이 다른 지역보다 많은 편입니다.

4

	채점 기준
상	'우리나라의 도시 수와 도시 인구가 크게 늘어났음'과 '수도권과 남동쪽 해안 지역의 도시 수와 도시 인구가 많아졌음'을 모두 바르게 쓴 경우
하	위의 내용 중 한 가지만 쓴 경우

우리나라는 1960년대 이후 산업화와 함께 도시가 발달하면서 도시 수가 크게 늘어났고, 도시에 거주하는 인구도 많아졌습니다. 특히 수도권과 남동쪽 해안 지역에 도시가 발달하였고, 도시 인구도 증가하였습니다.

2. 인권 존중과 정의로운 사회

① 인권을 존중하는 삶

01 인권의 의미와 옛사람들의 인권 신장 노력

기본 문제로 익히기   76쪽

핵심 체크

❶ 인권   ❷ 홍길동전   ❸ 방정환
❹ 여성   ❺ 흑인   ❻ 삼복제
❼ 신문고   ❽ 명통시

개념 문제

1 (1) × (2) ○ (3) ○   **2** 저상 버스
3 테레사   **4** 세 번

---

1 (1) 인권은 사람이 태어나면서부터 당연히 가지는 권리입니다.

2 저상 버스는 장애인들이 휠체어를 탄 채 버스에 쉽게 오를 수 있도록 바닥이 낮고 출입구에 경사판을 설치한 버스입니다.

3 테레사는 인도 빈민가에 '사랑의 선교회'를 만들어 가난한 사람, 아프고 죽어 가는 사람, 버림받은 아이들을 돌보며 평생을 헌신하였습니다.

4 삼복제는 백성들이 억울하게 벌을 받는 일을 줄이고자 만든 옛날의 제도입니다.

기본 문제로 익히기   77쪽

확인 문제

1 ㉡, ㉢
2 ⑩ 다른 사람이 힘이나 권력을 이용하여 함부로 빼앗을 수 없습니다. / 인권은 피부색이나 성별, 장애, 나이, 종교, 국적 등과 상관없이 모든 사람에게 차별 없이 주어집니다.
3 ③   **4** ⑤   **5** ①
6 ①   **7** 삼복제   **8** ④

---

1 ㉠ 인권은 나라나 지역에 상관없이 모든 사람에게 동일하게 보장되는 권리입니다. ㉢ 인권은 인간이 태어나면서부터 당연히 가지는 권리입니다.

2

채점 기준
'인권은 다른 사람의 힘이나 권력을 이용하여 함부로 빼앗을 수 없다.' 또는 '인권은 피부색이나 성별, 장애, 나이, 종교, 국적 등과 상관없이 모든 사람에게 차별 없이 주어진다.'라고 바르게 쓴 경우

인권은 모든 사람이 태어날 때부터 당연하게 가지는 권리이므로 다른 사람이 함부로 빼앗을 수 없습니다.

3 ③ 어린이가 손을 편하게 씻을 수 있도록 낮은 세면대를 설치하는 것이 인권을 존중하는 모습입니다.

4 홍길동전은 신분이 낮으면 차별받던 사회 제도에 저항하는 의식이 담겨 있는 책입니다.

5 방정환은 '어린이'라는 말을 사용하고 어린이를 독립된 인격체로 존중하자고 주장하는 등 어린이의 인권 신장을 위해 노력하였습니다.

6 마틴 루서 킹은 미국에서 심하게 차별 받던 흑인의 권리를 보장하고자 비폭력 운동을 하며 흑인 인권 운동을 이끌었습니다.

7 조선 시대에는 죄를 지은 사람에게 형벌을 내릴 때 세밀하게 조사하고 신중하게 결정하여 인권을 보호하려고 노력하였습니다.

8 옛 사람들은 사형과 같은 엄중한 형벌을 내릴 때 세 차례의 재판을 하여 억울하게 벌을 받는 사람이 없도록 하였습니다.

---

02 일상생활에서의 인권 보호

기본 문제로 익히기   80쪽

핵심 체크

❶ 다문화   ❷ 성 역할   ❸ 외국인
❹ 대중교통

개념 문제

1 침해   **2** 국가 인권 위원회
3 (1) × (2) ○ (3) ○

---

1 편견이나 차별, 사생활 침해, 사이버 폭력 등은 학교에서 볼 수 있는 대표적인 인권 침해 사례입니다.

2 국가 인권 위원회는 개인이 인권을 보장받지 못했을 때 도움을 받을 수 있는 국가 기관입니다.

3 (1) 출산 휴가 제도와 육아 휴직 제도를 통해 임산부의 건강을 보호하고 안정된 일자리를 보장할 수 있습니다.

우리 모두가 노력해야 모든 구성원의 인권이 보장되는 행복한 사회를 만들 수 있습니다.

7 ① 인권 보장을 위한 법과 제도는 국가에서 만드는 것입니다.

기본 문제로 익히기   81쪽

확인 문제

1 ②, ③   2 ②   3 ⑤

4 ㉠, ㉡, ㉢   5 ④

6 예 인권은 연결되어 있어 나의 인권을 보장받으려면 다른 사람의 인권도 보장해야 하기 때문이다. / 인권 보장이 이루어져야 모든 사람이 존중받고 인간답게 살 수 있는 사회가 될 수 있기 때문이다.

7 ①

1 피부색, 성별, 종교 등에 대한 편견과 차별 때문에 다른 사람의 인권을 침해하는 경우가 있습니다. ②는 성별, ③은 피부색에 대한 편견과 차별 사례입니다.

2 친구의 편지, 일기, 수첩 등을 허락 없이 함부로 보는 것은 친구의 사생활을 침해하는 행동입니다.

3 지우는 친구들로부터 사이버 폭력을 겪고 있습니다. 학교에서는 이를 해결하기 위해 학교 폭력 예방 교육을 할 수 있습니다.

4 ㉢ 노약자를 위해서 공공건물에 승강기를 설치하는 것은 노약자가 자유롭게 이동할 권리를 보장하는 것이므로 인권 보장 노력에 해당합니다.

5 ④ 인터넷 예절 교육은 사이버 폭력 등으로 인한 인권 침해를 해결하기 위한 노력입니다. 인권 보장을 위해 실시하는 사회 보장 제도에는 실업 급여 지원, 기초 연금 지급, 무료 예방 접종 실시 등이 있습니다.

6
채점 기준
'인권은 연결되어 있어 나의 인권을 보장받으려면 다른 사람의 인권도 보장해야 하기 때문이다.' 또는 '인권 보장이 이루어져야 모든 사람이 존중받고 인간답게 살 수 있는 사회가 될 수 있기 때문이다.' 라고 바르게 쓴 경우

실력 문제로 다잡기   82~85쪽

1 ㉡, ㉢   2 ⑤   3 ③

4 ⑤   5 ②   6 ③

7 예 시각 장애인들이 국가의 큰 행사에 참여하는 등 사회에서 일할 수 있게 한 기관

8 신문고   9 준수   10 ②

11 (다)   12 ②   13 ④

1-1 ○   2-1 ✕   3-1 ✕

4-1 ○   5-1 ○   6-1 ✕

7-1 ○   8-1 ✕   9-1 ○

10-1 ✕   11-1 ○   12-1 ✕

13-1 ○

1 ㉠ 인권은 인간이 태어나면서부터 당연히 가지는 권리로, 모든 사람에게 차별 없이 주어집니다. ㉢ 인권은 다른 사람이 힘이나 권력을 이용하여 함부로 무시하거나 빼앗을 수 없습니다.

2 ⑤ 장애인의 인권을 보장하기 위해 장애인 전용 화장실을 만들어 사용하도록 하고 있습니다.

3 호주제는 호주를 중심으로 가족 구성원의 출생, 혼인, 사망 등을 기록하는 제도로 우리나라의 호주제는 남성의 혈연을 바탕으로 구성되어 있었습니다. 이태영은 여성의 인권을 차별하는 호주제 등이 규정된 가족법을 바꾸어 여성의 인권을 신장하고자 노력하였습니다.

4 마틴 루서 킹은 미국에서 심하게 차별받던 흑인의 권리를 보장하고자 비폭력 운동을 하며 흑인 인권 운동을 이끌었습니다.

5 『경국대전』은 조선 시대의 기본 법전으로, 인권을 존중하는 여러 조항이 담겨 있습니다.

6 삼복제와 명통시는 모두 백성의 인권 신장을 위한 옛날의 제도입니다.

7

조선 시대에는 시각 장애인으로 구성된 특수 관청인 명통시가 있었습니다.

8 신문고는 임금이 백성들의 억울한 일을 직접 풀어 주기 위해 궁궐 밖에 매달아 두었던 북으로, 백성들은 억울한 일이 있으면 신문고를 쳐서 임금에게 알렸습니다.

9 학교에서는 편견과 차별, 다른 사람의 개인 정보 공개, 사이버 폭력을 포함한 학교 폭력 등의 인권 침해 사례가 나타나는 경우가 있습니다.

10 여자라는 이유로 축구를 하지 못하는 것은 성별에 대한 편견과 차별입니다. 이를 해결하기 위해서는 성평등 교육을 할 수 있습니다.

11 (다)는 장애인 보조견이 자유롭게 출입할 수 있도록 하여 시각 장애인의 이동할 권리를 보장하는 사례입니다.

12 대중교통을 이용하는 장애인의 인권을 보장하기 위해 사회에서 장애인이 편리하게 승하차할 수 있도록 돕는 편의 시설을 만듭니다.

13 ④ 사회적 약자들의 인권을 위한 다양한 시설은 국가나 지방 자치 단체에서 만들 수 있습니다.

❷ 인권 보장과 헌법

01 헌법의 의미와 역할

기본 문제로 익히기

88쪽

핵심 체크

❶ 민주주의　　❷ 최고　　❸ 인권
❹ 헌법 재판　　❺ 헌법 재판소　　❻ 법률
❼ 침해　　❽ 인권

개념 문제

1 헌법　　**2** (1) ○ (2) ○ (3) ×
3 헌법 재판소　　**4** ㉠ 찬성 ㉡ 반대

1 헌법에 담긴 가치와 내용에 따라 모든 법을 만들며, 그 법들은 헌법에 어긋나서는 안 됩니다.

2 (3) 헌법은 국가 권력이 개인의 기본적인 인권을 침해할 수 없도록 하였습니다.

3 헌법 재판소는 헌법과 관련된 다툼을 다루는 특별 재판소입니다.

4 인터넷 실명제에 대해 악성 댓글을 막을 수 있다는 것은 찬성 입장의 의견이고, 표현의 자유를 침해할 수 있다는 것은 반대 입장의 의견입니다.

기본 문제로 익히기

89쪽

확인 문제

1 ②　　　　**2** 국민　　　　**3** ④
4 헌법 재판소　　**5** (1) 반 (2) 찬　　**6** ②
7 예 법률이나 국가 권력이 국민의 권리를 침해하는지 등을 헌법 재판소에서 결정한다. / 헌법 재판소에서 법률이 인권을 침해한다고 결정하면 그 법률은 헌법에 근거하여 수정하거나 없앨 수 있다.

1 헌법은 법 가운데 가장 기본이 되는 우리나라 최고의 법입니다. ② 모든 법은 헌법에 어긋나지 않게 만들어야 합니다.

2 헌법 제1조에는 국가의 이름과 성격을 밝히고 있습니다. 대한민국은 민주주의 이념에 따라 국가의 주권이 국민에게 있음을 명확히 하고 있습니다.

3 헌법 제10조에는 ④ 국가는 개인이 가지는 불가침의 기본적 인권을 확인하고 이를 보장할 의무를 진다는 내용이 담겨 있습니다.

4 헌법 재판소는 국회에서 만든 법률이나 국가 권력이 헌법에 어긋나거나 국민의 기본적인 권리를 침해한 경우에 그 침해 여부를 판단하는 기관입니다.

5 인터넷 실명제는 인터넷 본인 확인제라고도 하는데, 자신의 이름과 주민 등록 번호 확인 과정을 거친 뒤 인터넷 게시판에 글을 쓸 수 있는 제도를 말합니다.

6 ② 인터넷 실명제가 시행된 뒤에도 악성 댓글로 생기는 피해가 크게 줄었다는 증거를 찾을 수 없기 때문입니다.

7

채점 기준
'법률이나 국가 권력이 국민의 권리를 침해하는지 등을 헌법 재판소에서 결정한다. / 헌법 재판소에서 법률이 인권을 침해한다고 결정하면 그 법률은 헌법에 근거하여 수정하거나 없앨 수 있다.'라고 바르게 쓴 경우

헌법은 개인의 인권을 명확하게 확인하고 이를 보장해 줍니다.

02 헌법에 나타난 국민의 기본권과 의무

기본 문제로 익히기
92쪽

핵심 체크

❶ 평등권   ❷ 인간   ❸ 국가
❹ 청구권   ❺ 교육   ❻ 세금
❼ 근로   ❽ 조화

개념 문제

1 ㉠ 안전 ㉡ 법률   **2** 평등권
3 (1) ○ (2) × (3) ○   **4** 충돌하는

1 헌법은 국가 안전 보장, 질서 유지, 사회 모든 구성원의 이익을 위해서 필요한 경우 법률에 따라 기본권을 제한할 수 있음을 명시하고 있습니다.

2 평등권은 국민의 기본권 중 모든 국민이 차별받지 않고 동등하게 대우받을 권리를 말합니다. 모든 국민은 성별, 장애, 신분 등으로 차별받지 않고 누구나 똑같은 기회를 누릴 수 있습니다.

3 (2) 모든 국민은 자녀의 성장을 보장하고자 교육을 받게 할 의무가 있습니다. 헌법 제31조 제2항 모든 국민은 그 보호하는 자녀에게 적어도 초등 교육과 법률이 정하는 교육을 받게 할 의무를 진다는 내용이 담겨 있습니다.

4 권리와 의무는 서로 긴밀하게 연결되어 있기 때문에 상황에 따라 충돌할 수 있습니다.

기본 문제로 익히기
93쪽

확인 문제

1 기본권   **2** ㉠, ㉡, ㉢   **3** ①
4 근로   **5** (1) ㉠ (2) ㉢   **6** ④
7 예 자신의 재산을 자유롭게 사용할 수 있는 자유권과 환경을 지키기 위해 노력해야 하는 환경 보전의 의무가 충돌하고 있다.

1 헌법에서 보장하는 기본적 인권을 기본권이라고 합니다. 우리는 일상생활에서 기본권이 보장되는 모습을 찾아볼 수 있습니다.

2 헌법은 국가 안전 보장, 질서 유지, 사회 모든 구성원의 이익을 위해서 필요한 경우 법률에 따라 기본권을 제한할 수 있음을 명시하고 있습니다.

3 제시된 상황과 같이 인간다운 생활의 보장을 국가에 요구할 수 있는 권리는 사회권입니다. 우리 헌법은 평등권, 자유권, 참정권, 청구권, 사회권 등을 기본권으로 보장하고 있습니다.

4 헌법 제32조 제2항에 모든 국민은 근로의 의무를 진다는 내용이 담겨 있습니다. 국가는 근로의 의무의 내용과 조건을 민주주의 원칙에 따라 법률로 정합니다.

5 군인이 되어 국가를 지키는 것은 ㉠ 국방의 의무, 법으로 정한 세금을 내는 것은 ㉢ 납세의 의무를 지키는 모습입니다. 우리 헌법에는 교육의 의무, 납세의 의무, 근로의 의무, 국방의 의무, 환경 보전의 의무 등이 있습니다.

6 권리와 의무는 서로 긴밀하게 연결되어 있기 때문에 상황에 따라 충돌할 수 있습니다. 우리 사회는 다양한 사람들이 함께 살아가고 있기 때문에 권리와 의무가 서로 충돌하는 일이 발생하기도 합니다.

7

채점 기준
'자신의 재산을 자유롭게 사용할 수 있는 자유권과 환경을 지키기 위해 노력해야 하는 환경 보전의 의무가 충돌하고 있다.'라고 바르게 쓴 경우

오래된 경유 자동차 주인의 자유권과 대기 오염 물질을 줄이고자 노력해야 하는 환경 보전의 의무가 충돌하고 있습니다. 이처럼 권리와 의무가 충돌할 때는 권리와 의무 가운데 하나만을 주장하지 않고 권리와 의무를 조화롭게 추구하는 자세가 필요합니다.

실력 문제로 다잡기

1 ②	**2** 지은	**3** ③
4 ⑤	**5** ①, ②	**6** 인터넷 실명제
7 (1) ㉠, ㉢ (2) ㉡, ㉣		**8** (1) ㉢ (2) ㅁ
9 ③	**10** (나), (라)	**11** ⑤

12 예 권리와 의무는 서로 긴밀하게 연결되어 있기 때문이다. / 우리 사회는 다양한 사람들이 함께 살아가고 있기 때문이다.

13 ④

1-1 ○	**2**-1 ○	**3**-1 ○
4-1 ×	**5**-1 ×	**6**-1 ○
7-1 ○	**8**-1 ○	**9**-1 ×
10-1 ○	**11**-1 ×	**12**-1 ○
13-1 ×		

1 제시된 조항이 담긴 법은 헌법입니다. ② 모든 법과 제도는 헌법에 어긋나지 않게 만들어집니다.

2 헌법 제10조에는 국가가 개인의 기본적인 인권을 침해해서는 안 되며 이를 적극적으로 보장해야 한다는 의미가 담겨 있습니다.

3 제시된 그림은 자신이 하고 싶은 일을 자유롭게 직업으로 선택하는 모습을 나타낸 것입니다. 직업 선택의 자유는 직업 선택 결정의 자유와 선택한 직업에 종사하는 것을 국가가 방해하지 않음을 의미합니다.

4 헌법 재판소는 국회에서 만든 법률이나 국가 권력이 헌법에 어긋나거나 국민의 기본적인 권리를 침해한 경우에 그 침해 여부를 판단하는 기관입니다. 국가 권력이나 법률이 국민의 인권을 침해한다고 결정되면 국가 권력은 헌법 재판 결과에 따르고, 법률은 개정되거나 폐지됩니다.

5 헌법 재판소는 국회에서 만든 법률이나 국가 권력이 국민의 인권을 침해하는지 헌법을 기준으로 판단합니다.

6 인터넷 실명제는 인터넷 게시판을 설치·운영하는 정보 통신 서비스 제공자에게 본인 확인 조치 의무를 부과하여 게시판 이용자로 하여금 본인 확인 절차를 거쳐야만 게시판을 이용할 수 있도록 하는 본인 확인제를 규정한 「정보 통신망 이용 촉진 및 정보 보호 등에 관한 법률」입니다.

7 헌법 재판소는 인터넷 실명제가 헌법에 어긋난다는 판결을 내렸습니다. 헌법 재판소가 이러한 결정을 내린 까닭은 인터넷 실명제가 헌법이 보장하는 개인 표현의 자유를 침해하였고, 이 제도를 통해 사회 구성원들에게 돌아가는 이익이 크지 않다고 보았기 때문입니다. 또한 인터넷 실명제를 시행하여 개인 정보 유출 가능성이 증가하였기 때문입니다.

8 ㉢ 참정권은 국민이 대표를 뽑는 선거에서 투표를 하거나 후보로 출마하는 등 국가의 의사 결정에 참여할 수 있는 권리, ㅁ 평등권은 모든 국민이 차별받지 않고 동등하게 대우받을 권리를 말합니다.

9 국민의 기본권 중 사회권은 인간다운 생활의 보장을 국가에 요구할 수 있는 권리를 말합니다. ③ 헌법 제34조 제1항 모든 국민은 인간다운 생활을 할 권리를 가진다는 사회권에 대한 헌법 조항입니다. ①은 평등권, ②는 자유권, ④는 참정권, ⑤는 청구권에 대한 헌법 조항입니다.

10 (가) 국민의 의무는 헌법에서 보장하고 있는 국민으로서 반드시 지켜야 하는 의무를 말합니다. (다) 국민의 의무를 지키기 위해서라도 기본권을 함부로 제한할 수는 없습니다.

11 제시된 신문 기사는 깨끗한 환경을 지키기 위해 노력해야 하는 환경 보전의 의무를 실천한 초등학생들에 대한 내용입니다. 환경 보전의 의무는 헌법 제35조 제1항에 '모든 국민은 건강하고 쾌적한 환경에서 생활할 권리를 가지며, 국가와 국민은 환경 보전을 위하여 노력하여야 한다.'라고 규정되어 있습니다.

12

채점 기준
'권리와 의무는 서로 긴밀하게 연결되어 있기 때문이다. / 우리 사회는 다양한 사람들이 함께 살아가고 있기 때문이다.'라고 바르게 쓴 경우

제시된 자료에서는 오래된 경유 자동차 주인의 자유권과 국민이 지켜야 할 환경 보전의 의무가 충돌하고 있습니다.

13 권리와 의무 가운데 하나만을 주장하지 않고 모두가 함께 잘 살아갈 수 있도록 권리와 의무를 조화롭게 추구하는 자세가 필요합니다. 모두가 행복하게 살아가려면 권리를 보장받으면서 의무를 실천하는 합리적인 해결 방안을 함께 찾아야 합니다.

3 법의 의미와 역할

01 법의 의미와 특성

기본 문제로 익히기
100쪽

핵심 체크
❶ 법　　❷ 강제성　　❸ 국가
❹ 비난　　❺ 도로 교통법
❻ 근로 기준법　　❼ 저작권법

- -

개념 문제
1 ㉠ 사회 변화 ㉡ 인권　2 (1) ○ (2) ×
3 「폐기물 관리법」　　4 법

1 법이 사회 변화와 맞지 않거나 인권을 침해할 때에는 바꾸거나 다시 만들 수 있습니다.

2 (2)는 도덕과 관련 있는 내용으로 법의 제재를 받지는 않습니다.

3 「폐기물 관리법」은 쓰레기를 잘 처리하여 국민의 건강한 삶을 도우려고 만들어진 법입니다.

4 법은 사회생활에서 지켜야 할 행동 기준으로 우리가 해야 하는 것과 하지 말아야 하는 것을 알려줍니다.

기본 문제로 익히기
101쪽

확인 문제
1 ①
2 ⑩ 법이 사회 변화와 맞지 않으면 바꾸거나 새롭게 만들 수 있다.
3 (가) 도덕 (나) 법　　　　4 ③
5 ㉡, ㉢, ㉣　　6 (가) ㉢ (나) ㉣ 7 ③

1 ① 법은 국가가 만든 강제성이 있는 규범으로, 우리가 함께 지키기로 정한 약속입니다.

2

채점 기준
'법이 사회 변화와 맞지 않으면 바꾸거나 새롭게 만들 수 있다.'라고 바르게 쓴 경우

사회가 변화하고 우리 사회가 중요하게 여기는 가치가 변화하면 법도 변화합니다.

3 법은 공동체 생활을 하면서 반드시 지켜야 하는 강제성이 있는 규범이고, 도덕은 사람들이 양심에 따라 자율적으로 지키는 규범입니다.

4 ③ 이웃 어른을 보고 인사를 하지 않는 것은 도덕을 지키지 않은 상황입니다. 법은 어겼을 때 강제적인 제재를 받는다는 점에서 사람들이 양심에 따라 자율적으로 지키는 규범인 도덕과 구별됩니다.

5 법은 사람들이 살아가면서 해야 할 일과 하지 말아야 할 일을 규정하고 있습니다. ㉠은 법으로 정해진 내용은 아닙니다.

6 (가)는 도로에서 안전하게 다닐 수 있도록 만든 법인 도로 교통법, (나)는 학생들에게 건강한 급식을 주려고 만든 학교 급식법과 관련이 있습니다.

7 법이 없다면 사람들 사이의 다툼을 해결하기 어려워지고, 범죄가 늘어나 사회가 혼란스러워질 것입니다.

02 법의 역할과 법을 지키는 바람직한 태도

기본 문제로 익히기
104쪽

핵심 체크
❶ 권리　　❷ 개인　　❸ 인간
❹ 범죄　　❺ 사회 질서　　❻ 재판
❼ 권리　　❽ 관심

- -

개념 문제
1 (1) ○ (2) ○ (3) ×　　2 재판
3 ㉠ 판사 ㉡ 피고인　　4 ㉠ 피해 ㉡ 침해

1 (3) 개인 간에 분쟁이 발생하면 법에 따라 재판을 하여 개인 간의 다툼을 해결해 줍니다.

2 소송 사건을 해결하기 위하여 법원에서 옳고 그름을 따져서 그에 대한 올바른 판단을 내리는 일은 재판입니다.

3 재판에 등장하는 사람으로는 판사, 검사, 변호인, 피고인 등이 있습니다.

4 법을 지키지 않으면 다른 사람에게 피해를 주고 다른 사람의 권리를 침해하여 사람들 간의 갈등을 유발합니다.

기본 문제로 익히기

확인 문제

1 ⑤   **2** ㉡, ㉢   **3** ③

4 ④

5 예 법에 따라 재판을 하여 개인 간에 생긴 분쟁을 해결해 주고, 개인의 권리를 보장해 준다.

6 민수

1 제시된 사진은 소방관이 화재를 진압하는 모습으로, 화재 등 위험으로부터 개인의 생명과 재산을 보호해 주는 법의 역할과 관련이 있습니다.

2 법은 ㉡ 환경을 보호하여 우리 모두가 쾌적한 환경에서 살아갈 수 있게 해 주며, ㉢ 개인의 생명이나 재산 등을 보호하여 개인의 권리를 보장해 줍니다.

3 ③ 법은 개인 간에 다툼이나 이해관계로 충돌할 때 이를 해결해 주는 역할을 합니다.

4 ㉠ 재판을 진행하고자 법에 따라 공정한 판단을 내리는 판사, ㉡ 피고인을 대신하여 권리를 주장하는 변호인입니다.

5

채점 기준	
상	'법에 따라 재판을 하여 개인 간에 생긴 분쟁을 해결해 주고, 개인의 권리를 보장해 준다.'라고 모두 바르게 쓴 경우
하	둘 중 한 가지만 쓴 경우

제시된 모의재판을 통해 법으로 다툼이나 분쟁을 해결할 수 있다는 것을 알 수 있습니다.

6 법은 우리가 함께 살아갈 때 지켜야 하는 최소한의 것이고, 서로 잘 살아갈 수 있도록 도와주고자 만들어진 것입니다.

실력 문제로 다잡기

1 ③, ④   **2** ㉠ 법 ㉡ 도덕 **3** ②

4 예 사람들이 살아가면서 해야 할 일과 하지 말아야 할 일을 규정하고 있다.

5 (가), (다)   **6** ④   **7** ㉠

8 (가)   **9** ①   **10** ⑤

11 예 법에 따라 재판을 하여 개인 간에 생긴 분쟁을 해결해 주고, 개인의 권리를 보장해 준다.

12 ①   **13** ⑤

1-1 ×   **2**-1 ○   **3**-1 ×

4-1 ○   **5**-1 ×   **6**-1 ○

7-1 ○   **8**-1 ×   **9**-1 ○

10-1 ○   **11**-1 ○   **12**-1 ×

13-1 ○

1 법은 사회 구성원의 공감과 합의를 바탕으로 만들어야 합니다. 법이 사회나 시대의 변화에 맞지 않거나 인권을 침해할 때, 제 역할을 하지 못할 때에는 법을 바꿀 수 있습니다.

2 공동체 생활을 하면서 반드시 지켜야 하는 강제성이 있는 규범을 법이라고 합니다.

3 ②, ④, ⑤는 법, ①, ③은 도덕에 대한 설명입니다. 법은 어겼을 때 강제적인 제재를 받는다는 점에서 사람들이 양심에 따라 자율적으로 지키는 규범인 도덕과 구별됩니다.

4 법은 우리의 일상생활과 밀접하게 관련되어 있으며, 우리가 일상생활에서 지켜야 할 행동 기준을 정하고 있습니다.

5 (가)와 (다)는 법의 제재를 받는 상황이고, (나)는 법의 제재를 받지 않는 상황입니다. 법은 어겼을 때 강제적인 제재를 받는다는 점에서 사람들이 양심에 따라 자율적으로 지키는 규범인 도덕과 구별됩니다.

6 (가)는 「도로 교통법」, (나)는 「어린이 놀이 시설 안전 관리법」, (다)는 「방송법」과 관련이 있는 모습입니다.

7 ㉠ 「저작권법」은 저작자의 권리를 보호하려고 만든 법으로, 사용자들이 저작물을 공정하게 이용하도록 하여 문화 및 관련 산업의 발전에 도움을 주는 것을 목적으로 합니다.

8 (가)는 화재 등 위험으로부터 개인의 생명과 재산을 보호해 주는 모습, (나)는 교통질서를 유지하여 사고를 예방해 주는 모습, (다)는 환경 파괴와 오염을 예방해 주는 모습입니다.

9 제시된 자료는 음주 운전 단속을 강화함으로써 음주 운전으로 일어날 수 있는 사고를 방지하여 교통질서를 유지한다는 내용을 다룬 신문 기사입니다.

10 법은 환경을 보호하며 우리 모두가 쾌적한 환경에서 살아갈 수 있게 해 줍니다.

11

	채점 기준
상	'법에 따라 재판을 하여 개인 간에 생긴 분쟁을 해결해 주고, 개인의 권리를 보장해 준다.'라고 모두 바르게 쓴 경우
하	둘 중 한 가지만 쓴 경우

우리는 법을 지키지 않았을 때나 개인 간에 다툼이 일어났을 때 재판을 받을 수 있습니다. 재판으로 사회 질서를 어지럽힌 사람을 제재하기도 하고, 개인 간에 다툼을 해결하기도 합니다.

12 판사는 재판을 진행하고 법에 따라 공정한 판단을 내리는 사람입니다. ②는 변호인, ③은 검사, ④는 증인에 대한 내용입니다.

13 ⑤ 법을 잘 지키면 개인의 권리가 보호되고, 사회 질서가 유지됩니다. 또한 다른 사람에게 피해를 주지 않을 수 있고 나와 다른 사람의 권리를 모두 보장받을 수 있습니다.

단원 개념 점검하기
112~111쪽

❶ 권리　　　❷ 차별　　　❸ 허균
❹ 흑인　　　❺ 삼복제　　❻ 명통시
❼ 헌법　　　❽ 헌법 재판소　❾ 기본권
❿ 환경　　　⓫ 조화　　　⓬ 강제성
⓭ 인권　　　⓮ 분쟁　　　⓯ 범죄
⓰ 관심

----

1 인권
2 (1) 방정환 (2) 이태영 (3) 마틴 루서 킹
3 헌법　　**4** (1) 참정권 (2) 평등권 (3) 사회권
5 법　　　**6** (1) ○ (2) ○ (3) ×

단원 마무리
112~114쪽

1 ㉡, ㉣	**2** ②	**3** ②
4 신문고	**5** ④	**6** (가)
7 ③	**8** ④	**9** 서연
10 ②	**11** ⑤	**12** ③
13 ㉠ 법 ㉡ 도덕		**14** ㉠, ㉡, ㉢
15 ②	**16** 판사	**17** ①

1 인권은 ㉠ 모든 사람에게 차별 없이 주어지며, ㉡ 인간이 태어나면서부터 당연히 가지는 권리입니다.

2 테레사는 인도 빈민가에 '사랑의 선교회'를 만들어 가난한 사람, 아프고 죽어가는 사람, 버림받은 아이들을 돌보며 평생을 헌신하였습니다.

3 『경국대전』은 조선 시대 통치의 가장 기본이 되는 법전으로, 인권을 존중하는 여러 조항이 담겨 있습니다.

4 옛날에는 신문고, 상언, 격쟁 등을 통해 일반 백성이 억울함을 호소할 수 있었습니다. 북을 쳐서 임금에게 억울함을 호소하는 것은 신문고입니다.

5 ④ (가)는 할아버지께서 무인 정보 단말기 사용에 어려움을 겪는 모습이고, (나)는 휠체어를 탄 장애인이 버스를 타는 것에 어려움을 겪는 모습으로 다문화로 인한 인권 침해 문제와는 관련이 없습니다.

6 (가)는 키가 작은 어린이를 위해 설치된 낮은 세면대이고, (나)는 장애인이 대중교통을 편리하게 이용할 수 있도록 만든 시설입니다.

7 ③ 헌법은 우리나라 최고의 법으로 다른 법과 제도는 헌법에 바탕을 두고, 헌법에 어긋나지 않게 만들어집니다.

8 제시된 자료는 선거권에 대한 내용입니다. 선거권은 헌법 제24조로 보장하고 있습니다.

9 도윤과 진설은 인터넷 실명제에 대해 반대하는 입장입니다.

10 ② 청구권에 대한 설명입니다. 국민의 기본권은 헌법에서 보장하고 있는 국민의 기본적인 권리입니다.

11 제시된 헌법 조항은 환경을 보전하고자 노력해야 하는 환경 보전의 의무와 관련이 있습니다.

12 권리와 의무는 서로 긴밀하게 연결되어 있어서 다양한 사람들이 함께 살아가는 사회에서 권리와 의무가 서로 충돌하는 일이 발생할 수 있습니다.

13 법과 도덕은 모두 우리가 지켜야 하는 규범입니다. 법은 지키지 않았을 때 국가의 제재를 받지만, 도덕은 지키지 않았을 때 제재를 받지 않습니다.

14 ㉣ 버스에서 임산부에게 자리를 양보하지 않는 것은 법의 제재를 받지 않지만 사회적으로 비난을 받을 수는 있습니다.

15 방송법은 방송 프로그램에서 시청 가능한 연령을 표시하는 법 등이고, 근로 기준법은 근로자의 권리를 보호하는 법을 말합니다.

16 검사는 범죄를 수사하고 법을 위반한 점에 대해 심판을 요청하는 사람, 변호인은 피고인을 대신하여 권리를 주장하는 사람, 피고인은 범죄를 저지른 것으로 의심이 되어 재판을 받는 사람을 말합니다.

17 제시된 내용은 법을 잘 지켜야 하는 까닭을 정리한 것입니다.

서술형 마무리

115쪽

1 (1) 삼복제
(2) 예 억울하게 벌을 받는 사람이 없도록 하여 백성의 인권을 보장하기 위해서이다.

2 (1) 예 인권이 침해된 사례이다.
(2) 예 인권을 보장하는 데 필요한 학교 규칙과 학급 규칙으로 만든다. / 서로의 다양성을 존중하고 더불어 살아갈 수 있도록 인권 교육을 한다.

3 (1) ㉠ 자유권 ㉡ 청구권
(2) 예 국가의 안전을 보장해야 하거나 사회 질서 유지, 공동체의 이익을 위하여 필요하다면 법률에 따라 기본권을 제한할 수 있다.

4 예 법을 지키지 않으면 다른 사람의 권리를 침해하여 피해를 줄 수 있고, 다툼과 갈등으로 이어질 수 있다.

1

	채점 기준
상	(1) '삼복제', (2) '억울하게 벌을 받는 사람이 없도록 하여 백성의 인권을 보장하기 위해서이다.'를 모두 바르게 쓴 경우
중	(2)의 답만 쓴 경우
하	(1)의 답만 쓴 경우

옛날에는 삼복제, 신문고, 명통시와 같은 제도를 실시하여 인권을 신장하기 위해 노력하였습니다.

2

	채점 기준
상	(1) '인권이 침해된 사례이다.', (2) '인권을 보장하는 데 필요한 학교 규칙과 학급 규칙으로 만든다. / 서로의 다양성을 존중하고 더불어 살아갈 수 있도록 인권 교육을 한다.'를 모두 바르게 쓴 경우
중	(2)의 답만 쓴 경우
하	(1)의 답만 쓴 경우

학교에서는 다문화 교육, 성평등 교육, 인터넷 예절 교육, 학교 폭력 예방 교육 등의 인권 교육으로 인권을 보장하고자 노력하고 있습니다.

3

	채점 기준
상	(1) '㉠: 자유권, ㉡: 청구권', (2) '국가의 안전을 보장해야 하거나 사회 질서 유지, 공동체의 이익을 위하여 필요하다면 법률에 따라 기본권을 제한할 수 있다.'를 모두 바르게 쓴 경우
중	(2)의 답만 쓴 경우
하	(1)의 답만 쓴 경우

국민의 기본권은 헌법에서 보장하고 있는 국민의 기본적인 권리를 말하는데, 기본권은 헌법으로 보장하기 때문에 함부로 제한할 수 없습니다.

4

	채점 기준
상	'법을 지키지 않으면 다른 사람의 권리를 침해하여 피해를 줄 수 있고, 다툼과 갈등으로 이어질 수 있다.'를 바르게 쓴 경우
하	법을 지키지 않으면 생길 수 있는 일을 쓰지 못한 경우

법은 개인의 권리를 보장해 주고, 모두가 공정한 기회 속에서 평등하게 살아갈 수 있게 해 줍니다.

정답과 해설

1. 국토와 우리 생활

쪽지 시험

❶ 국토의 위치와 영역   3쪽

1 동쪽   **2** 반도

3 ㉠ 영토 ㉡ 영해 ㉢ 영공   **4** 독도

5 12   **6** 소백산맥   **7** 관동

8 행정 구역

---

❷ 국토의 자연환경   5쪽

1 ㉠ 산 ㉡ 평야   **2** 동해안

3 ㉠ 남동쪽 ㉡ 북서쪽   **4** 높은

5 ㉠ 대청 ㉡ 온돌   **6** 여름

7 황사   **8** 기상 특보

---

❸ 국토의 인문환경   7쪽

1 저출산   **2** 산업화   **3** 수도권

4 늘어나는   **5** 신도시   **6** 남동쪽

7 포항   **8** 교통

실전 단원 평가 1회   8~10쪽

1 ④   **2** ②, ⑤

3 ㉠ 한반도 ㉡ 영공   **4** ②

5 ①   **6** ④   **7** ③

8 ④   **9** ⑤

10 ㉠ 태백산맥 ㉡ 동해   **11** ①

12 예 계절에 따라 강수량의 차이가 크기 때문에 가뭄에 대비하려고 저수지를 만들었다.

13 ㉡, ㉢, ㉣   **14** ①, ④   **15** 수도권

16 ④   **17** ②   **18** ③

19 예 사람과 물자의 이동이 더욱 활발해졌습니다. / 지역 간의 이동 시간이 단축되었습니다. / 지역 간 교류가 더욱 활발해졌습니다.

20 ㉠, ㉢

---

1 우리나라는 아시아 대륙의 동쪽에 연결되어 있으며, 태평양과 맞닿아 있는 반도 국가입니다. 주변 나라에는 중국, 일본, 러시아 몽골 등이 있습니다.

2 우리나라는 반도 국가이므로 대륙과 해양으로 나아가기 유리합니다.

3 영역은 한 나라의 주권이 미치는 범위를 말하고, 여기에는 영토, 영해, 영공이 있습니다.

4 ② 환경을 보호하는 일은 어른과 어린이 모두 참여할 수 있는 국토 사랑 실천 방법입니다.

5 ② 관북 지방은 철령관의 북쪽 지역, ③ 영남 지방은 조령(문경 새재)의 남쪽 지역, ④ 해서 지방은 경기해의 서쪽 지역, ⑤ 호서 지방은 금강(옛 이름 호강)의 서쪽 지역입니다.

6 ④ 특별자치도는 3곳이며 강원특별자치도, 전북특별자치도, 제주특별자치도입니다.

7 ① 국토의 약 70%가 산지입니다. ② 평야는 주로 서쪽과 남쪽에 발달하였습니다. ④ 큰 하천은 대부분 동쪽에서 서쪽으로 흘러갑니다. ⑤ 동해안은 해안선이 단조롭고, 서해안과 남해안은 해안선이 복잡합니다.

8 하천 중·하류 주변에 발달한 평야에서는 물을 구하기 쉽고 농사짓기 좋은 땅이 넓게 펼쳐져 있기 때문에 옛날부터 많은 사람이 모여 살았습니다.

9 ⑤ 겨울에는 북서쪽 대륙에서 차갑고 건조한 바람이 불어옵니다.

10 우리나라는 같은 계절이어도 위도가 비슷한 동쪽 지역과 서쪽 지역의 기온이 차이가 납니다.

11 기온의 차이는 의식주와 같은 사람들의 생활 모습에 큰 영향을 줍니다.

12

채점 기준
'계절에 따라 강수량의 차이가 크기 때문에 가뭄에 대비하려고 저수지를 만들었다.'라고 바르게 쓴 경우

우리나라는 여름에 강수량이 집중하기 때문에 저수지를 만들어 가뭄에 대비하였습니다.

13 ㉠ 지진이 발생하였을 때에는 승강기 대신 계단을 이용해 대피해야 합니다.

14 우리나라는 새로 태어나는 아이의 수는 점점 줄어들고, 전체 인구에서 노년층이 차지하는 비율은 계속해서 늘어나고 있습니다.

15 우리나라는 1960년대 이후 산업화 과정에서 많은 사람이 일자리를 찾아 도시로 이동하였습니다.

16 ④ 인구가 100만 명 이상인 도시의 수는 1960년에 2곳에서 2020년에 11곳으로 늘었습니다.

17 1970년대에는 정부의 중화학 공업 정책에 따라 포항, 울산, 창원 등 남동쪽 해안 지역의 도시들이 공업 도시로 성장하였습니다.

18 제주는 아름답고 독특한 자연환경을 바탕으로 관광 산업이 발달하였습니다.

19

채점 기준
'사람과 물자의 이동이 더욱 활발해졌습니다. / 지역 간의 이동 시간이 단축되었습니다. / 지역 간 교류가 더욱 활발해졌습니다.' 중 한 가지를 바르게 쓴 경우

교통이 발달하면서 지역 간에 연결이 더욱 원활하여 교류가 활발해졌습니다.

20 ㉡ 교통의 발달은 물자와 인구를 더욱 활발하게 이동시켜 산업과 도시를 성장하게 합니다.

실전 단원 평가 2회
11~13쪽

1 ④	**2** ①	**3** ⑤
4 ③	**5** ③	**6** ㉠시청 ㉡도청
7 ㉣	**8** ②	

9 예 여름에는 남동쪽에서 덥고 습한 바람이, 겨울에는 북서쪽에서 차갑고 건조한 바람이 불어온다.

10 ④	**11** ⑤	
12 ㉠ 눈 ㉡ 우데기		**13** ④

14 예 우리나라의 유소년층 인구 비율은 줄어들고, 노년층 인구 비율은 늘어나고 있다.

15 ③	**16** ㉠, ㉡	**17** ③, ④
18 ④	**19** 첨단	**20** ②

1 ① 우리나라는 중국과 일본 사이에 있습니다. ②, ③ 아시아 대륙의 동쪽에 위치한 반도 국가입니다. ⑤ 주변에 중국, 일본, 러시아, 몽골 등의 나라가 있습니다.

2 ② 마안도(비단섬)는 우리나라 영토의 서쪽 끝이고, ③ 유원진은 북쪽 끝이며, ④ 마라도는 남쪽 끝입니다. ⑤ 이어도는 마라도로부터 남서쪽으로 149km 떨어진 지점에 있는 수중 암초입니다.

3 ㉠ 우리나라의 영토는 한반도와 한반도에 속한 여러 섬입니다. ㉡ 다른 나라의 배나 비행기가 우리나라 영역에 들어오려면 미리 허가를 받아야 합니다.

4 옛날에는 교통이 발달하지 않아서 큰 강이나 높은 고개 등을 넘어 지역을 이동하는 것이 어려웠기 때문에 자연환경으로 지역을 구분하였습니다.

5 북부 지방은 휴전선 북쪽으로, 지금의 북한 지역입니다. 중부 지방은 휴전선 남쪽부터 소백산맥과 금강 하류까지이고, 남부 지방은 중부 지방의 남쪽 지역입니다.

6 시청과 도청은 대부분 각 시·도의 중심에 있습니다.

7 ㉣ 지형이 낮은 서쪽과 남쪽에 주로 넓은 평야가 나타납니다.

8 서해안에 주로 발달한 갯벌은 다양한 생물이 살아가는 생태계의 보고입니다. 사람들은 갯벌에서 해산물 채취, 갯벌 체험을 하기도 합니다.

9

채점 기준	
상	'여름에는 남동쪽에서 덥고 습한 바람이 불어온다.'와 '겨울에는 북서쪽에서 차갑고 건조한 바람이 불어온다.'를 모두 바르게 쓴 경우
하	위의 내용 중 한 가지만 쓴 경우

우리나라는 계절에 따라 불어오는 바람이 다릅니다.

10 ① 우리나라는 계절별로 기온의 차이가 큽니다. ② 대체로 북쪽으로 갈수록 기온이 낮아지고, ③ 남쪽으로 갈수록 기온이 높아집니다. ⑤ 동해안이 비슷한 위도의 서해안보다 겨울 기온이 높습니다.

11 ⑤ 우리나라는 같은 계절이어도 지역에 따라 강수량이 다릅니다.

12 눈이 많이 내리는 울릉도에서는 집 입구가 눈으로 막힐 때를 대비해 집 안에서 생활이 가능하도록 우데기라는 외벽을 설치하여 통로를 확보하였습니다.

13 ①, ⑤ 봄에 주로 발생하는 자연재해입니다. ② 여름과 가을에 주로 발생하는 자연재해입니다. ③ 여름에 주로 발생하는 자연재해입니다.

14

채점 기준	
상	'유소년층 인구 비율은 줄어들고 있다.'와 '노년층 인구 비율은 늘어나고 있다.'를 모두 바르게 쓴 경우
하	위의 내용 중 한 가지만 쓴 경우

우리나라는 저출산·고령화 현상이 빠르게 진행되고 있습니다.

15 1960년대 이전에는 기후가 온화하고 평야가 발달하여 벼농사 짓기에 유리한 남서부 지역에 사람이 많이 모여 살았습니다.

16 ⓒ 일손 부족, ⓔ 의료 시설 부족은 인구가 줄어드는 지역에서 발생하는 문제입니다.

17 1980년대부터 경기도에 신도시를 건설하여 서울의 인구와 산업을 분산하였고, 최근에는 공공 기관을 지방으로 옮겼습니다.

18 남동 임해 공업 지역은 바다가 가까이 있어 재료를 수입하거나 완성된 제품을 수출하기에 편리하여 중화학 공업이 발달하였습니다.

19 우리나라는 자연환경과 인문환경에 따라 지역별로 다른 산업이 발달하였습니다. 대전에서는 연구소와 대학교가 협력하여 첨단 산업이 발달하였습니다.

20 ② 산업이 발달한 곳에는 일자리가 많아 인구도 늘어납니다.

수행 평가

주제 ❶　　　　　　　　　　　　　　14쪽

1-❶ 영토, 영공

1-❷ 예 우리나라의 영해는 영해를 설정하는 기선으로부터 12해리까지이다.

1-❸ 예 우리나라의 영역은 우리나라의 주권이 미치는 범위이므로 다른 나라가 함부로 들어올 수 없기 때문이다.

주제 ❷　　　　　　　　　　　　　　15쪽

2-❶ ㉠ 남쪽 ㉡ 북쪽

2-❷ 예 태백산맥이 차가운 북서풍을 막아 주기 때문이다. / 수심이 깊고 난류가 흐르는 동해의 영향 때문이다.

2-❸ 예 여름에는 바람이 잘 통하는 모시나 삼베로 옷을 만들어 입었고, 겨울에는 솜을 넣은 두꺼운 옷을 입었다.

1-❶

	채점 기준
상	'영토, 영공'을 모두 바르게 쓴 경우
하	위의 내용 중 한 가지만 쓴 경우

한 나라의 영역은 영토, 영해, 영공으로 이루어집니다.

1-❷

	채점 기준
상	'우리나라 바다의 영역으로, 영해를 설정하는 기선으로부터 12해리까지이다.'라고 바르게 쓴 경우
하	'우리나라 바다의 영역이다.'라고만 쓴 경우

삼면이 바다로 둘러싸인 우리나라는 해안에 따라 영해 설정 기준이 다릅니다. 동해안, 울릉도, 독도, 제주도는 썰물일 때의 해안선을 기선으로 하고, 서해안과 남해안은 해안선이 복잡하고 섬이 많아서 가장 바깥에 있는 섬(기점)들을 직선으로 그은 선을 기선으로 합니다.

1-❸

	채점 기준
상	'우리나라의 영역은 우리나라의 주권이 미치는 범위이므로 다른 나라가 함부로 들어올 수 없기 때문이다.'라고 바르게 쓴 경우
하	'다른 나라가 함부로 들어올 수 없기 때문이다.'라고만 쓴 경우

한 나라의 영역은 그 나라의 주권이 미치는 범위로, 다른 나라의 배나 비행기가 들어오려면 허가를 받아야 합니다.

2-❶

	채점 기준
상	'㉠ 남쪽, ㉡ 북쪽'이라고 바르게 쓴 경우
하	위의 내용 중 한 가지만 쓴 경우

우리나라는 남북으로 길게 뻗어 있어 남쪽 지방과 북쪽 지방의 기온 차이가 큽니다.

2-❷

	채점 기준
상	'태백산맥이 차가운 북서풍을 막아 주기 때문이다. / 수심이 깊고 난류가 흐르는 동해의 영향 때문이다.'라고 두 가지 모두 바르게 쓴 경우
하	위의 내용 중 한 가지만 쓴 경우

우리나라는 차가운 북서풍을 막아 주는 태백산맥과 수심이 깊고 난류가 흐르는 동해의 영향으로 동해안의 겨울 기온이 비슷한 위도의 서해안보다 높은 편입니다.

2-❸

	채점 기준
상	여름과 겨울의 의생활에 미친 영향을 모두 바르게 쓴 경우
하	위의 내용 중 한 가지만 쓴 경우

옛날 우리 조상들은 덥고 습한 여름에는 모시옷을, 춥고 건조한 겨울에는 누비옷을 입었습니다.

2. 인권 존중과 정의로운 사회

쪽지 시험

❶ 인권을 존중하는 삶   17쪽

1 인권   **2** 존중   **3** 어린이날
4 테레사   **5** 신문고   **6** 세(3)
7 인권   **8** 법

❷ 인권 보장과 헌법   19쪽

1 헌법   **2** 헌법 재판소   **3** 평등권
4 자유권   **5** 청구권   **6** 납세
7 ㉠ 국방 ㉡ 환경 보전   **8** 조화

❸ 법의 의미와 역할   21쪽

1 법   **2** 인권   **3** 도덕
4 「학교 급식법」   **5** 「저작권법」
6 ㉠ 권리 ㉡ 사회 질서
7 ㉠ 판사 ㉡ 검사   **8** 어기는

실전 단원 평가 1회   22~24쪽

1 ③   **2** ④   **3** ③
4 ③, ⑤
5 예 시각 장애인들이 사회에서 일할 수 있도록 하여 인권을 신장하고자 하였다.
6 ③   **7** ④   **8** 헌법
9 ③   **10** 아연, 찬혁   **11** ①
12 ③   **13** ㉠ 권리 ㉡ 의무
14 법   **15** ⑤   **16** ⑤
17 예 법은 개인의 권리를 보장하는 역할을 한다.
18 ④   **19** ①   **20** ②

1 ③ 인권은 다른 사람이 힘이나 권력을 이용하여 함부로 빼앗을 수 없습니다.

2 ㉢ 점자 블록은 임산부가 아니라 시각 장애인을 위해 공공장소에 설치합니다.

3 허균이 쓴 『홍길동전』에는 신분이 낮으면 차별받고 능력을 펼칠 수 없었던 당시의 사회 제도에 저항하는 의식이 담겨 있습니다.

4 상언과 신문고는 조선 시대에 사람들이 임금에게 억울한 일을 하소연할 수 있었던 제도로, 옛날부터 인권을 보장하려는 노력이 있었다는 것을 알 수 있습니다.

5

채점 기준	
상	'시각 장애인들이 사회에서 일할 수 있도록 하고자 하였다.'와 '인권을 신장하고자 하였다.'를 모두 바르게 쓴 경우
하	위의 내용 중 한 가지만 쓴 경우

옛날에도 명통시, 삼복제, 신문고 등 다양한 제도를 통해 인권을 신장하려는 노력이 이루어졌습니다.

6 친구의 수첩을 몰래 읽은 것은 사생활 침해로, 인권을 존중하지 않은 사례입니다.

7 ④ 인권을 침해하는 법률을 폐지하는 것은 국회가 하는 역할입니다.

8 모든 법은 우리나라 최고의 법인 헌법에 담긴 가치와 내용에 따라 만들어지며, 그 법들은 헌법에 어긋나서는 안 됩니다.

9 헌법은 국가를 운영하는 데 가장 중요하고 기본적인 내용을 담고 있습니다.

10 유리, 영재는 '인터넷 본인 확인제(실명제)'를 찬성하는 입장에서 이야기하고 있습니다.

11 ②는 참정권, ③은 평등권, ④는 사회권, ⑤는 청구권에 대한 설명입니다.

12 국방의 의무는 모두가 안전하도록 국가를 지킬 의무이고, 납세의 의무는 국가의 유지에 필요한 세금을 내야 할 의무입니다.

13 권리와 의무가 충돌할 때에는 권리와 의무의 조화를 추구하는 자세가 필요합니다.

14 법은 공동체 생활을 하면서 반드시 지켜야 하는 강제성이 있는 규범입니다.

15 법은 사람들이 사회생활에서 지켜야 할 행동 기준으로, 법을 지키지 않으면 국가의 제재를 받게 됩니다. ①, ③, ④는 법으로 제재를 받지 않는 상황이고, ②는 법을 지키는 행동입니다.

16 「식품 안전 기본법」은 음식점에서 건강한 재료로 깨끗한 음식을 만들게 하여 우리가 안심하고 음식을 먹을 수 있도록 합니다.

17

채점 기준
'법은 개인의 권리를 보장하는 역할을 한다.'라고 바르게 쓴 경우

법은 소비자의 권리, 저작권 등 다양한 개인의 권리를 보장하여 모든 사람이 인간다운 생활을 누릴 수 있도록 도와줍니다.

18 법에 따라 어린이 보호 구역을 지정하여 사고를 예방하고 어린이가 안전한 생활을 할 수 있도록 합니다.

19 재판에서 피고인이 법을 위반한 점에 대해 처벌을 해야 한다고 요청하는 사람은 검사입니다.

20 ⓒ 개인의 이익뿐만 아니라 공동체 전체의 이익을 추구하기 위해서 법을 잘 지켜야 합니다. ② 다른 사람들의 권리를 침해하지 않기 위해서 법을 잘 지켜야 합니다.

실전 단원평가 2회

25~27쪽

1 인권	**2** 예 서로의 권리를 존중하는	
3 ②	**4** 테레사	**5** ③
6 ④	**7** ③	**8** ②
9 ③	**10** 기본권	**11** ④
12 ③		

13 예 자신의 재산을 자유롭게 사용할 수 있는 자유권과 환경을 지키기 위해 노력해야 하는 환경 보전의 의무가 충돌하고 있다.

14 ②	**15** ②	**16** ①
17 ⑤	**18** ②, ③	**19** ⑤
20 ②		

1 1948년 12월 10일, 국제 연합(UN) 총회에서는 인류가 전쟁을 되풀이하지 않고 평화롭게 살아가기를 바라며 세계 인권 선언을 발표하였습니다. 이 선언문에는 모든 사람이 태어나면서부터 똑같은 권리를 지니며, 누구도 인권을 억압하거나 침해할 수 없다는 내용이 담겨 있습니다.

2

채점 기준
'서로의 권리를 존중하는'이라고 바르게 쓴 경우

인권은 모든 사람이 태어날 때부터 가지는 권리입니다. 이를 지키기 위해서 모든 사람은 나와 똑같은 권리를 지니고 있음을 알고 서로의 권리를 존중하는 태도를 가져야 합니다.

3 방정환은 어린이가 어리다는 이유만으로 존중받지 못하는 상황을 안타깝게 여기고, 어린이의 인권 신장을 위해 노력하였습니다.

4 테레사는 인도 빈민가에 '사랑의 선교회'를 만들어 가난한 사람, 아프고 죽어 가는 사람, 버림받은 아이들을 돌보며 평생을 헌신하였습니다.

5 『경국대전』은 조선 시대에 통치의 기본이 된 법전으로, 백성의 인권을 존중하는 여러 조항이 담겨 있습니다.

6 ①은 사생활 침해, ②, ⑤는 편견과 차별, ③은 사이버 폭력으로 인해 인권을 침해당한 모습입니다.

7 제시된 사진은 공공 화장실에 낮은 세면대를 설치한 모습입니다. 이는 키가 작아 세면대에 손이 닿지 않는 어린이의 인권을 보호하기 위해 만들어진 시설입니다.

8 ② 모든 법과 제도는 헌법에 바탕을 두고, 헌법에 어긋나지 않게 만들어집니다.

9 국가 권력이나 법률이 헌법에 어긋나거나 개인의 인권을 침해하는 경우, 국민 누구나 헌법 재판소에 헌법 재판을 요청할 수 있습니다.

10 기본권은 헌법에서 보장하고 있는 국민의 기본적인 권리로, 헌법에 기본권을 제시하여 국가 권력이 개인의 기본적인 인권을 침해할 수 없도록 하였습니다.

11 청구권은 기본권이 침해되거나 침해될 우려가 있을 때 국가에 어떤 일을 해 달라고 요구할 수 있는 권리입니다.

12 ③ 모든 국민이 선거에 참여할 수 있는 것은 국민의 기본권 중 참정권과 관련된 내용입니다.

13

	채점 기준
상	'자신의 재산을 자유롭게 사용할 수 있는 자유권'과 '환경을 지키기 위해 노력해야 하는 환경 보전의 의무'를 모두 바르게 쓴 경우
하	위의 내용 중 한 가지만 쓴 경우

우리 사회는 다양한 사람들이 함께 살아가고 있기 때문에 권리와 의무가 서로 충돌하는 일이 발생하기도 합니다.

14 권리와 의무가 충돌할 때 사회 구성원들은 헌법에 담긴 권리와 의무를 조화롭게 실천하고자 노력해야 합니다.

15 ⓒ 법을 어겼을 때에는 제재를 받습니다. ⓔ 법이 사회의 변화와 맞지 않을 때에는 법을 바꾸거나 다시 만들 수 있습니다.

16 법은 공동체 생활을 하면서 반드시 지켜야 하는 강제성이 있는 규범으로, 사람들이 살아가면서 해야 할 일과 하지 말아야 할 일을 규정하고 있습니다. ① 친구의 생일에 선물을 주는 것은 법이 강제할 수 없습니다.

17 「저작권법」은 창작물에 대한 저작자의 권리를 보호하려고 만든 법으로, 소설, 음악, 미술, 영상 등을 창작한 저작자들이 정당한 대가를 받을 수 있도록 합니다.

18 법은 개인의 권리를 보호하고, 사회 질서를 유지하는 역할을 합니다.

19 법은 국민의 생명과 재산 등을 보호하여 개인의 권리를 보호하는 역할을 합니다.

20 ⓔ 법을 잘 지키면 나의 권리를 보장받고 다른 사람의 권리도 보장할 수 있습니다.

수행평가

주제 ❶   28쪽

1-❶ (1) (가) − ㉠ (2) (나) − ㉡ (3) (다) − ㉢

1-❷ 예 억울하게 벌을 받는 사람이 없도록 하기 위해서이다.

1-❸ 예 인권은 태어날 때부터 모든 사람이 당연하게 가지는 권리이므로, 모든 사람이 사람답게 살기 위해서 인권 보장 제도가 필요하다.

주제 ❷   29쪽

2-❶ (가) 자유권 (나) 평등권 (다) 사회권 (라) 국방의 의무 (마) 환경 보전의 의무 (바) 납세의 의무

2-❷ 예 국민의 기본권은 국가의 안전 보장, 사회 질서 유지, 공공의 이익 등을 위해 필요한 경우 법률에 따라 제한될 수 있다.

2-❸ 예 의무를 실천하는 일은 나뿐만 아니라 다른 사람의 기본권을 보장해 줄 수 있는 바탕이 되기 때문이다.

1-❶

	채점 기준
상	'(가) − ㉠, (나) − ㉡, (다) − ㉢'을 모두 바르게 연결한 경우
하	위의 내용 중 한 가지만 연결한 경우

1-❷

	채점 기준
상	'억울하게 벌을 받는 사람이 없도록 하기 위해서였다.'라고 바르게 쓴 경우
하	'억울한 사람이 없도록 하기 위해서였다.'라고만 쓴 경우

조선 시대에는 사형 같은 무거운 형벌을 내릴 때에는 신분과 관계없이 세 번의 재판을 거치도록 하여 억울하게 벌을 받는 사람이 없도록 하였습니다.

1-❸

	채점 기준
상	'인권은 태어날 때부터 모든 사람이 당연하게 가지는 권리이므로, 모든 사람이 사람답게 살기 위해서 인권 보장 제도가 필요하다.'라고 바르게 쓴 경우
하	인권의 의미와 인권 보장 제도가 필요한 까닭 중 한 가지만 바르게 쓴 경우

조선 시대에는 백성의 인권을 보장하려고 다양하게 노력하였고, 이러한 제도는 오늘날 인권을 보장하는 제도들로 이어지고 있습니다.

2-❶

	채점 기준
상	'(가) 자유권, (나) 평등권, (다) 사회권, (라) 국방의 의무, (마) 환경 보전의 의무, (바) 납세의 의무'를 모두 바르게 쓴 경우
중	위의 내용 중 세 가지 이상을 쓴 경우
하	위의 내용 중 한 가지만 쓴 경우

헌법은 국민의 기본권을 보장하는 동시에 국민으로서 지켜야 하는 의무도 정해 놓았습니다.

2-❷

	채점 기준
상	'국가의 안전 보장', '사회 질서 유지', '공공의 이익'을 모두 바르게 쓴 경우
중	위의 내용 중 두 가지만 쓴 경우
하	위의 내용 중 한 가지만 쓴 경우

기본권을 제한할 수 있는 경우도 있지만 자유와 권리의 본질적인 내용은 함부로 침해할 수 없습니다.

2-❸

채점 기준
'의무를 실천하는 일은 나뿐만 아니라 다른 사람의 기본권을 보장해 줄 수 있는 바탕이 되기 때문이다.'라고 바르게 쓴 경우

자신과 타인의 기본권을 보호하려면 그에 따른 책임과 의무를 지켜야 합니다.

1 ③
2 ㉠ 영동 ㉡ 영서
3 ①
4 ⑤
5 ②, ⑤
6 예 태백산맥이 차가운 북서 계절풍을 막아 주고, 수심이 깊고 난류가 흐르는 동해의 영향
7 ④
8 ②
9 산업화
10 ④
11 ③
12 ㉠, ㉢
13 삼복제
14 ⑤
15 예 모든 사회 구성원의 인권을 보장하기 위해서이다.
16 ①, ②
17 ①
18 ④, ⑤
19 ④
20 ⑤

1 ③ 우리나라는 삼면이 바다로 둘러싸여 있고, 한 면은 대륙과 연결되어 있는 반도 국가입니다.

2 영동 지방과 영서 지방의 '영(령)'은 태백산맥의 진부령, 미시령, 한계령, 대관령과 같은 높은 고개들을 의미합니다.

3 '영남'은 조령(문경 새재) 고개의 남쪽에 있어서 붙여진 이름입니다.

4 ①은 산지를 이용하는 모습이고, ②, ③, ④는 해안을 이용하는 모습입니다.

5 우리나라는 계절에 따라 성질이 다른 바람이 불어옵니다. 여름에는 남동쪽에서 덥고 습한 바람이 불어오고, 겨울에는 북서쪽에서 차갑고 건조한 바람이 불어옵니다.

6

	채점 기준
상	'태백산맥이 차가운 북서 계절풍을 막아 주고'와 '수심이 깊고 난류가 흐르는 동해의 영향'을 모두 바르게 쓴 경우
하	위의 내용 중 한 가지만 쓴 경우

우리나라는 같은 계절이어도 위도가 비슷한 동쪽 지역과 서쪽 지역의 기온이 다릅니다.

7 우리나라는 계절에 따라 강수량의 차이가 크기 때문에 가뭄에 대비하려고 저수지를 만들었습니다.

8 제시된 신문 기사의 밑줄 친 부분과 같이 초등학생 수가 줄어드는 것은 저출산 현상 때문입니다.

9 우리나라는 1960년대 산업화 과정에서 많은 사람이 일자리를 찾아 도시로 이동하면서 대도시의 인구가 크게 증가하였습니다.

10 부산은 원료를 수입하고 제품을 수출하기 좋은 해안가에 위치해 물류 산업이 발달하였습니다.

11 ③ 교통수단과 교통로가 발달하면서 지역 간의 이동 시간은 단축되었습니다.

12 ㉡ 인권은 나이와 상관없이 모든 사람에게 동일하게 보장됩니다. ㉢ 인권은 다른 사람이 힘이나 권력을 이용하여 함부로 빼앗을 수 없습니다.

13 삼복제는 억울하게 벌을 받는 사람이 없도록 하기 위한 제도로, 옛날부터 백성의 인권을 보장하려는 다양한 노력이 있었다는 것을 알 수 있습니다.

14 마틴 루서 킹은 흑인을 심하게 차별하던 미국에서 흑인의 인권을 보장하고자 비폭력 운동에 앞장섰습니다.

15

채점 기준
'모든 사회 구성원의 인권을 보장하기 위해서이다.'라고 바르게 쓴 경우

모든 사회 구성원의 인권을 보장하기 위해서 학교에서는 인권 교육을 하고, 국가와 지방 자치 단체 등은 법과 제도를 만들고 시설을 설치하는 등의 노력을 하고 있습니다.

16 헌법 재판소에서 법률이 국민의 인권을 침해한다고 결정하면 그 법률은 헌법에 근거해 개정되거나 폐지됩니다.

17 자유권은 자유롭게 생각하고 행동할 수 있는 권리로, 거주 이전의 자유, 직업 선택의 자유, 종교의 자유 등을 헌법에서 보장하고 있습니다.

18 ① 법이 사회의 변화와 맞지 않거나 인권을 침해할 때에는 법을 바꿀 수 있습니다. ②, ③ 법은 국가가 만든 강제성이 있는 규범으로, 이를 지키지 않으면 국가의 제재를 받습니다.

19 ① 「저작권법」은 창작물에 대한 권리를 보호하려고 만든 법입니다. ② 「도로 교통법」은 도로에서 안전하게 다닐 수 있도록 만든 법입니다. ③ 「식품 안전 기본법」은 건강하고 안전하게 음식을 먹을 수 있도록 만든 법입니다. ⑤ 「어린이 식생활 안전 관리 특별법」은 어린이의 안전하고 균형 잡힌 식생활이 가능하도록 학교와 학교 주변 200m 범위를 어린이 식품 안전 보호 구역으로 지정하여 관리하는 법입니다.

20 법을 지키지 않는 행동은 다른 사람의 권리를 침해하여 피해를 줄 수 있습니다.

1 ①   **2** 비무장 지대(DMZ)
3 ⑤   **4** 갯벌   **5** ㉢, ㉣, ㉤, ㉥
6 ②   **7** ③   **8** ①, ④
9 예 경기도에 신도시를 건설해 인구와 기능을 분산하였다. / 공공 기관을 지방으로 옮겨 그 주변이 발전하도록 하였다.
10 ㉢, ㉣   **11** ②   **12** ③
13 ⑤   **14** 헌법   **15** ②
16 ②
17 예 법은 사람들이 사회생활에서 지켜야 할 행동 기준으로, 이를 어겼을 때에는 국가의 제재를 받는다.
18 (1) ㉠, ㉡ (2) ㉢, ㉣   **19** ④
20 재판

1 ① 우리나라의 영토는 한반도와 한반도에 속한 여러 섬입니다.

2 비무장 지대(DMZ)는 생태적 가치가 높고, 남한과 북한의 평화를 지키고자 조성된 곳으로 우리가 관심을 가지고 지켜야 할 국토입니다.

3 ⑤ 북한 지역을 제외한 우리나라의 행정 구역 중 광역시는 6곳이며 인천광역시, 대전광역시, 대구광역시, 광주광역시, 울산광역시, 부산광역시입니다.

4 갯벌은 밀물 때 물에 잠겨 있다가 썰물 때 물 밖으로 드러나는 모래 점토질의 평탄한 땅으로 다양한 생물이 사는 지형입니다.

5 ㉠ 동해안은 해안선이 단조롭고 섬이 적습니다. ㉡ 서해안은 해안선이 복잡하고 섬이 많습니다.

6 ①, ④ 설피와 우데기는 눈이 많이 내리는 기후의 영향을 받았습니다. ③ 온돌은 기온이 낮아 추운 기후의 영향을 받았습니다. ⑤ 터돋움집은 비가 많이 내리는 기후의 영향을 받았습니다.

7 ③ 기온이 갑자기 내려가면서 발생하는 추위는 한파입니다.

8 ② 주택 부족, ③ 교통 혼잡, ⑤ 주차 공간 부족은 인구가 늘어나는 도시에서 발생하는 문제입니다.

9

채점 기준
'경기도에 신도시를 건설해 인구와 기능을 분산하였다. / 공공 기관을 지방으로 옮겨 그 주변이 발전하도록 하였다.' 중 한 가지를 바르게 쓴 경우

1980년대 이후에는 신도시를 건설하거나 공공 기관을 지방으로 옮겨 서울의 인구를 분산하려고 노력하고 있습니다.

10 교통의 발달로 ㉠ 생활권이 넓어졌고, ㉡ 물자의 이동이 더욱 활발해졌습니다.

11 방정환, 이태영, 테레사는 모두 인권을 신장하고자 노력한 사람들입니다.

12 상언 제도는 일반 백성이 억울한 사정이나 원통한 일을 해결하는 방법입니다.

13 ⑤는 우리나라에서 일하는 외국인 노동자의 인권이 침해된 사례입니다.

14 '제헌절'은 우리나라 최초의 헌법인 제헌 헌법이 만들어진 날을 기념하는 국경일입니다.

15 ①은 근로의 의무, ③은 납세의 의무, ④는 환경 보전의 의무, ⑤는 교육의 의무에 대한 설명입니다.

16 ② 권리와 의무가 충돌할 때에는 서로의 입장을 충분히 이해하고 공감하면서 권리와 의무를 조화롭게 추구하는 자세가 필요합니다.

17

채점 기준	
상	'법을 어겼을 때 국가의 제재를 받는다.'라고 바르게 쓴 경우
하	'법을 어겼을 때 제재를 받는다.' 등 강제성이 드러나지 않게 쓴 경우

법은 공동체 생활을 하면서 반드시 지켜야 하는 강제성이 있는 규범으로, 지키지 않으면 국가의 제재를 받습니다.

18 ㉢, ㉣ 상황은 주위 사람들의 따가운 시선을 받을 수 있지만 법으로 제재를 받지는 않습니다.

19 ④ 힘이 강한 사람들이 마음대로 행동할 수 없도록 하기 위해 법을 만듭니다.

20 법을 지키지 않았을 때나 개인 간의 다툼이 일어났을 때 재판을 합니다.

Memo

900만*의 압도적 선택

우리 반 1등의 성적 비결
비상교육 온리원 초등

온리원 학부모
10명 중 8명 재구매!*

교과서 발행사
11,694개 학교에서
사용하는 비상 교과서

검증된 학습법
개뻐노트 업로드 수
74만 건 돌파!

업계 유일
전과목 그룹형
라이브 화상수업

특허* 받은
메타인지 학습법으로
오래 기억되는 공부

독점 강의
초등 베스트셀러 교재
독점 강의 제공

★★★
10일간 전과목 전학년
0원 무제한 학습!

*2000년 이후 수박씨닷컴, 와이즈캠프, 온리원 키즈/초등/중등 누적 회원가입 수 기준
*2024년 3~4월 온리원 초등 수강생 재구매율 기준
*특허 제 10-2374101호

비상교육 온리원 ▼

문의 1588-6563 | 비상교육 온리원 only1.co.kr

한·끝·시·리·즈   교과서 학습부터 평가 대비까지 한 권으로 끝! 사회 공부의 진리입니다.

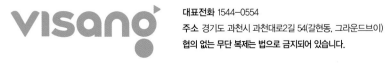

대표전화 1544-0554
주소 경기도 과천시 과천대로2길 54(갈현동, 그라운드브이)

비상 누리집에서 더 많은 정보를 확인해 보세요,
https://book.visang.com/

학업성취도 평가 대비   학업성취도 평가 대비 문제 2회

한끝 평가책

초등사회

5·1

단원 평가 대비   개념 정리 / 쪽지 시험 /
실전 단원 평가 / 수행 평가

ABOVE IMAGINATION

우리는 남다른 상상과 혁신으로
교육 문화의 새로운 전형을 만들어
모든 이의 행복한 경험과 성장에 기여한다

한끝

평가책

초등
사회 | 5·1

개념 정리

❶ 국토의 위치와 영역

❶ 우리 국토의 위치와 영역

① 우리 국토의 위치

위치	• 아시아 대륙의 동쪽에서 태평양과 맞닿아 있는 반도 국가 • 북위 33°~43°, 동경 124°~132° 사이에 있음. (자료❶) • 중국과 일본 사이에 있음.
특징	• 도로나 철도를 이용해 대륙으로 나아가기 유리함. • 삼면이 바다와 맞닿아 있어 해양으로 나아가기에 좋은 위치에 있음.

② 우리나라의 영역 (자료❷)

영토	• 한반도와 한반도에 속한 여러 섬 • 4극: 영토의 끝으로, 우리나라 영토의 범위를 알 수 있음.
영해	• 서해안, 남해안: 가장 바깥에 있는 섬들을 직선으로 연결한 선인 기선으로부터 12해리까지임. • 동해안, 울릉도, 독도, 제주도: 썰물일 때의 해안선을 기선으로 하여 12해리까지임.
영공	우리나라 영토와 영해 위에 있는 하늘의 범위

③ 우리 국토의 소중함

• 국토를 소중하게 여겨야 하는 까닭: 우리가 살아가는 터전이며, 국토를 잘 보존하여 후손에게 물려주어야 하기 때문입니다.
• 국토를 지키고 사랑하는 방법: 국토에 관심 가지기(독도 탐방 등), 국토를 지키는 분께 감사의 마음 표현하기, 환경을 보호하는 일에 적극 참여하기 등이 있습니다.

❷ 우리 국토의 구분

① 자연환경에 따른 국토의 구분

큰 산맥과 하천 중심의 지역 구분	• 북부 지방: 휴전선 북쪽으로 지금의 북한 지역 • 중부 지방: 휴전선 남쪽부터 소백산맥과 금강 하류까지의 지역 • 남부 지방: 중부 지방의 남쪽 지역
전통적인 지역 구분	관북, 관서, 관동(영동, 영서), 해서, 경기, 호서, 호남, 영남 지방으로 구분함. → 오늘날 행정 구역을 정하는 기초가 되었음. (자료❸)

② 행정 구역에 따른 국토의 구분

• 행정 구역: 나라를 효율적으로 관리하려고 나눈 지역을 말합니다. → 조선 시대의 8도에서 비롯되었습니다.
• 우리나라의 행정 구역: 북한 지역을 제외하면 특별시 1곳, 특별자치시 1곳, 광역시 6곳, 도 6곳, 특별자치도 3곳으로 이루어져 있습니다.

자료❶ 위도와 경도

위도	• 위선(가로선)으로 나타냄. • 적도를 기준으로 북쪽은 북위, 남쪽은 남위라고 함.
경도	• 경선(세로선)으로 나타냄. • 본초 자오선을 기준으로 동쪽을 동경, 서쪽을 서경이라고 함.

자료❷ 우리나라의 4극

북쪽 끝	
함경북도 온성군 풍서리 유원진	
서쪽 끝	**동쪽 끝**
평안북도 용천군 마안도(비단섬)	경상북도 울릉군 울릉읍 독도
남쪽 끝	
제주특별자치도 서귀포시 대정읍 마라도	

자료❸ 우리나라의 전통적인 지역 구분

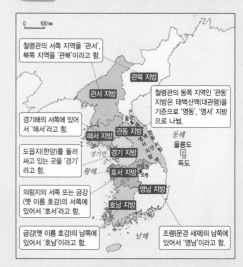

정답과 해설 • 24쪽

1

1 우리 국토는 아시아 대륙의 (동쪽 , 서쪽)에서 태평양과 맞닿아 있습니다.

1 _____

2 우리 국토는 삼면이 바다로 둘러싸인 (   ) 국가이므로 해양으로 나아가기에 유리한 위치에 있습니다.

2 _____

3 영역에는 한 나라의 주권이 미치는 땅의 범위인 (㉠   ), 바다의 범위인 (㉡   ), 하늘의 범위인 (㉢   )이/가 있습니다.

3 ㉠: _____

   ㉡: _____

   ㉢: _____

4 우리나라 영토의 동쪽 끝은 (   ), 서쪽 끝은 마안도(비단섬), 남쪽 끝은 마라도, 북쪽 끝은 유원진입니다.

4 _____

5 영해의 범위는 영해를 설정하는 기준인 기선으로부터 (   )해리까지입니다.

5 _____

6 큰 산맥과 하천을 중심으로 우리 국토를 구분할 때, 지금의 북한 지역을 북부 지방, 휴전선 남쪽부터 (   )과/와 금강 하류까지의 지역을 중부 지방, 중부 지방의 남쪽 지역을 남부 지방이라고 합니다.

6 _____

7 철령관의 동쪽 지역인 (   ) 지방은 태백산맥(대관령)을 기준으로 다시 영동 지방과 영서 지방으로 나눕니다.

7 _____

8 나라를 효율적으로 관리하려고 나눈 지역을 무엇이라고 합니까?

8 _____

❷ 국토의 자연환경

① 우리나라 지형의 특징과 사람들의 생활 모습 [자료①]

산지	• 국토의 약 70%가 산지이며, 높고 험난한 산은 대부분 북쪽과 동쪽에 많음. • 고랭지 채소를 재배하고, 스키장과 휴양 시설이 있음.
하천	• 큰 하천은 대부분 서쪽과 남쪽으로 흘러감. • 하천 중·상류에 다목적 댐을 건설해 홍수와 가뭄을 예방하고 전기를 생산함.
평야	• 서쪽과 남쪽에 주로 넓은 평야가 나타남. • 하천 중·하류 주변 평야에서는 농사를 많이 짓고, 옛날부터 사람이 많이 모여 살아 도시가 발달함.
해안	• 서해안: 해안선이 복잡하고 섬이 많으며 밀물과 썰물의 차가 커서 갯벌이 발달함. • 남해안: 해안선이 복잡하고, 크고 작은 섬이 많음. → 물고기, 김, 조개류 등을 기르는 양식업이 발달함. • 동해안: 해안선이 단조롭고 섬이 적음. → 길게 뻗은 모래사장이 펼쳐진 곳이 많아 해수욕장이 발달함.

② 우리나라의 기후

① 우리나라 기후의 특징 [자료②]
• 중위도에 있어서 기후가 대체로 온화하고 사계절이 나타나며, 계절별로 기온과 강수량의 차이가 큽니다.
• 계절에 따라 불어오는 바람이 다릅니다.

② 우리나라 기온과 강수량의 특징 [자료③]

기온	• 대체로 남쪽으로 갈수록 기온이 높아지고, 북쪽으로 갈수록 기온이 낮아짐. • 차가운 북서 계절풍을 막아 주는 태백산맥과 수심이 깊고 난류가 흐르는 동해의 영향 → 동해안이 비슷한 위도의 서해안보다 겨울 기온이 높음. • 대체로 해안 지역이 내륙 지역보다 겨울 기온이 더 높음.
강수량	• 연 강수량의 절반 이상이 여름에 집중됨. • 대체로 남쪽에서 북쪽으로 갈수록 강수량이 적어짐.

③ 우리나라의 자연재해와 그 피해를 줄이려는 노력

① **우리나라의 자연재해**: 봄에는 황사·가뭄 등이, 여름과 가을에는 폭염·홍수·태풍 등이, 겨울에는 폭설·한파 등이 발생합니다. 최근에는 지진도 자주 발생하고 있습니다.

② **자연재해의 피해를 줄이기 위한 노력**: 정부에서는 자연재해가 예상될 때 기상 특보와 지진·화산 특보를 발령하고, 개인은 재해 발생 시 행동 요령과 안전 수칙을 알고 실천해야 합니다.

[자료①] **우리나라의 지형도(위)와 단면도(아래)**

[자료②] **우리나라의 계절별 기후 특징**

봄	따뜻하고 건조함, 꽃샘추위, 황사 등
여름	덥고 습함(남동쪽에서 더운 바람이 불어옴.), 태풍 등
가을	시원하고 맑음, 가을장마
겨울	춥고 건조함(북서쪽에서 차가운 바람이 불어옴.), 눈 피해 등

[자료③] **기후에 따른 사람들의 생활 모습**

• **기온에 따른 옛사람들의 생활 모습**

의생활	여름에는 모시옷을 만들어 입었고, 겨울에는 누비옷을 만들어 입었음.
식생활	남쪽 지방은 소금과 젓갈이 많이 들어간 음식이 발달하였고, 북쪽 지방은 싱거운 음식이 발달하였음.
주생활	전통 가옥에는 대청을 만들었고, 난방 시설인 온돌을 설치하였음.

• **강수량에 따른 생활 모습**

저수지	가뭄에 대비하려고 만듦.
터돋움집	여름철에 비가 많이 오는 지역에서 집이 물에 잠기는 것을 막으려고 집터를 주변보다 높여서 지음.
우데기	울릉도에서 눈이 집으로 들어오는 것을 막고 집 안에서 생활하기 편리하도록 설치하였음.

1 우리나라의 높고 험한 (㉠)은/는 대부분 북쪽과 동쪽에 많고, 평평하고 넓은 땅인 (㉡)은/는 서쪽과 남쪽에 발달하였습니다.

1 ㉠: _____
  ㉡: _____

2 우리나라의 해안 중 ( )은/는 해안선이 단조롭고, 길게 뻗은 모래사장이 펼쳐진 곳이 많아 해수욕장이 발달하였습니다.

2 _____

3 우리나라는 여름에 ㉠ (남동쪽 , 북서쪽)에서 더운 바람이 불어오고, 겨울에 ㉡ (남동쪽 , 북서쪽)에서 차가운 바람이 불어옵니다.

3 ㉠: _____
  ㉡: _____

4 우리나라는 차가운 북서 계절풍을 막아 주는 태백산맥과 수심이 깊고 난류가 흐르는 동해의 영향으로 동해안이 비슷한 위도의 서해안보다 겨울철 기온이 (낮은 , 높은) 편입니다.

4 _____

5 우리나라의 전통 가옥에서는 여름을 시원하게 보내기 위한 ㉠ (대청 , 온돌)과 겨울을 따뜻하게 보내기 위한 ㉡ (대청 , 온돌)을 볼 수 있습니다.

5 ㉠: _____
  ㉡: _____

6 우리나라는 장마와 태풍의 영향으로 대부분의 지역에서 연 강수량의 절반 이상이 사계절 중 ( )에 집중됩니다.

6 _____

7 봄철에 많이 발생하는 자연재해로, 중국이나 몽골의 사막에서 발생한 미세한 모래 먼지가 우리나라까지 날아오는 현상을 무엇이라고 합니까?

7 _____

8 정부에서 태풍, 폭염, 한파 등의 자연재해가 예상될 때 국민이 미리 대처할 수 있도록 발령하는 것을 무엇이라고 합니까?

8 _____

❸ 국토의 인문환경

① 우리나라의 인구 구조와 인구 분포의 변화

① 우리나라 인구 구조의 변화: 연령별 인구 구성 비율의 변화를 살펴보면 유소년층 인구는 줄고 노년층 인구는 늘어났습니다. → 저출산·고령화 현상이 빠르게 진행되고 있습니다. `자료①`

② 우리나라 인구 분포의 변화

1960년대 이전	벼농사 중심의 농업 사회로, 남서부 평야 지역은 인구 밀도가 높고 북동부 산지 지역은 인구 밀도가 낮았음.
1960년대 이후	산업화로 도시가 발달하면서 대도시, 수도권, 남동 임해 공업 지역의 인구가 크게 증가하였음.

③ 오늘날 우리나라 인구 분포의 특징: 인구의 절반 정도가 수도권에 모여 살고, 인구 분포가 지역적으로 고르지 않아 여러 가지 문제가 발생합니다. `자료②`

② 우리나라 도시, 산업, 교통 발달의 모습

① 우리나라의 도시 발달 모습

1960년대	산업화 과정에서 많은 사람이 일자리를 찾아 도시로 이동함. → 도시의 수와 도시 인구가 크게 증가함.
1970년대	대도시의 지속적인 성장과 더불어 정부의 중화학 공업 정책에 따라 남동쪽 해안 지역을 중심으로 포항, 울산, 창원 등이 공업 도시로 성장함.
1980년대	경기도에 신도시를 건설하여 서울에 집중된 인구와 기능을 분산함.
최근	수도권에 집중되어 있는 공공 기관을 지방으로 옮겨 인구의 분산, 국토의 균형적 발전을 위해 노력하고 있음.

② 우리나라의 산업 발달 모습

1960년대	노동력이 풍부한 대도시를 중심으로 섬유, 신발 등을 만드는 산업이 발달함.
1970~ 1980년대	재료를 수입하거나 완성된 제품을 수출하기에 편리한 남동 임해 지역을 중심으로 중화학 공업이 발달함.
1990년대	반도체, 컴퓨터 등의 산업이 빠르게 성장함.
최근	• 지역별로 각기 다른 산업이 발달하고 있음. `자료③` • 각종 서비스업과 첨단 산업이 성장하고 있음.

③ 우리나라의 교통 발달 모습: 1970년에 경부 고속 국도의 개통, 2000년대에 고속 철도의 개통 등 교통의 발달로 지역 간의 이동 시간이 줄면서 사람과 물자의 이동이 활발해지고, 사람들의 생활권이 넓어졌습니다.

`자료①` **우리나라의 연령별 인구 구성 비율의 변화**

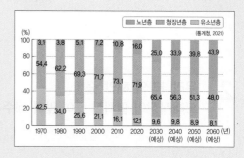

`자료②` **인구 분포의 지역적 불균형으로 발생하는 문제**

인구가 늘어나는 지역(도시)	주택 부족, 교통 혼잡, 환경 오염 등
인구가 줄어드는 지역(촌락)	일손 부족, 교육 및 의료 시설 부족 등

`자료③` **자연환경과 인문환경의 차이에 따라 지역별로 발달한 산업**

서울	편리한 교통, 넓은 소비 시장을 바탕으로 여러 가지 산업이 고르게 발달하였음.
대전	대학교와 연구소가 협력하여 첨단 산업이 성장하였음.
광주	자동차를 만드는 산업이 발달하였음.
대구	풍부한 노동력을 바탕으로 섬유, 패션, 전자 산업이 발달하였음.
포항	철광석을 수입하여 철강 제품을 만드는 제철 산업이 발달하였음.
부산	원료를 수입하고 제품을 수출하기 좋은 해안가에 위치해 물류 산업이 발달하였음.
제주	독특하고 아름다운 자연환경을 바탕으로 관광 산업이 발달하였음.

정답과 해설 • 24쪽

1

1 우리나라의 연령별 인구 구성 비율의 변화를 살펴보면, 유소년층 인구 비율은 줄고, 노년층 인구 비율은 늘어나는 (   )·고령화 현상이 빠르게 진행되고 있습니다.

1 _____

2 1960년대 이후 (   )(으)로 도시가 발달하면서 대도시, 수도권, 남동 임해 공업 지역의 인구가 크게 증가하였습니다.

2 _____

3 서울을 중심으로 인천과 경기를 포함하는 지역으로, 오늘날 우리나라 인구의 절반 정도가 모여 살고 있는 곳은 어디입니까?

3 _____

4 인구가 (늘어나는 , 줄어드는) 지역에서는 주택 부족, 교통 혼잡, 환경 오염 등의 문제가 발생합니다.

4 _____

5 서울로 인구가 집중되면서 생긴 여러 가지 문제를 해결하려고 1980년대부터 경기도에 (   )을/를 건설하여 인구와 기능을 분산하였습니다.

5 _____

6 1970년대 이후 원료 수입과 제품 수출에 편리한 (남동쪽 , 북서쪽) 해안 지역 일대에 중화학 공업 단지가 형성되었습니다.

6 _____

7 (대전 , 포항)은 철광석을 수입하여 철강 제품을 만드는 제철 산업이 발달하였습니다.

7 _____

8 (   )의 발달로 지역 간의 이동 시간이 줄어들면서 사람들의 생활권이 넓어졌습니다.

8 _____

1 다음 ㉠, ㉡에 들어갈 말을 알맞게 짝지은 것은 어느 것입니까?   (   )

> 우리 국토는 (㉠) 대륙의 (㉡)에서 태평양과 맞닿아 있는 반도 국가입니다.

	㉠	㉡		㉠	㉡
①	유럽	서쪽	②	유럽	동쪽
③	아시아	서쪽	④	아시아	동쪽
⑤	아시아	남쪽			

2 우리나라의 위치가 갖는 특징으로 알맞은 것을 두 가지 고르시오.   (,   )

① 바다와 접해 있지 않아 바닷길을 이용할 수 없다.
② 도로나 철도를 이용해 대륙으로 나아가기 유리하다.
③ 반도이기 때문에 대륙과 해양으로 나아가기 불리하다.
④ 바다로 둘러싸여 있어 다른 나라와 교류하기 불리하다.
⑤ 삼면이 바다와 맞닿아 있어 해양으로 나아가기 유리하다.

중요
3 다음 ㉠, ㉡에 들어갈 알맞은 말을 각각 쓰시오.

> • 우리나라의 영토는 (㉠)과/와 (㉠)에 속한 여러 섬입니다.
> • 우리나라의 영해는 기선으로부터 12해리까지입니다.
> • 우리나라의 (㉡)은/는 우리 영토와 영해 위에 있는 하늘의 범위입니다.

㉠: (   ), ㉡: (   )

4 국토 사랑을 실천할 수 있는 방법을 잘못 이야기한 어린이는 누구입니까?   (   )

① 우리 국토에 관심을 가져야 해.

② 환경을 보호하는 일은 어른만 할 수 있어.

③ 국토를 아름답게 가꾸어야 해.

④ 우리 국토를 지키는 분들께 감사의 편지를 써.

5 다음에서 설명하는 지역은 어디입니까?   (   )

> 우리나라의 전통적인 지역 구분에서 도읍지인 한양을 둘러싼 지역을 뜻합니다.

① 경기 지방   ② 관북 지방
③ 영남 지방   ④ 해서 지방
⑤ 호서 지방

6 북한 지역을 제외한 우리나라 행정 구역에 대한 설명으로 알맞지 않은 것은 어느 것입니까? (   )

① 도는 6곳이다.
② 광역시는 6곳이다.
③ 특별시는 1곳이며 서울특별시이다.
④ 특별자치도는 1곳이며 전주특별자치도이다.
⑤ 특별자치시는 1곳이며 세종특별자치시이다.

7 우리나라의 지형에 대한 설명으로 알맞은 것은 어느 것입니까? ( )

① 국토의 약 70%가 평야이다.
② 평야는 주로 동쪽에 발달하였다.
③ 북쪽과 동쪽에 높고 험난한 산이 많다.
④ 큰 하천은 대부분 서쪽에서 동쪽으로 흘러간다.
⑤ 동해안은 해안선이 복잡하고, 서해안과 남해안은 해안선이 단조롭다.

8 다음 빈칸에 들어갈 알맞은 말은 무엇입니까?
( )

> 하천 중·하류 주변 ( )에서는 물을 구하기 쉽고 농사짓기가 좋아 옛날부터 사람이 많이 모여 살았습니다.

① 섬 ② 갯벌 ③ 산지
④ 평야 ⑤ 해안

9 다음은 계절에 따라 불어오는 바람의 특징을 정리한 내용입니다. ㉠~㉤에 들어갈 말을 잘못 연결한 것은 어느 것입니까? ( )

> 우리나라는 (㉠)에 따라 불어오는 바람이 다릅니다. 여름에는 (㉡)쪽에서 (㉢) 습한 바람이 불어오고, (㉣)에는 북서쪽에서 (㉤) 건조한 바람이 불어옵니다.

① ㉠ - 계절 ② ㉡ - 남동
③ ㉢ - 덥고 ④ ㉣ - 겨울
⑤ ㉤ - 따뜻하고

⭐중요
10 다음 ㉠, ㉡에 들어갈 알맞은 말을 각각 쓰시오.

> 우리나라는 차가운 북서 계절풍을 막아 주는 (㉠)과/와 수심이 깊고 난류가 흐르는 (㉡)의 영향으로 동해안이 비슷한 위도의 서해안보다 겨울 기온이 높습니다.

㉠: ( ), ㉡: ( )

11 다음과 같은 옛날 사람들의 생활 모습에 가장 크게 영향을 준 것은 무엇입니까? ( )

> • 여름에는 모시옷, 겨울에는 누비옷을 입었습니다.
> • 전통 가옥에는 대청을 만들고 온돌을 설치하였습니다.
> • 남쪽 지방에서는 소금과 젓갈이 많이 들어간 음식이, 북쪽 지방에서는 싱거운 음식이 발달하였습니다.

① 기온 ② 자연재해
③ 인구 분포 ④ 산업의 발달 정도
⑤ 교통의 발달 정도

서술형
12 우리나라에서 오른쪽 사진과 같은 시설을 만든 까닭을 강수량과 관련지어 쓰시오.

▲ 저수지

_____

_____

13 지진이 발생하였을 때의 행동 요령으로 알맞은 것을 보기 에서 모두 골라 기호를 쓰시오.

> **보기**
> ㉠ 계단 대신 승강기를 이용한다.
> ㉡ 집 밖에서는 가방이나 손으로 머리를 보호한다.
> ㉢ 집 안에서는 탁자 아래로 들어가 몸을 보호한다.
> ㉣ 등교나 하교 중일 때는 건물과 떨어진 공원 같은 넓은 곳으로 대피한다.

( )

14 다음 그래프를 보고 알 수 있는 우리나라 인구 구성의 특징으로 알맞은 것을 **두 가지** 고르시오.

(,   )

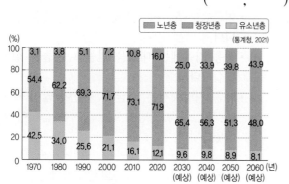

▲ 우리나라의 연령별 인구 구성 비율 변화

① 저출산   ② 고출산   ③ 다문화
④ 고령화   ⑤ 양성평등

[15~16] 다음 지도를 보고, 물음에 답하시오.

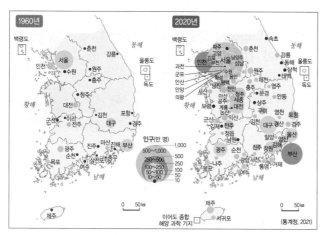

▲ 우리나라의 도시 수와 도시별 인구의 변화

15 위 지도를 보고, 빈칸에 들어갈 알맞은 말을 쓰시오.

우리나라는 (   )과/와 남동 임해 공업 지역을 중심으로 도시가 발달하였습니다.

(   )

16 위 지도를 통해 알 수 있는 사실로 알맞지 <u>않은</u> 것은 어느 것입니까? (   )

① 도시 수가 크게 늘었다.
② 도시 인구가 크게 늘었다.
③ 남동쪽 해안 지역의 도시 수가 늘었다.
④ 인구 100만 명 이상인 도시 수가 줄었다.
⑤ 지도에서 원의 크기는 도시의 인구를 나타낸다.

17 1970년대에 포항, 울산, 창원 등의 도시들이 크게 성장한 까닭은 무엇입니까? (   )

① 수도가 바뀌었기 때문에
② 공업이 발달하였기 때문에
③ 농업이 발달하였기 때문에
④ 신도시를 건설하였기 때문에
⑤ 수도권에 집중되어 있던 공공 기관이 이전하였기 때문에

18 아름답고 독특한 자연환경을 바탕으로 제주에서 발달한 산업은 무엇입니까? (   )

① 의료 산업   ② 제철 산업
③ 관광 산업   ④ 물류 산업
⑤ 첨단 산업

서술형
19 다음은 교통의 발달로 변화한 생활 모습을 설명한 것입니다. 밑줄 친 부분에 들어갈 내용을 **한 가지**만 쓰시오.

• 생활권이 넓어졌습니다.
• _____

_____

_____

중요
20 인문환경의 변화에 따라 달라진 국토의 모습으로 알맞은 것을 보기 에서 모두 골라 기호를 쓰시오.

보기
㉠ 도시의 성장은 교통과 산업을 더욱 발달하게 한다.
㉡ 교통의 발달은 물자와 인구의 이동을 줄어들게 한다.
㉢ 산업이 발달한 곳은 인구가 모이고 도시가 성장한다.

(   )

실전 단원 평가 2회 1. 국토와 우리 생활

1 우리 국토의 위치에 대한 설명으로 알맞은 것은 어느 것입니까? ( )

① 몽골과 러시아 사이에 있다.
② 아시아 대륙의 동쪽에 위치한 섬이다.
③ 아시아 대륙의 서쪽에 위치한 반도이다.
④ 북위 33°~43°, 동경 124°~132° 사이에 위치해 있다.
⑤ 주변에 미국, 캐나다, 멕시코, 브라질 등의 나라가 있다.

2 다음에서 설명하는 곳은 어디입니까? ( )

우리나라 영토의 동쪽 끝으로, 각종 자원이 풍부하고 국토방위에 중요한 장소입니다.

① 독도 ② 마안도 ③ 유원진
④ 마라도 ⑤ 이어도

3 다음 보기 에서 우리나라의 영역에 대한 설명으로 알맞은 것을 고른 것은 어느 것입니까? ( )

보기
㉠ 한반도만 우리나라의 영토에 해당한다.
㉡ 다른 나라의 배나 비행기가 자유롭게 드나들 수 있다.
㉢ 우리나라의 영해는 기선으로부터 12해리까지의 바다를 말한다.
㉣ 우리나라의 영공은 우리 영토와 영해 위에 있는 하늘의 범위이다.

① ㉠, ㉡ ② ㉠, ㉢ ③ ㉡, ㉢
④ ㉡, ㉣ ⑤ ㉢, ㉣

4 다음 빈칸에 들어갈 말로 알맞은 것은 무엇입니까? ( )

우리나라는 옛날부터 산이나 호수, 하천, 바다 등의 ( )으로 지역을 구분하였습니다.

① 교통수단 ② 문화유산 ③ 자연환경
④ 인문환경 ⑤ 통신수단

5 다음은 우리 국토를 큰 산맥과 하천 중심으로 구분한 지도입니다. (가)~(다)에 해당하는 지역을 알맞게 짝지은 것은 어느 것입니까? ( )

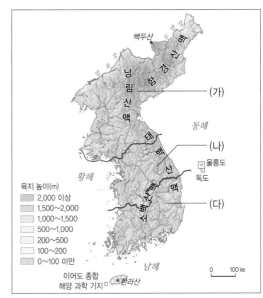

	(가)	(나)	(다)
①	남부 지방	중부 지방	북부 지방
②	남부 지방	북부 지방	중부 지방
③	북부 지방	중부 지방	남부 지방
④	북부 지방	남부 지방	중부 지방
⑤	중부 지방	남부 지방	북부 지방

6 다음 ㉠, ㉡에 들어갈 알맞은 말을 각각 쓰시오.

특별시, 특별자치시, 광역시의 행정 업무를 담당하는 곳은 (㉠)이고, 도와 특별자치도의 행정 업무를 담당하는 곳은 (㉡)입니다.

㉠: ( ), ㉡: ( )

중요 7 다음 밑줄 친 ㉠~㉢ 중 우리나라 지형의 특징으로 알맞지 <u>않은</u> 것을 골라 기호를 쓰시오.

> 우리나라는 ㉠ 국토의 약 70%가 산지입니다. ㉡ 높고 험난한 산은 대부분 북쪽과 동쪽에 많고, ㉢ 큰 하천은 대부분 서쪽과 남쪽으로 흘러 갑니다. 이러한 지형 특징 때문에 ㉣ 북쪽과 동쪽에 주로 넓은 평야가 나타납니다.

(   )

8 다음 빈칸에 들어갈 말로 알맞은 것은 무엇입니까?
(   )

> 우리나라의 (   )은/는 밀물과 썰물의 차가 커서 갯벌이 발달하였습니다.

① 동해안   ② 서해안   ③ 제주도
④ 태백산맥   ⑤ 소백산맥

서술형 9 우리나라의 여름에 불어오는 바람과 겨울에 불어오는 바람은 어떤 특징을 지니고 있는지 각각 쓰시오.

_____

_____

10 우리나라 기온의 특징을 바르게 이야기한 어린이는 누구입니까?
(   )

① 나연: 계절별로 기온의 차이가 없어.
② 승환: 북쪽으로 갈수록 기온이 높아져.
③ 효정: 남쪽으로 갈수록 기온이 낮아져.
④ 동욱: 대체로 해안 지역이 내륙 지역보다 겨울에 더 따뜻해.
⑤ 예은: 동해안이 비슷한 위도의 서해안보다 겨울 기온이 낮은 편이야.

[11~12] 다음은 우리나라 여러 지역의 강수량 그래프입니다. 이를 보고, 물음에 답하시오.

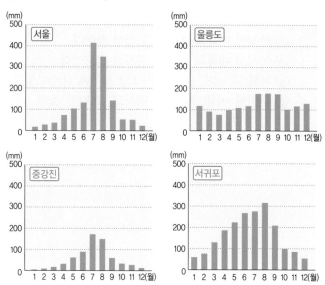

11 위 그래프를 통해 알 수 있는 사실로 알맞지 <u>않은</u> 것은 어느 것입니까? (   )

① 계절에 따라 강수량이 다르다.
② 주로 여름에 비가 많이 내린다.
③ 중강진의 연 강수량이 가장 적다.
④ 울릉도는 다른 지역보다 겨울에 강수량이 많다.
⑤ 같은 계절에는 지역에 따른 강수량의 차이가 거의 없다.

중요 12 위 그래프에서 울릉도의 강수량을 보고, ㉠, ㉡에 들어갈 알맞은 말을 각각 쓰시오.

> 울릉도는 겨울에 (㉠)이/가 많이 내려서 겨울 강수량이 많습니다. 울릉도의 옛사람들은 집에 (㉡)을/를 설치하여 눈과 바람을 막고 생활 공간을 넓혔습니다.

㉠: (   ), ㉡: (   )

13 우리나라에서 겨울에 주로 발생하는 자연재해로 알맞은 것은 무엇입니까? (   )

① 가뭄   ② 태풍   ③ 폭염
④ 한파   ⑤ 황사

서술형

14 다음 그래프를 보고, 우리나라 유소년층과 노년층 인구 비율의 변화 특징을 쓰시오.

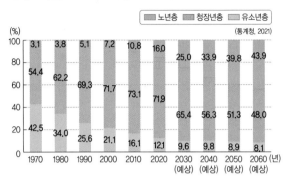

▲ 우리나라의 연령별 인구 구성 비율 변화

_____

_____

15 다음 밑줄 친 부분에 들어갈 알맞은 내용은 어느 것입니까? ( )

> 벼농사 중심의 농업 사회였던 1960년대 이전에는 _____에 사람들이 많이 모여 살아 인구 밀도가 높았습니다.

① 해산물이 풍부한 북동부 해안 지역
② 농사지을 땅이 넓은 북동부 산지 지역
③ 농사지을 땅이 넓은 남서부 평야 지역
④ 높고 험한 산이 많은 북동부 산지 지역
⑤ 높고 험한 산이 많은 남서부 산지 지역

16 다음 보기 에서 인구가 늘어나는 지역에서 발생하는 문제로 알맞은 것을 모두 골라 기호를 쓰시오.

> **보기**
> ㉠ 교통 혼잡   ㉡ 일손 부족
> ㉢ 주택 부족   ㉣ 의료 시설 부족

( )

중요

17 서울의 인구 집중 문제를 해결하기 위한 노력으로 알맞은 것을 두 가지 고르시오. (,)

① 서울에 기업을 많이 세웠다.
② 서울에 학교를 많이 세웠다.
③ 공공 기관을 지방으로 옮겼다.
④ 경기도에 신도시를 건설하였다.
⑤ 서울에 더 많은 공장을 건설하였다.

18 다음 빈칸에 들어갈 공업 지역은 어디입니까? ( )

> 1970년대 이후에는 재료를 수입하거나 완성된 제품을 수출하기에 편리한 ( )에 중화학 공업 단지가 형성되었습니다.

① 충청 공업 지역   ② 수도권 공업 지역
③ 태백산 공업 지역   ④ 남동 임해 공업 지역
⑤ 영남 내륙 공업 지역

19 다음 빈칸에 들어갈 알맞은 말을 쓰시오.

> 대전광역시에서는 연구소와 대학교가 협력하여 ( ) 산업이 성장하였습니다.

( )

20 인구, 도시, 산업, 교통의 관계에 대한 설명으로 알맞지 않은 것은 어느 것입니까? ( )

① 인구가 많은 지역을 중심으로 교통망이 발달하였다.
② 산업이 발달한 곳에는 일자리가 적어 인구도 줄었다.
③ 도시의 성장으로 더 많은 인구가 도시로 이동하였다.
④ 인구가 도시로 이동하면서 교통과 산업은 더욱 발달하였다.
⑤ 교통망의 발달로 신속한 물자 이동이 가능해져 다양한 산업이 성장하였다.

주제 ①

우리나라의 영역

|목표| • 한 나라의 영역이 어떻게 구성되는지 이해할 수 있다.
• 우리나라 영해의 범위를 설명할 수 있다.
• 우리나라 영역의 특징을 주권과 관련지어 파악할 수 있다.

✿ 다음 텔레비전 뉴스를 보고, 물음에 답하시오.

해경은 우리나라 영해에서 물고기를 잡던 다른 나라 어선 한 척을 붙잡았습니다.

이들은 허가 없이 우리나라의 영해에서 물고기를 잡았기 때문에 처벌을 받을 것으로 예상됩니다.

1-① 위 텔레비전 뉴스에서 말하는 영해 이외에 한 나라의 영역을 이루는 것을 두 가지 쓰시오.

(,   )

1-② 위 텔레비전 뉴스에서 말하는 우리나라의 영해는 어디부터 어디까지인지 쓰시오.

_____

_____

1-③ 위 텔레비전 뉴스에서 말하는 것처럼 다른 나라 어선이 우리나라의 영해에서 물고기를 잡을 수 없는 까닭을 영역의 특징과 연관 지어 쓰시오.

_____

주제 ❷

우리나라의 기후

|목표| • 우리나라 기후도를 분석할 수 있다.
• 우리나라의 지역별 기온의 특징을 파악할 수 있다.
• 기온의 차이가 옛사람들의 의생활에 미친 영향을 설명할 수 있다.

❈ 다음 우리나라의 기후도를 보고, 물음에 답하시오.

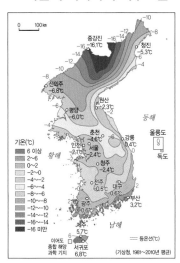

▲ 우리나라의 1월 평균 기온

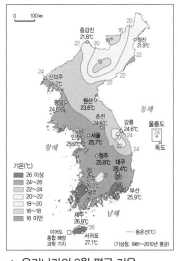

▲ 우리나라의 8월 평균 기온

2-❶ 다음은 위 두 기후도를 보고 알 수 있는 공통점입니다. ㉠, ㉡에 들어갈 알맞은 말을 각각 쓰시오.

> 우리나라는 남북으로 길게 뻗어 있어서 대체로 (㉠)(으)로 갈수록 기온이 높아지고,
> (㉡)(으)로 갈수록 기온이 낮아집니다.

㉠: (   ), ㉡: (   )

2-❷ 위 1월 평균 기온을 나타낸 기후도에서 서울보다 강릉의 기온이 더 높은 까닭을 두 가지 쓰시오.

_____

_____

2-❸ 위 기후도를 통해 알 수 있는 우리나라 기온의 특징이 옛사람들의 계절별 의생활에 미친 영향을 쓰시오.

_____

_____

개념 정리

❶ 인권을 존중하는 삶

① 인권의 의미와 특징 〈자료 ①〉

의미	사람으로서 마땅히 누려야 할 기본적인 권리
특징	• 피부색이나 성별, 장애, 나이, 종교, 국적 등과 상관없이 모든 사람에게 동일하게 보장됨. • 다른 사람이 힘이나 권력을 이용하여 함부로 빼앗을 수 없음.

→ 모든 사람은 나와 똑같은 권리가 있음을 알고 서로의 권리를 존중하는 태도를 가져야 합니다.

② 인권 신장을 위한 옛사람들의 노력과 옛날의 여러 제도

① 인권 신장을 위해 노력하였던 옛사람들의 활동

허균	『홍길동전』이라는 책을 지어 당시의 신분 제도를 비판하는 내용을 담음.		
방정환	'어린이'라는 말을 사용하고 '어린이날'을 만드는 등 어린이의 인권 신장을 위해 노력함.		
테레사	가난하고 아픈 사람들을 돌보며 평생을 헌신함.		
차미리사, 이태영	여성의 인권 신장을 위해 노력함.	마틴 루서 킹, 로자 파크스	흑인의 인권 신장을 위해 노력함.

② 인권 신장을 위한 옛날의 여러 제도 〈자료 ②〉

삼복제	사형과 같은 무거운 형벌을 내릴 때 죄인의 신분과 관계없이 세 번의 재판을 거치도록 함.
신문고	백성이 억울하고 어려운 일을 당했을 때 신문고를 쳐서 임금에게 하소연하고 도움을 요청할 수 있도록 함.
명통시	시각 장애인들로 구성된 조선 시대의 특수 관청으로, 시각 장애인들이 사회에서 일할 수 있도록 함.

③ 인권이 침해된 사례와 인권 보장을 위한 노력

① 인권이 침해된 사례

학교	편견이나 차별, 다른 사람의 개인 정보 공개, 사이버 폭력을 포함한 학교 폭력 등
학교 밖	세면대가 높아 이용이 불편한 어린이, 출산 휴가를 받지 못하는 임산부, 일자리를 구하기 힘든 외국인, 무인 정보 단말기를 이용하기 힘든 노인 등 〈자료 ③〉

② 인권 보장을 위한 노력: 학교에서는 인권 교육을 하고, 국가와 지방 자치 단체 등은 법과 제도를 만들고 시설을 설치하는 등의 노력을 하고 있습니다. 〈자료 ④〉

〈자료 ①〉 일상생활 속 인권 존중의 사례

▲ 학교 앞에 어린이 보호 구역 지정

▲ 장애인과 노약자를 위한 저상 버스 운행

▲ 노약자 무료 예방 접종 지원

▲ 대중교통에 임산부 배려석 설치

〈자료 ②〉 조선 시대에 억울함을 호소할 수 있었던 방법

상언	신분과 관계없이 억울한 일을 문서에 써서 임금에게 호소할 수 있었음.
격쟁	억울한 일을 당한 사람이 임금의 행차 때 징이나 꽹과리를 쳐서 임금에게 억울함을 호소할 수 있었음.

〈자료 ③〉 인권 침해 사례를 해결하기 위한 노력

• 키가 작은 어린이를 위해 낮은 세면대를 설치합니다.
• 출산 전후 휴가와 육아 휴직 제도를 실시하여 안정된 일자리를 보장합니다.
• 다문화 가족 지원 센터를 설립하여 한국인과 결혼한 외국인에게 취업 교육, 인권 교육 등을 제공합니다.
• 노인을 위해 무인 정보 단말기 사용 교육 등을 지원합니다.

〈자료 ④〉 어린이가 일상생활에서 실천할 수 있는 인권 보호 방법

• 인권 동영상 만들기
• 인권 캠페인 참여하기
• 인권 개선을 요구하는 편지 쓰기
• 인권 보장에 힘쓰는 시민 단체에 기부하기

정답과 해설 • 27쪽

1 사람이기 때문에 당연히 누려야 하는 권리로, 다른 사람이 힘이나 권력을 이용하여 함부로 빼앗을 수 없는 것을 무엇이라고 합니까?

1 _____

2 모든 사람은 나와 똑같은 권리가 있음을 알고 서로의 권리를 (존중 , 침해) 하는 태도를 가져야 합니다.

2 _____

3 방정환이 모든 어린이가 꿈과 희망을 품고 행복하게 자라기를 바라는 마음으로 만든 기념일은 무엇입니까?

3 _____

4 인도 빈민가에 '사랑의 선교회'를 만들어 가난한 사람, 아프고 죽어 가는 사람, 버림받은 아이들을 돌보며 평생을 헌신한 사람은 누구입니까?

4 _____

5 (   )은/는 옛날에 백성이 억울하고 어려운 일을 당하였을 때 임금에게 하소연하고 도움을 요청하기 위하여 쳤던 북입니다.

5 _____

6 우리 조상들은 사형과 같은 무거운 형벌을 내릴 때 죄인의 신분과 관계없이 (   )번의 재판을 거치도록 하였습니다.

6 _____

7 편견이나 차별, 다른 사람의 개인 정보 공개, 사이버 폭력을 포함한 학교 폭력 등은 (   )이/가 침해된 사례입니다.

7 _____

8 인권 보장을 위해 국가와 지방 자치 단체에서는 (   )과/와 제도를 만들고 시설을 설치하는 등의 노력을 하고 있습니다.

8 _____

개념정리

② 인권 보장과 헌법

1 헌법

① 헌법의 의미와 특징

의미	법 중에서 가장 기본이 되는 법으로 우리나라 최고의 법임.
특징	• 모든 사회 구성원이 존중받으며 행복하게 살아가는 데 필요한 내용, 국민이 누려야 할 권리와 지켜야 할 의무, 국가 기관을 구성하고 운영하는 원리를 담고 있음. • 헌법에 기본적인 인권을 규정하여 국가 권력이 개인의 기본적인 인권을 함부로 침해할 수 없도록 함.

② 인권 보장을 위한 헌법의 역할

- 헌법 재판소에서 법률이 국민의 인권을 침해한다고 결정하면 그 법률은 헌법에 근거해 개정되거나 폐지됩니다.
- 헌법은 국민의 기본적인 인권을 분명히 확인하고 보장하는 역할을 합니다.

2 헌법에 나타난 국민의 기본권과 의무

① 헌법에 나타난 국민의 기본권 [자료①, ②]

평등권	모든 국민이 차별받지 않고 동등하게 대우받을 권리
자유권	자유롭게 생각하고 행동할 수 있는 권리
참정권	국가 기관의 구성과 운영에 참여할 수 있는 권리
청구권	국가에 어떤 일을 해 달라고 요구할 수 있는 권리
사회권	인간다운 생활의 보장을 국가에 요구할 수 있는 권리

② 헌법에 나타난 국민의 의무

교육의 의무	자녀의 성장과 발달을 보장하고자 교육을 받게 할 의무
납세의 의무	국가의 유지에 필요한 세금을 내야 할 의무
근로의 의무	개인과 국가의 발전을 위해 일을 할 의무
국방의 의무	모두가 안전하도록 국가를 지킬 의무
환경 보전의 의무	환경을 보전하고자 노력할 의무

3 권리와 의무의 바람직한 관계

① **권리와 의무가 충돌하는 까닭**: 우리 사회는 다양한 사람들이 함께 살아가고 있기 때문입니다. [자료③]

② **권리와 의무가 충돌할 때 필요한 자세**: 권리와 의무의 조화를 추구하는 자세가 필요합니다.

자료① 기본권과 관련된 헌법 조항

평등권	제11조 제1항 모든 국민은 법 앞에 평등하다.
자유권	제15조 모든 국민은 직업 선택의 자유를 가진다.
참정권	제24조 모든 국민은 법률이 정하는 바에 의하여 선거권을 가진다.
청구권	제26조 제1항 모든 국민은 법률이 정하는 바에 의하여 국가 기관에 문서로 청원할 권리를 가진다.
사회권	제34조 제1항 모든 국민은 인간다운 생활을 할 권리를 가진다.

자료② 기본권의 제한

내용	국가 안전 보장, 사회 질서 유지, 공동체의 이익을 위하여 필요하다면 법률에 따라 기본권을 제한할 수 있음.
한계	기본권을 제한하더라도 자유와 권리의 본질적인 내용을 침해할 수 없도록 하여 국민의 기본권을 최대한 보장하고자 함.

자료③ 권리와 의무가 충돌한 사례

- 환경부에서 자연 생태계와 문화 경관을 보전하기 위해서 ○○ 지역을 국립 공원으로 지정하려고 하였습니다. 이 과정에서 ○○ 지역의 땅 주인은 국립 공원 지정에 반대하며 자신의 땅을 자유롭게 개발할 수 있는 권리의 보장을 요구하였습니다.
- △△시는 대기 오염 물질을 심하게 배출하는 오래된 경유 자동차의 운행을 제한하고 이를 위반하면 과태료를 부과하기로 하였습니다. 이 과정에서 운행을 중지해야 하는 오래된 경유 자동차 주인은 △△시 관계자에게 항의를 하였습니다.

자유권과 환경 보전의 의무 간에 충돌이 나타난 모습입니다.

쪽지 시험 ❷ 인권 보장과 헌법

정답과 해설 • 27쪽

2단원

1 법 중에서 가장 기본이 되는 법으로 우리나라 최고의 법을 무엇이라고 합니까?

1 _____

2 (법원 , 헌법 재판소)에서 법률이 국민의 인권을 침해한다고 결정하면 그 법률은 헌법에 근거해 개정되거나 폐지됩니다.

2 _____

3 국민의 기본권 중 모든 국민이 차별받지 않고 동등하게 대우받을 권리를 무엇이라고 합니까?

3 _____

4 국민의 기본권 중 (   )은/는 자유롭게 생각하고 행동할 수 있는 권리입니다.

4 _____

5 국민의 기본권 중 (참정권 , 청구권)은 기본권이 침해되거나 침해될 우려가 있을 때 국가에 어떤 일을 해 달라고 요구할 수 있는 권리입니다.

5 _____

6 모든 국민은 국가의 유지에 필요한 세금을 내야 할 (근로 , 납세)의 의무가 있습니다.

6 _____

7 (㉠   )의 의무란 모든 국민이 나와 가족, 우리 모두가 안전하도록 국가를 지킬 의무이고, (㉡   )의 의무란 국가와 국민이 환경을 보전하고자 노력할 의무입니다.

7 ㉠: _____
  ㉡: _____

8 권리와 의무가 충돌할 때에는 권리와 의무 가운데 하나만을 주장하지 않고 권리와 의무의 (   )을/를 추구하는 자세가 필요합니다.

8 _____

개념 정리 ③ 법의 의미와 역할

① 법의 의미와 특성

① 법의 의미와 성격

의미	국가가 만든 강제성이 있는 규범으로 우리가 함께 지키기로 정한 약속임.
성격	• 법은 사람들이 사회생활에서 지켜야 할 행동 기준으로, 법을 지키지 않으면 국가의 제재를 받게 됨. • 법이 사회의 변화와 맞지 않거나 인권을 침해할 때에는 법을 바꾸거나 다시 만들 수 있음.

② 법과 도덕의 차이점: 법은 지키지 않으면 제재를 받는다는 점에서 양심에 따라 자율적으로 지키는 도덕과 구별됩니다. 자료 ①

③ 일상생활 속에서의 법

「식품 안전 기본법」	건강하고 안전하게 음식을 먹을 수 있도록 만든 법
「학교 급식법」	학생들에게 건강한 급식을 주려고 만든 법
「교육 기본법」	좋은 교육을 받을 수 있도록 만든 법
「근로 기준법」	근로자의 권리를 보호하려고 만든 법
「소비자 기본법」	소비자의 권리와 이익을 보호하려고 만든 법
「도로 교통법」	도로에서 안전하게 다닐 수 있도록 만든 법
「저작권법」	창작물에 대한 권리를 보호하려고 만든 법

② 법의 역할 자료 ②

개인의 권리 보호	• 개인 간에 분쟁이 발생하면 법에 따라 재판을 하여 해결해 줌. 자료 ③ • 다양한 개인의 권리를 보호하여 모든 사람이 인간다운 생활을 누릴 수 있도록 도와줌.
사회 질서 유지	• 범죄로부터 사람들을 안전하게 지키고 개인 간의 다툼이나 이해관계로 충돌할 때 이를 해결해 줌. • 교통질서 유지, 환경 오염 방지 등 사회 질서를 유지하여 우리가 좋은 환경에서 살아갈 수 있게 해 줌.

③ 법을 준수해야 하는 까닭

① 법을 어기는 행동이 미치는 영향: 다른 사람의 권리를 침해하여 피해를 주고 사람들 간의 갈등을 유발합니다.

② 법을 잘 지켜야 하는 까닭: 법을 잘 지키면 개인의 권리가 보호되고, 사회 질서가 유지됩니다. → 법에 관심을 가지고 법을 잘 지키고자 노력하는 태도가 중요합니다.

자료 ① 법으로 제재를 받는 상황과 법으로 제재를 받지 않는 상황

• 법으로 제재를 받는 상황

– 인터넷에 악성 댓글을 쓰는 것
– 공공 기관에 장난 전화를 하는 것
– 돈을 내지 않고 물건을 가져가는 것
– 친구의 돈을 빌려 가서 갚지 않는 것
– 외출 시 반려견의 몸에 줄을 채우지 않는 것
– 신호등이 빨간불일 때 횡단보도를 건너는 것

• 법으로 제재를 받지 않는 상황

– 형제끼리 말다툼하는 것
– 이웃 어른을 보고 인사하지 않는 것
– 도서관에서 친구와 시끄럽게 대화하는 것
– 버스나 지하철에서 노약자에게 자리를 양보하지 않은 것

자료 ② 법의 역할

▲ 소방관의 화재 진압 개인의 생명과 재산을 보호해 줌.　▲ 어린이 보호 구역 지정 사고를 막아 안전하게 살 수 있게 해 줌.

자료 ③ 재판에 참여하는 사람들

판사	재판을 진행하고 법에 따라 공정한 판결을 내리는 사람
검사	법을 위반한 점에 대해 심판을 요청하는 사람
피고인	범죄를 저지른 것으로 의심이 되어 재판을 받는 사람
변호인	피고인을 대신하여 권리를 주장하는 사람
증인	사건과 관련하여 보고 들은 사실을 말하는 사람

1 국가가 만든 강제성이 있는 규칙으로 우리가 함께 지키기로 정한 약속을 무엇이라고 합니까?

1 _____

2 법이 사회의 변화와 맞지 않거나 (   )을/를 침해할 때에는 법을 바꾸거나 다시 만들 수 있습니다.

2 _____

3 사람들이 양심에 따라 자율적으로 지키는 규범을 무엇이라고 합니까?

3 _____

4 (「학교 급식법」, 「소비자 기본법」)은 학생들에게 건강한 급식을 주려고 만든 법입니다.

4 _____

5 소설, 음악, 미술, 영상 등 창작물을 만든 사람의 권리를 보호하려고 만든 법을 무엇이라고 합니까?

5 _____

6 법은 개인의 (㉠   )을/를 보호하고, (㉡   )을/를 유지하는 역할을 합니다.

6 ㉠: _____

   ㉡: _____

7 법을 어긴 사람을 재판할 때 (㉠   )은/는 재판을 진행하고 법에 따라 판결을 내리며, (㉡   )은/는 피고인이 법을 위반한 점에 대해 심판을 요청합니다.

7 ㉠: _____

   ㉡: _____

8 법을 (지키는 , 어기는) 행동은 다른 사람의 권리를 침해하여 피해를 주고 사람들 간의 갈등을 유발합니다.

8 _____

중요
1 인권에 대한 설명으로 알맞지 <u>않은</u> 것은 어느 것입니까? ( )

① 어떤 이유로도 침해당해서는 안 된다.
② 사람이기 때문에 당연히 누리는 권리이다.
③ 다른 사람이 힘이나 권력으로 빼앗을 수 있다.
④ 나의 것뿐만 아니라 다른 사람의 것도 소중하다.
⑤ 태어날 때부터 모든 사람에게 평등하게 보장된다.

2 다음 보기 에서 생활 속에서 인권이 존중되는 모습으로 알맞은 것을 모두 고른 것은 어느 것입니까? ( )

보기
㉠ 장애인 전용 주차 구역을 따로 만든다.
㉡ 학교 앞에 어린이 보호 구역을 지정한다.
㉢ 임산부를 위해 공공장소에 점자 블록을 설치한다.
㉣ 노인과 어린이가 건강하게 생활할 수 있도록 무료 예방 접종을 지원한다.

① ㉠, ㉡   ② ㉡, ㉢   ③ ㉢, ㉣
④ ㉠, ㉡, ㉣   ⑤ ㉡, ㉢, ㉣

3 허균이 『홍길동전』에서 다룬 내용으로 가장 알맞은 것은 어느 것입니까? ( )

① 나이에 따른 차별
② 성별에 따른 차별
③ 신분에 따른 차별
④ 어린이에 대한 차별
⑤ 장애인에 대한 차별

4 옛날에 인권 신장을 위해 만들어진 제도로 알맞은 것을 두 가지 고르시오. (,)

① 병역 제도   ② 봉수 제도
③ 상언 제도   ④ 신분 제도
⑤ 신문고 제도

서술형
5 조선 시대에 다음과 같은 관청을 두었던 까닭을 쓰시오.

명통시는 조선 시대의 특수 관청으로, 시각 장애인들로 구성되었습니다.

_____

_____

6 다음 사례에 나타난 인권 침해로 가장 알맞은 것은 무엇입니까? ( )

학교에서 쉬는 시간에 자리를 비운 친구의 수첩을 몰래 읽었습니다.

① 편견   ② 인종 차별
③ 사생활 침해   ④ 사이버 폭력
⑤ 놀 권리 침해

7 어린이가 실천할 수 있는 인권 보호 방법으로 알맞지 <u>않은</u> 것은 어느 것입니까? ( )

① 인권 동영상을 만든다.
② 인권 포스터를 그린다.
③ 인권 캠페인에 참여한다.
④ 인권을 침해하는 법률을 폐지한다.
⑤ 인권 개선을 요청하는 편지를 쓴다.

[8~9] 다음 글을 읽고, 물음에 답하시오.

법 중에서 가장 기본이 되는 법으로, 우리나라 최고의 법입니다.

8 윗글에서 설명하고 있는 법은 무엇인지 쓰시오.

(   )

9 윗글에서 설명하고 있는 법에 담긴 내용으로 알맞지 않은 것은 어느 것입니까? (   )

① 대한민국 국민이 누려야 할 권리
② 대한민국 국민이 지켜야 할 의무
③ 대한민국에서 발생하는 자연재해
④ 국가 기관을 구성하고 운영하는 원리
⑤ 모든 사회 구성원이 존중받으며 행복하게 살아가는 데 필요한 내용

10 다음 글에서 설명하고 있는 제도에 반대하는 입장에서 이야기하는 어린이는 누구인지 모두 쓰시오.

'인터넷 본인 확인제(실명제)'란 자신의 이름과 주민 등록 번호 확인 과정을 거친 뒤 인터넷 게시판에 글이나 댓글을 쓸 수 있는 제도입니다.

• 유리: 악성 댓글을 막을 수 있어.
• 영재: 사이버 범죄를 예방할 수 있어.
• 아연: 소중한 개인 정보가 유출될 수 있어.
• 찬혁: 개인의 표현의 자유를 침해할 수 있어.

(   )

11 헌법으로 보장되는 국민의 기본권과 의미를 알맞게 연결한 것은 어느 것입니까? (   )

① 자유권 – 자유롭게 생각하고 행동할 수 있는 권리
② 평등권 – 국가 기관의 구성과 운영에 참여할 수 있는 권리
③ 사회권 – 모든 국민이 차별받지 않고 동등하게 대우받을 권리
④ 청구권 – 인간다운 생활의 보장을 국가에 요구할 수 있는 권리
⑤ 참정권 – 기본권이 침해되었을 때 국가에 어떤 일을 요구할 수 있는 권리

12 다음 (가), (나)에 해당하는 국민의 의무를 알맞게 짝 지은 것은 어느 것입니까? (   )

(가) 모든 국민은 개인과 나라의 발전을 위해 일할 의무가 있습니다.
(나) 모든 국민은 자녀가 잘 성장할 수 있도록 교육을 받게 할 의무가 있습니다.

    (가)   (나)
① 국방의 의무   교육의 의무
② 근로의 의무   국방의 의무
③ 근로의 의무   교육의 의무
④ 납세의 의무   교육의 의무
⑤ 납세의 의무   근로의 의무

13 다음 ㉠, ㉡에 들어갈 알맞은 말을 각각 쓰시오.

헌법은 국민이 누려야 할 (㉠)과/와 지켜야 할 (㉡)을/를 규정하고 있습니다. 다양한 사람들이 함께 살아가는 사회에서 (㉠)과/와 (㉡)이/가 충돌할 때에는 (㉠)을/를 보장하고 (㉡)을/를 실천하면서 조화를 추구하려고 노력해야 합니다.

㉠: (   ), ㉡: (   )

14 다음 빈칸에 들어갈 알맞은 말을 쓰시오.

> 공동체 생활을 하면서 반드시 지켜야 하는 것으로, 지키지 않으면 국가의 강제적인 제재를 받는 규범을 (   )(이)라고 합니다.

(   )

15 법으로 제재를 받는 상황으로 알맞은 것은 어느 것입니까? (   )

① 형제끼리 말다툼을 한다.
② 문구점에서 돈을 내고 물건을 산다.
③ 이웃 어른을 보고 인사를 하지 않는다.
④ 무거운 짐을 들고 가는 친구를 도와주지 않는다.
⑤ 보행자 신호등이 빨간불일 때 횡단보도를 건넌다.

16 다음에서 설명하는 법으로 알맞은 것은 무엇입니까? (   )

> 건강하고 안전하게 음식을 먹을 수 있도록 만든 법입니다.

① 「저작권법」 　　② 「도로 교통법」
③ 「소비자 기본법」 　④ 「폐기물 관리법」
⑤ 「식품 안전 기본법」

서술형
17 다음 사례를 통해 알 수 있는 법의 역할을 쓰시오.

> • 소비자가 피해를 입었을 때 상담하고 도와주어 소비자를 보호합니다.
> • 창작물의 저작권을 등록하고, 저작권과 관련하여 피해를 입은 창작자를 도와줍니다.

_____

_____

⭐중요⭐
18 다음 사진은 어린이 보호 구역의 모습입니다. 이와 관련이 있는 법의 역할로 알맞은 것은 어느 것입니까? (   )

① 개인 정보를 보호해 준다.
② 감염병 확산을 예방해 준다.
③ 환경 파괴와 오염을 예방해 준다.
④ 사고를 예방하여 안전하게 살 수 있게 해 준다.
⑤ 물건을 구입하는 과정에서 발생한 피해를 보상받게 해 준다.

19 다음은 재판에서 어떤 사람이 한 말입니다. 이와 같이 법을 위반한 점에 대해 심판을 요청하는 사람은 누구입니까? (   )

> "피고인이 문화재에 불을 질러서 우리나라는 소중한 문화재를 잃게 되는 마음 아픈 일을 겪게 되었습니다. 또한 피고인은 몇 년 전에도 같은 일을 벌인 적이 있으므로 징역 12년 형에 처해 주시기 바랍니다."

① 검사 　　② 증인 　　③ 판사
④ 서기 　　⑤ 변호인

20 다음 보기 에서 법을 지켜야 하는 까닭으로 알맞은 것을 고른 것은 어느 것입니까? (   )

> **보기**
> ㉠ 사회 질서를 유지하기 위해서
> ㉡ 개인의 이익만 추구하기 위해서
> ㉢ 개인의 권리를 보호하기 위해서
> ㉣ 다른 사람들의 권리를 침해하기 위해서

① ㉠, ㉡ 　　② ㉠, ㉢ 　　③ ㉡, ㉢
④ ㉡, ㉣ 　　⑤ ㉢, ㉣

실전 단원 평가 2회   2. 인권 존중과 정의로운 사회

1 국제 연합(UN)에서 만든 다음 선언의 내용을 읽고, 빈칸에 들어갈 알맞은 말을 쓰시오.

> **세계 (　　　) 선언**
> 제1조 모든 사람은 태어날 때부터 자유롭고 존엄하며 평등하다.
> 제2조 모든 사람은 인종, 피부색, 성별, 언어, 종교 등 어떤 이유로도 차별받지 않는다.

(　　　　　)

서술형

2 다음 밑줄 친 부분에 들어갈 알맞은 내용을 쓰시오.

> 우리는 누구나 사람으로서 마땅히 누려야 할 기본적인 권리가 있습니다. 이를 지키기 위해서 모든 사람은 나와 똑같은 권리가 있음을 알고 ＿＿＿＿＿＿＿＿＿＿ 태도를 가져야 합니다.

＿＿＿＿＿＿＿＿＿＿＿＿＿＿＿＿＿＿

＿＿＿＿＿＿＿＿＿＿＿＿＿＿＿＿＿＿

3 인권 신장을 위해 다음과 같은 노력을 하였던 사람은 누구입니까? (　　　)

> 모든 어린이가 꿈과 희망을 품고 행복하게 자라기를 바라는 마음으로 어린이날을 만들었습니다.

① 허균　　　② 방정환　　　③ 이태영
④ 신사임당　⑤ 차미리사

4 가난하고 아픈 사람들을 돌보며 평생을 헌신한 오른쪽 사람은 누구인지 쓰시오.

(　　　　　)

5 『경국대전』에 다음과 같은 조항이 담긴 까닭을 바르게 이야기한 어린이는 누구입니까? (　　　)

> • 부모가 많이 아프거나 부모의 나이가 70세 이상이면 그 아들은 군역의 의무를 지지 않아도 된다.
> • 친척이 없이 굶주림과 추위에 견디지 못해서 빌어먹으며 다니는 사람과 돌보아 줄 사람이 없는 노인에게는 옷과 먹을 것을 보내 준다.

① 은빈: 세금을 거두기 위해서야.
② 재욱: 영토를 확장하기 위해서야.
③ 현진: 백성의 인권을 존중하기 위해서야.
④ 종석: 신분이 높은 사람들을 보호하기 위해서야.
⑤ 윤지: 백성이 억울하게 벌을 받는 일을 줄이기 위해서야.

★중요

6 인권 침해 사례로 알맞지 <u>않은</u> 것은 어느 것입니까? (　　　)

① 다른 친구의 휴대 전화를 몰래 본다.
② 여자라는 이유만으로 놀이에 끼워 주지 않는다.
③ 온라인 채팅방에서 여러 명이 한 사람을 괴롭힌다.
④ 친구의 허락을 받아 누리 소통망 서비스에 사진을 올린다.
⑤ 피부색이 다른 친구와 대화가 통하지 않을 것 같다는 편견을 가진다.

7 다음과 같은 시설은 누구의 인권을 보호하기 위해서 만들어진 것입니까? (　　　)

① 노인
② 여성
③ 어린이
④ 외국인
⑤ 임산부

▲ 공공 화장실의 낮은 세면대

중요

8 헌법에 대한 설명으로 알맞지 <u>않은</u> 것은 어느 것입니까? ( )

① 법 중에서 가장 기본이 되는 법이다.
② 다른 법들을 바탕으로 헌법이 만들어진다.
③ 국가 기관을 구성하고 운영하는 원리를 제시하고 있다.
④ 국민이 누려야 할 권리와 지켜야 할 의무를 담고 있다.
⑤ 모든 사회 구성원이 존중받으며 행복하게 살아가는 데 필요한 내용을 담고 있다.

9 다음에서 설명하는 국가 기관은 어디입니까? ( )

> 국가 권력이나 법률이 국민의 인권을 침해하는지 등을 판단하는 국가 기관입니다.

① 국회 　　　　　　② 정부
③ 헌법 재판소 　　　④ 지방 자치 단체
⑤ 국가 인권 위원회

10 다음에서 설명하는 것은 무엇인지 쓰시오.

> 헌법에서 보장하고 있는 국민의 기본적인 권리로, 평등권, 자유권, 참정권, 청구권, 사회권 등이 있습니다.

( )

11 다음 헌법 조항과 관련이 있는 국민의 기본권으로 알맞은 것은 어느 것입니까? ( )

> 제26조 ① 모든 국민은 법률이 정하는 바에 의하여 국가 기관에 문서로 청원할 권리를 가진다.
> 제27조 ① 모든 국민은 헌법과 법률이 정한 법관에 의하여 법률에 의한 재판을 받을 권리를 가진다.

① 자유권 　　② 평등권 　　③ 사회권
④ 청구권 　　⑤ 참정권

12 국민의 의무에 대한 설명으로 알맞지 <u>않은</u> 것은 어느 것입니까? ( )

① 모든 국민은 세금을 내야 할 의무가 있다.
② 모든 국민은 일을 할 근로의 의무가 있다.
③ 모든 국민은 국민의 대표를 뽑는 선거에 참여할 의무가 있다.
④ 국가와 국민은 환경을 보전하기 위해 노력해야 할 의무가 있다.
⑤ 모든 국민은 나와 가족, 우리 모두의 안전을 위해 나라를 지킬 의무가 있다.

[13~14] 다음 글을 읽고, 물음에 답하시오.

> 환경부에서 자연 생태계와 문화 경관을 보전하고자 ○○ 지역을 국립 공원으로 지정하려고 합니다. 그러나 국립 공원으로 지정되면 땅을 자유롭게 개발할 수 없기 때문에 ○○ 지역의 땅 주인은 국립 공원 지정을 반대합니다.

서술형

13 위 상황에서 충돌하는 권리와 의무를 쓰시오.

_____

_____

14 위 상황을 해결하는 방법으로 알맞은 것은 어느 것입니까? ( )

① 환경을 보전해야 하는 의무만을 주장한다.
② 권리와 의무를 조화롭게 실천하고자 노력한다.
③ 환경부의 국립 공원 지정 계획을 무조건 취소한다.
④ 땅 주인이 땅을 개발할 수 있도록 권리를 우선적으로 보장한다.
⑤ 공공의 이익을 위해 국가에서 땅을 빼앗아 국립 공원으로 지정한다.

★중요★
15 다음 보기 에서 법에 대한 설명으로 알맞은 것을 고른 것은 어느 것입니까? (   )

보기
㉠ 국가가 만든 강제성이 있는 규범이다.
㉡ 법을 어겼을 때에는 제재를 받지 않는다.
㉢ 법은 사람들이 사회생활에서 지켜야 할 행동 기준이다.
㉣ 사회의 변화와 맞지 않아도 법을 바꾸거나 다시 만들 수 없다.

① ㉠, ㉡   ② ㉠, ㉢   ③ ㉡, ㉢
④ ㉡, ㉣   ⑤ ㉢, ㉣

16 일상생활에서 적용되는 법의 사례가 아닌 것은 어느 것입니까? (   )
① 친구의 생일에는 선물을 주어야 한다.
② 일정한 나이가 되면 초등학교에 입학해야 한다.
③ 보행자 신호등이 초록불일 때 횡단보도를 건너야 한다.
④ 일반 쓰레기는 종량제 봉투에 담아 정해진 장소에 버려야 한다.
⑤ 장애인 전용 주차 구역에는 장애인 사용 자동차 표지를 부착한 자동차만 주차할 수 있다.

17 「저작권법」으로 권리를 보호받을 수 있는 사람은 누구입니까? (   )
① 물건을 구입한 소비자
② 휠체어를 타는 장애인
③ 직장에서 일하는 근로자
④ 학교에서 급식을 먹는 어린이
⑤ 소설, 음악, 미술, 영상 등을 창작한 사람

18 법의 역할로 알맞은 것을 두 가지 고르시오. (,   )
① 개인 정보를 공개한다.
② 사회 질서를 유지해 준다.
③ 개인의 권리를 보호해 준다.
④ 환경을 파괴하고 오염시킨다.
⑤ 개인 간에 분쟁이 발생하도록 도와준다.

19 다음 사진과 관련된 법의 역할로 알맞은 것은 어느 것입니까? (   )

① 교통사고를 예방해 준다.
② 개인 정보를 보호해 준다.
③ 환경 오염을 예방해 준다.
④ 개인 간의 분쟁을 해결해 준다.
⑤ 국민의 생명과 재산을 보호해 준다.

20 다음은 법을 잘 지켜야 하는 까닭에 대한 설명입니다. 밑줄 친 ㉠~㉣ 중 알맞지 않은 것을 골라 기호를 쓰시오.

법을 어기는 행동은 ㉠ 다른 사람에게 피해를 주고 ㉡ 사람들 간의 다툼과 갈등을 유발합니다. 법을 지키면 ㉢ 나의 권리를 보장받을 수 있지만 ㉣ 다른 사람의 권리는 보장할 수 없기 때문에 법을 잘 지켜야 합니다.

(   )

2. 인권 존중과 정의로운 사회

주제 ①

조선 시대의
인권 보장 제도

|목표| • 조선 시대의 인권 보장 제도가 어떤 사람들의 인권을 존중하였는지 구분할 수 있다.
• 인권을 보장하는 재판 제도가 있었던 까닭을 설명할 수 있다.
• 인권의 의미와 인권 존중이 필요한 까닭을 설명할 수 있다.

✿ 다음은 조선 시대의 인권 보장 제도입니다. 이를 보고, 물음에 답하시오.

1-① 위 (가)~(다)가 어떤 사람의 인권을 보장하는지 바르게 선으로 연결하시오.

(1) [(가)] •   • ㉠ 아픈 사람

(2) [(나)] •   • ㉡ 죄를 지은 사람

(3) [(다)] •   • ㉢ 가난한 사람과 노인

1-② 위 (나)와 같은 재판 제도가 있었던 까닭을 쓰시오.

_____

_____

1-③ 위 (가)~(다)와 같은 인권 보장 제도가 필요한 까닭을 인권의 의미와 연관 지어 쓰시오.

_____

_____

주제 ❷

● 국민의 ● 기본권과 의무	|목표| • 국민의 기본권과 의무의 종류를 구분할 수 있다. • 국민의 기본권이 제한되는 경우를 파악할 수 있다. • 국민의 의무 실천과 기본권의 관계를 설명할 수 있다.

✿ 다음은 헌법에 나타난 국민의 기본권과 의무를 나타낸 것입니다. 이를 보고, 물음에 답하시오.

2-❶ 위 (가)~(바)에 나타나는 국민의 기본권과 의무가 무엇인지 각각 쓰시오.

(가): (   ), (나): (   ), (다): (   )
(라): (   ), (마): (   ), (바): (   )

2-❷ 위 자료에 나타난 국민의 기본권이 제한되는 경우를 쓰시오.

_____

_____

2-❸ 국민의 의무를 실천하는 것이 중요한 까닭을 기본권과 연관 지어 쓰시오.

_____

_____

1 다음은 우리나라의 위치를 설명한 내용입니다. ㉠~㉤에 들어갈 말을 <u>잘못</u> 연결한 것은 어느 것입니까? (　　　)

> 우리나라는 (　㉠　) 대륙의 동쪽에서 (　㉡　)과 맞닿아 있고, 삼면이 바다로 둘러싸인 (　㉢　) 국가이므로 (　㉣　)과 해양으로 진출하기 좋은 위치에 있습니다. 이를 이용해 세계 여러 나라와 활발하게 (　㉤　)하고 있습니다.

① ㉠ – 아시아　　② ㉡ – 태평양
③ ㉢ – 섬　　④ ㉣ – 대륙
⑤ ㉤ – 교류

[2~3] 다음 지도를 보고, 물음에 답하시오.

▲ 우리나라의 전통적인 지역 구분

2 위 지도를 보고, ㉠, ㉡에 들어갈 알맞은 말을 각각 쓰시오.

> 철령관 동쪽에 위치한 '관동' 지방은 태백산맥을 기준으로 동쪽을 (　㉠　) 지방, 서쪽을 (　㉡　) 지방이라고 부릅니다.

㉠: (　　　　　), ㉡: (　　　　　)

3 위 지도에서 영남 지방을 나누는 기준은 무엇입니까? (　　　)

① 조령　② 금강　③ 경기해
④ 의림지　⑤ 태백산맥

4 사람들이 하천을 이용하는 모습으로 알맞은 것은 어느 것입니까? (　　　)

① 스키장을 만든다.
② 항구 도시를 만든다.
③ 염전에서 소금을 채취한다.
④ 갯벌을 간척해 공업용지로 사용한다.
⑤ 다목적 댐을 건설해 전기를 생산한다.

5 (중요) 겨울철 우리나라에 불어오는 바람의 특징으로 알맞은 것을 두 가지 고르시오. (　　,　　)

① 덥고 습하다.
② 차갑고 건조하다.
③ 남동쪽에서 불어온다.
④ 남서쪽에서 불어온다.
⑤ 북서쪽에서 불어온다.

6 (서술형) 다음 밑줄 친 부분에 들어갈 알맞은 내용을 쓰시오.

> 동해안이 비슷한 위도의 서해안보다 겨울 기온이 높은 까닭은 ＿＿＿＿＿＿＿＿＿＿＿
> ＿＿＿＿＿＿＿＿＿＿＿＿＿＿ 때문입니다.

＿＿＿＿＿＿＿＿＿＿＿＿＿＿＿＿＿＿＿

＿＿＿＿＿＿＿＿＿＿＿＿＿＿＿＿＿＿＿

7 가뭄에 대비하기 위한 사람들의 생활 모습과 관련이 있는 것은 무엇입니까? (　　　)

① 설피　② 온돌　③ 우데기
④ 저수지　⑤ 터돋움집

8 다음 신문 기사의 밑줄 친 부분을 통해 알 수 있는 인구 현상은 무엇입니까? ( )

○○신문   20△△년 △△월 △△일
이제는 남는 교실이 걱정
1950~1960년대에는 출산율이 높아 학생 수가 크게 늘면서 전국적으로 교실 부족 문제가 심각하였다. 하지만 2000년대 이후 합계 출산율이 세계 최저 수준으로 떨어져 앞으로는 남는 교실을 걱정해야 할 형편이다.

① 고령화   ② 저출산
③ 성비 불균형   ④ 사망률의 증가
⑤ 평균 수명의 증가

★중요★
9 다음 빈칸에 들어갈 알맞은 말을 쓰시오.

우리나라는 1960년대 이후 (   )과/와 함께 도시가 발달하면서 도시 수가 크게 늘어났고, 도시에 거주하는 인구도 많아졌습니다.

( )

10 다음 내용과 관련하여 부산에서 발달한 산업은 무엇입니까? ( )

부산은 원료 수입과 제품 수출에 유리한 곳에 위치해 있습니다.

① 농업   ② 섬유 산업
③ 의료 산업   ④ 물류 산업
⑤ 시멘트 산업

11 교통의 발달로 변화한 모습으로 알맞지 않은 것은 어느 것입니까? ( )

① 생활권이 확대되었다.
② 사람과 물자의 이동이 활발해졌다.
③ 지역 간의 이동 시간이 증가하였다.
④ 다양한 교통 시설이 국토를 촘촘하게 연결하게 되었다.
⑤ 교통수단과 교통로의 발달로 빠르고 편리하게 이동할 수 있게 되었다.

12 다음 보기 에서 인권에 대한 설명으로 알맞은 것을 모두 골라 기호를 쓰시오.

보기
㉠ 사람으로서 마땅히 누려야 할 권리
㉡ 어른이 되어야 보장받을 수 있는 권리
㉢ 모든 사람에게 동일하게 보장되는 권리
㉣ 다른 사람이 힘이나 권력으로 빼앗을 수 있는 권리

( )

13 다음에서 설명하는 제도는 무엇인지 쓰시오.

조선 시대에 사형과 같은 무거운 형벌을 내릴 때에는 신분과 관계없이 세 번의 재판을 거치도록 하였습니다.

( )

14 흑인의 인권 신장을 위해 다음과 같은 연설을 한 사람은 누구입니까? (　　　)

> "나에게는 꿈이 있습니다. 아이들이 피부색이 아니라 인격으로 평가받는 나라에 살게 되는 날이 오리라는 꿈입니다."

① 에디슨　　　　② 테레사
③ 헬렌 켈러　　　④ 아인슈타인
⑤ 마틴 루서 킹

(서술형) 15 우리 사회가 다음과 같은 노력을 하는 까닭을 쓰시오.

> • 학교에서 인권 교육을 합니다.
> • 국가와 지방 자치 단체 등은 장애인, 임산부, 노약자, 다문화 가정 등을 위한 법과 제도를 만들고 시설을 설치합니다.

_____

_____

16 헌법 재판소에서 법률이 인권을 침해한다고 결정하였을 때 나타날 수 있는 결과로 알맞은 것을 두 가지 고르시오. (　　,　　)

① 헌법에 근거하여 법률을 없앤다.
② 헌법에 근거하여 법률을 고친다.
③ 헌법에 근거하여 법률이 유지된다.
④ 헌법에 근거하여 법률의 효력이 강화된다.
⑤ 헌법에 근거하여 법률이 일부 국민에게만 적용된다.

17 다음 내용과 관련 있는 국민의 기본권은 무엇입니까? (　　　)

> • 거주 이전의 자유　　• 직업 선택의 자유

① 자유권　　② 평등권　　③ 사회권
④ 청구권　　⑤ 참정권

(중요) 18 법에 대한 설명으로 알맞은 것을 두 가지 고르시오. (　　,　　)

① 어떠한 경우에도 바꿀 수 없다.
② 지키지 않아도 제재를 받지 않는다.
③ 사람들이 자율적으로 지키는 것이다.
④ 국가가 만든 강제성이 있는 규범이다.
⑤ 사회생활에서 지켜야 할 행동 기준이다.

19 다음에서 설명하는 법으로 알맞은 것은 어느 것입니까? (　　　)

> 어린이들이 안전하고 편안하게 놀이 시설을 사용할 수 있도록 관리하는 법입니다.

① 「저작권법」
② 「도로 교통법」
③ 「식품 안전 기본법」
④ 「어린이 놀이 시설 안전 관리법」
⑤ 「어린이 식생활 안전 관리 특별법」

20 다음과 같이 법을 지키지 않아 발생할 수 있는 일로 알맞은 것은 어느 것입니까? (　　　)

> ○○○ 씨는 공원으로 봄나들이를 갔습니다. 공원에는 '쓰레기 무단 투기 집중 단속'이라는 안내문이 있었지만 ○○○ 씨는 쓰레기통을 찾기 귀찮아 쓰레기를 아무 곳에나 버렸습니다.

① 공원이 깨끗해진다.
② 공원에 방문하는 사람들이 늘어난다.
③ 공원에 나들이 온 사람들이 행복해진다.
④ 주민들이 소음 때문에 잠을 자지 못한다.
⑤ 나쁜 냄새와 벌레 때문에 사람들이 행복하게 살 권리를 침해할 수 있다.

학업성취도 **2회** 평가 대비 문제

1.국토와 우리 생활 ~
2.인권 존중과 정의로운 사회

5학년	반	점수
이름		

1 우리나라의 영역에 대한 설명으로 알맞지 <u>않은</u> 것은 어느 것입니까? ( )

① 우리나라의 영토는 한반도만을 말한다.
② 우리나라의 영해는 우리나라 바다의 영역이다.
③ 우리나라의 영역에는 다른 나라가 함부로 들어올 수 없다.
④ 우리나라의 북쪽 끝은 함경북도 온성군 풍서리 유원진이다.
⑤ 우리나라의 영공은 우리나라 영토와 영해 위에 있는 하늘의 범위이다.

2 다음에서 설명하는 지역은 어디인지 쓰시오.

• 휴전선으로부터 남쪽과 북쪽 각각 2km 사이에 무기나 군인을 배치하지 않기로 약속한 곳입니다.
• 오랜 기간 사람의 출입이 통제되었기 때문에 생태계가 잘 보전되어 있습니다.

( )

3 북한 지역을 제외한 우리나라의 행정 구역 중 광역시가 아닌 곳은 어디입니까? ( )

① 인천광역시   ② 대전광역시
③ 부산광역시   ④ 광주광역시
⑤ 창원광역시

4 다음 빈칸에 들어갈 알맞은 말을 쓰시오.

( )은/는 밀물 때 물에 잠겨 있다가 썰물 때 물 밖으로 보이는 바닷가나 강가의 평탄한 땅을 말합니다.

( )

5 다음 보기 에서 우리나라 해안의 특징으로 알맞은 것을 모두 골라 기호를 쓰시오.

보기
㉠ 동해안은 해안선이 복잡하고 섬이 많다.
㉡ 서해안은 해안선이 단조롭고 섬이 적다.
㉢ 남해안은 해안선이 복잡하며, 크고 작은 섬이 많다.
㉣ 서해안은 밀물과 썰물의 차이가 커서 갯벌이 발달하였다.
㉤ 동해안은 모래사장이 펼쳐진 곳이 많아 해수욕장이 발달하였다.
㉥ 남해안은 파도가 잔잔하여 김, 조개류 등을 키우는 양식업이 발달하였다.

( )

6 다음 빈칸에 들어갈 알맞은 말은 무엇입니까? ( )

모시옷과 ( )은/는 무더운 여름을 시원하게 보내기 위한 옛사람들의 생활 모습과 관련이 있습니다.

① 설피   ② 대청   ③ 온돌
④ 우데기   ⑤ 터돋움집

7 우리나라에서 발생하는 자연재해에 대한 설명으로 알맞지 <u>않은</u> 것은 어느 것입니까? ( )

① 태풍은 많은 비와 강한 바람을 동반한다.
② 폭설은 한꺼번에 눈이 많이 내리는 현상이다.
③ 폭염은 기온이 갑자기 내려가면서 발생하는 추위를 말한다.
④ 홍수는 비가 많이 내려 도로나 건물 등이 물에 잠기는 자연재해이다.
⑤ 황사는 중국이나 몽골의 사막에서 발생한 미세한 모래 먼지가 불어오는 자연재해이다.

8 인구가 줄어드는 촌락에서 발생하는 문제를 두 가지 고르시오. (,)

① 일손 부족
② 주택 부족
③ 교통 혼잡
④ 의료 시설 부족
⑤ 주차 공간 부족

서술형
9 다음 밑줄 친 노력에 해당하는 것을 한 가지만 쓰시오.

> 서울로 인구, 산업, 행정 기관 등이 집중하면서 생긴 여러 가지 문제들을 해결하려고 1980년대부터 다양한 노력을 하고 있습니다.

_____

_____

10 다음 보기 에서 교통의 발달로 변화한 국토의 모습으로 알맞은 것을 모두 골라 기호를 쓰시오.

> **보기**
> ㉠ 생활권이 좁아졌다.
> ㉡ 물자의 이동이 줄어들었다.
> ㉢ 사람의 이동이 더욱 활발해졌다.
> ㉣ 지역 간 거리가 점점 가깝게 느껴지고 있다.

( )

11 다음 사람들의 공통점으로 알맞은 것은 어느 것입니까? ( )

> • 방정환 • 이태영 • 테레사

① 문화재 보호 운동을 벌였다.
② 인권을 신장하고자 노력하였다.
③ 즐거운 여가 생활을 소개하였다.
④ 여성 교육의 필요성을 주장하였다.
⑤ 기업이 좋은 물건을 만들도록 하였다.

12 다음에서 설명하는 인권 신장을 위한 옛날의 제도는 무엇입니까? ( )

> 백성이 신분과 관계없이 억울한 일을 문서에 써서 임금에게 호소하던 제도입니다.

① 격쟁
② 삼복제
③ 상언 제도
④ 명통시 설치
⑤ 신문고 제도

중요
13 인권 보장을 위한 노력으로 알맞지 않은 것은 어느 것입니까? ( )

① 학교에서 인권 교육 활동을 하였다.
② 키가 작은 어린이를 위해 낮은 세면대를 설치하였다.
③ 시각 장애인의 안내견이 자유롭게 출입할 수 있는 법을 만들었다.
④ 노약자가 자유롭게 이동할 수 있도록 공공장소에 승강기를 설치하였다.
⑤ 한국인 노동자와 같은 일을 해도 외국인 노동자에게 월급을 더 적게 주었다.

14 다음 빈칸에 공통으로 들어갈 알맞은 말을 쓰시오.

> 제헌절은 ( )이/가 만들어진 것을 기념하는 국경일입니다. 우리나라는 제헌 ( )이/가 만들어져 공포된 7월 17일을 제헌절로 정하여 기념하고 있습니다.

( )

15 헌법에 나타난 국민의 의무와 그 의미를 알맞게 연결한 것은 어느 것입니까? ( )

① 납세의 의무 – 일을 할 의무
② 국방의 의무 – 국가를 지킬 의무
③ 교육의 의무 – 세금을 내야 할 의무
④ 근로의 의무 – 환경을 보전하기 위해 노력해야 할 의무
⑤ 환경 보전의 의무 – 자녀가 잘 성장할 수 있도록 교육을 받게 할 의무

중요
16 다음 사례를 통해 알 수 있는 내용으로 알맞지 <u>않은</u> 것은 어느 것입니까? ( )

> ○○시는 대기 오염 물질을 심하게 배출하는 오래된 경유 자동차의 운행을 제한하고 이를 위반하면 과태료를 부과합니다. 이 과정에서 오래된 경유 자동차의 주인과 ○○시 사이에 의견이 서로 충돌하고 있습니다.

① 권리와 의무가 충돌하고 있다.
② 의무보다 권리가 중요함을 알 수 있다.
③ ○○시 관계자는 환경 보전 의무를 주장한다.
④ 권리와 의무의 조화를 이룰 수 있는 해결 방안을 함께 찾아야 한다.
⑤ 자동차 주인은 자신의 재산을 자유롭게 사용할 수 있는 권리를 주장한다.

서술형
17 다음 상황을 보고 알 수 있는 법의 성격을 쓰시오.

> 장애인 전용 주차 구역에는 장애인 사용 자동차 표지를 부착한 자동차만 주차할 수 있습니다. 만약 이를 지키지 않으면 범칙금을 내거나 사회봉사를 하고, 경찰에 잡혀갈 수 있습니다.

_____

_____

18 다음 보기 에서 법으로 제재를 받는 상황과 받지 않는 상황을 각각 골라 기호를 모두 쓰시오.

> **보기**
> ㉠ 인터넷에 악성 댓글을 쓰는 것
> ㉡ 외출 시 반려견의 몸에 줄을 채우지 않는 것
> ㉢ 학교 앞에서 선생님을 보고 인사하지 않는 것
> ㉣ 버스에서 몸이 불편한 할머니께 자리를 양보하지 않는 것

(1) 제재를 받는 상황: (   )
(2) 제재를 받지 않는 상황: (   )

19 우리 사회가 법을 만든 까닭으로 알맞지 <u>않은</u> 것은 어느 것입니까? ( )

① 개인의 권리를 보호하기 위해서
② 안정된 사회 질서를 유지하기 위해서
③ 범죄로부터 사람들을 안전하게 지키기 위해서
④ 힘이 강한 사람들이 마음대로 행동할 수 있게 하기 위해서
⑤ 개인 간의 다툼이나 이해관계로 충돌할 때 이를 해결하기 위해서

20 다음 빈칸에 공통으로 들어갈 알맞은 말을 쓰시오.

> • 법을 지키지 않았을 때나 개인 간의 다툼이 일어났을 때 (   )을/를 받을 수 있습니다.
> • (   )(으)로 개인 간의 다툼을 해결하기도 하고, 사회 질서를 어지럽힌 사람을 제재하기도 합니다.

(   )

Memo

독해력 한 단계 높여 주는 초등 수능독해

초등부터 시작하는 수능대비 국어독해, 초등 수능독해

비문학 시작편 1~2권	수능 비문학 독해에 꼭 필요한 독해 원리 학습과 지문 적용
	초등 3, 4, 5학년
비문학 1~2권	고난도 지문과 문제로 수능 국어 비문학 독해의 기초 학습
	초등 5, 6학년, 예비 중등
문학 1~3권	중등, 고등, 수능까지 반복해서 나오는 대표 문학 작품 학습
	초등 5, 6학년, 예비 중등

한·끝·시·리·즈 교과서 학습부터 평가 대비까지 한 권으로 끝! 사회 공부의 진리입니다.

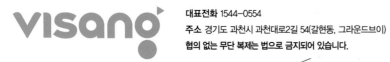

대표전화 1544-0554
주소 경기도 과천시 과천대로2길 54(갈현동, 그라운드브이)
협의 없는 무단 복제는 법으로 금지되어 있습니다.